확신이 서지 않을 때마다 이렇게 반복해 보라.
앞으로 가는 한, 걸음마라도 괜찮다.
결승선을 지날 때 비틀거릴지 몰라도, 머뭇거리며 간신히 걷더라도
어떻게든 걷기만 한다면 걸음마라도 좋다.

― 본문 중에서

늦었다고 생각할 때
해야 할 42가지

START WHERE YOU ARE

Copyright © 2009 by Chris Gardner with Mim Eichler Rivas.
Published by arrangement with Harper Collins Publishers.
All rights reserved.

Korean translation copyright © 2011 by Next Wave Publishing Co.
Korean translation rights arranged with Harper Collins Publishers,
through EYA(Eric Yang Agency)

이 책의 한국어판 저작권은 EYA(Eric Yang Agency)를 통한
Harper Collins Publishers사와의 독점계약으로 한국어 판권을 흐름출판이 소유합니다.
신저작권법에 의해 한국 내에서 보호를 받는 저작물이므로 무단전재와 복제를 금합니다.

Start Where You Are

늦었다고 생각할 때
해야 할 42가지

크리스 가드너 · 밈 아이클러 리바스 지음
이다희 옮김

흐름출판

늦었다고 생각할 때 해야 할 42가지

초판 1쇄 인쇄 2011년 9월 7일
초판 6쇄 발행 2024년 1월 26일

지은이 크리스 가드너, 밈 아이클러 리바스
옮긴이 이다희
펴낸이 유정연

이사 김귀분
기획편집 신성식 조현주 유리슬아 서옥수 황서연 정유진 **디자인** 안수진 기경란
마케팅 반지영 박중혁 하유정 **제작** 임정호 **경영지원** 박소영

펴낸곳 흐름출판(주) **출판등록** 제313-2003-199호(2003년 5월 28일)
주소 서울시 마포구 월드컵북로5길 48-9
전화 (02)325-4944 **팩스** (02)325-4945 **이메일** book@hbooks.co.kr
홈페이지 http://www.hbooks.co.kr **블로그** blog.naver.com/nextwave7
출력 · 인쇄 · 제본 프린탑 **용지** 월드페이퍼(주) **후가공** (주)이지앤비(특허 제10-1081185호)

ISBN 978-89-6596-014-0 03320

- 흐름출판은 독자 여러분의 투고를 기다리고 있습니다. 원고가 있으신 분은 book@hbooks.co.kr로 간단한 개요와 취지, 연락처 등을 보내주세요. 머뭇거리지 말고 문을 두드리세요.
- 파손된 책은 구입하신 서점에서 교환해 드리며 책값은 뒤표지에 있습니다.

| 머리말

지금 그 자리에서 시작하라

나는 질문을 좋아한다. 적당한 사람에게 적당한 때 던지는 질문이 얼마나 큰 힘을 가지는지 잘 모르던 어린 시절도 있었다. 그러나 세월이 흐르면서 나는 자존심을 버릴수록 질문하는 데 더 거리낌이 없어졌고, 그렇게 해서 얻은 답변을 이용하는 데 더욱 과감해졌다.

나에 대해 이미 조금이라도 알고 있는 사람이라면, 지난 세월 동안 나와 밀접하게 관련되어 있는 두 가지 질문을 잘 알고 있을 것이다.

"무슨 일을 하십니까?"

"어떻게 하면 그 일을 할 수 있습니까?"

내 나이 스물여덟, 처음으로 아버지가 된 나는 곧 홀아비가 될 팔자였다. 그 즈음 나는 밥 브리지스라는 샌프란시스코의 주식중개인에게 이 두 가지 질문을 했다. 밥은 일면식도 없는 사내가 대접하는 커피를 마시며 내 질문에 답해주었다. 게다가 몇몇 사람에게 나를 인도해

주었는데, 그들이 내게 열어준 기회는 나를 궁극적으로 월스트리트의 성공한 직업인으로 만들어주었다. 나는 밥 브리지스에게 진 은혜를 한 번도 잊은 적이 없다. 그래서 나는 훗날 내 인생을 통해 깨달은 의미 있는 삶의 교훈들을 도움을 요청하는 모든 이들에게 제공함으로써 그에 대한 은혜를 갚으리라 다짐했다. 현재 자신이 서 있는 자리에서 너무 늦었다고 생각하며 낙담하는 모든 이들에게 시작할 수 있는 기회를 주고 싶었다. 아직 기회가 있음을 알려주고 싶었다.

그러니까 나는 당신의 질문을 환영한다. 당신은 이미 묻고 싶은 게 있을 것이다. 이 책이 나에게 필요한 책인지 어떻게 알까? 이 책에서 무엇을 기대하면 될까? 또 크리스 가드너는 왜 매번 행복Happyness의 철자를 틀릴까?

첫 번째 질문부터 시작해야겠다. 이 책은 여러 해 동안 내 머리 한 구석에서 묵혀온 책이다. 어느 날 나는 내 노란 종이수첩 맨 첫 장에 '지금 그 자리에서 시작하라Start Where You Are'라고 적었다. 주식중개업에 발을 들여놓은 뒤 몇 개월 동안 문만 두드리며 다닐 때였다.

일은 왠지 잘 풀리지 않았다. 그러나 '지금 그 자리에서 시작하라'라는 기초적인 깨달음은, 내가 이미 갖고 있는 모든 자원을 활용해 원하는 곳을 향해 오르라는 그 원칙은, 당시 나를 버틸 수 있게 해주는 유일한 힘이었다.

그 이후 어려운 상황이 나를 집어삼킬 듯 닥쳐와 어디서부터 손을 써야 할지, 어떻게 기어를 바꾸어야 할지 모를 때, 이 짧은 말 속에 담긴 의미는 내게 새로운 동력을 주었다. 내 의지와 상관없이 멈추었을 때나 수렁에 빠졌을 때, 혹은 꿈이 너무 먼 듯해 다다를 수 있을지 의심이 들 때도 마찬가지였다.

　나는 내 이야기가 비현실적인 동화로 만들어지는 것을 원하지 않는다. 따라서 나의 진정한 성공담을 이야기하기 위해서는, 그러니까 아버지가 자식을 버리고, 그 자식이 또 제 자식을 버리는 순환고리를 끊고 나올 수 있었던 능력에 대해 이야기하기 위해서는, 아버지 없이 자란 어린 시절의 고통스러운 기억, 그리고 내가 여섯 살 때 내린 내 평생 가장 주체적이었던 결정과 대면해야 했다. 나는 그때, 만약 내가 커서 아이를 가지면, 그 아이들은 내가 누군지 알 것이며, 나는 그들의 인생에서 중요한 역할을 할 것이라고 스스로에게 약속했다.

　평범한 삶이 지겹다면, 삶을 뒤흔들고 싶어 안달이라면, 자신을 재창조하고, 너무 좋아서 아침이 기다려지는 일을 찾고 싶다면, 잘 찾아왔다. 바글거리는 시장에서 틈새를 찾지 못하고 있는 사람이라면, 이 책이 필요하다. 내가 접한 많은 사람들처럼 당신도 엔진에 시동을 걸고 달려 나갈 준비는 되어 있지만 기초가 부족하다고 생각하고 있을지 모른다. 군에서 제대한 뒤, 아이들을 다 키워놓은 뒤, 혹은 건강문제를 극복한 뒤 직장을 구하려고 하는 사람이라면 그럴 수 있다. 앞으로 무엇을 해야 할지 확신이 서지 않아 목표를 찾고 있을지도 모른다. 그렇다면 잘 찾아왔다.

　이 책은 그런 사람들을 셀 수 없이 여러 번 곱한 수의 사람들, 그러니까 우리 모두를 위해 쓴 책이다.

　이 책에서 나는 내가 정신적·경제적·영적 성공에 이르는 모든 과정에서 결정적인 역할을 했고 당신에게도 힘이 될 수 있는 교훈들을 함께 나눌 것이다. 당신의 질문에는 답변이 제공될 것이며, 그 답변은 당신을 다독여주는 대신 도발할 것이다.

세상은 우리가 최고의 행복에, 가장 커다란 포부에 다다르는 데 필요한 모든 것을 제공한다는 사실을 이 책 전체를 통해 말하고 싶다. 중요한 것은 그것을 습득한 뒤, 먼지가 쌓이도록 선반 위에 내버려두지 않고 지속적으로 꺼내 검토하고 필요한 곳에 쓰는 일이다.

철자법이 틀린 것에 대해서도 한 마디 하련다. 일부러 그런 것이다. 원래 행복은 happiness라고 써야 맞지만, 아들의 놀이방에 갔을 때 그렇게 써놓은 것을 본 이후부터 happyness로, i 대신 y를 넣어 쓰고 있다. 당시 나의 삶은 고단했고 내게는 웃음이 필요했다. 이 틀린 철자는 내 마음을 가볍게 해주었다. Y는 또한 당신you, 그리고 당신의 것yours을 의미하기도 한다. 원하는 것을 정의 내리고 추구할 때, 원하는 그것이 무엇인가는 '당신이' 정해야 한다는 뜻이다. 또한 성공과 성장, 성취와 깨달음이 당신의 하나밖에 없는 삶에서 무슨 의미인지 역시 당신이 정해야 한다는 뜻이다.

행복은 내가 현재 어디에 있든, 현재의 나를 보고 내가 아버지로서, 친구로서, 내 몫을 다하는 세계 시민으로서, 어디에서 왔으며 얼마나 왔는지 기억해내고서 '참 아름다운 생이다, 여기 있을 수 있어서 감사하다'라고 말할 수 있는 능력이다. 그 어느 무엇보다도 행복은 모든 것에 감사하며, '이건 내가 이루어낸 거야'라고 자각할 수 있는 능력이다. 당신도 이런 경험을 하게 되기를 간절히 바란다.

이제 함께하기로 결정했다면, 시작하자. 어디서 시작할지는 이미 알고 있지 않은가!

머리말 | 지금 그 자리에서 시작하라 … 005

Part 1
문제뿐인 인생에서
기회뿐인 인생으로
: '현재'라는 소중한 기회 깨닫기 … 016

- **01** 계획 없는 꿈은 꿈에 불과하다 | 추구 | … 023
- **02** 우리 모두에게는 선택권이 있다 | 자기강화 | … 035
- **03** 기병대는 오지 않는다 | 태도 | … 043
- **04** 손에 든 것에서 시작하라 | 독창성 | … 054
- **05** 걸음마라도 괜찮다, 앞으로 나아가라 | 목적의식 | … 061
- **06** 가장 적절한 시기란 없다 | 촉구 | … 068
- **07** 챔피언 아저씨라면 어떻게 할 것인가 | 영감 | … 076
- **08** 잠잠하라, 고요하라 | 새로운 관점 | … 082
- **09** '그들'에게도 지도가 있었다 | 연구개발 | … 088
- **10** 단추를 찾아라 | 열정 | … 098

Part 2

가시밭길 같은, 황금 같은 과거

: 과거를 길잡이 삼기 … 108

11 과거는 두려운 대상이 아니라 마주할 대상이다 | 자유 | … 118
12 나의 모든 경험은 소중하다 | 자기인식 | … 127
13 인생선 그리기 | 자기발견 | … 136
14 나는 누구의 자식인가 | 정체성 | … 143
15 나만의 창세기를 살펴보라 | 용서 | … 148
16 내 안에 누가 사는가 | 믿음 | … 154
17 빨간 자전거냐, 노란 자전거냐 | 동기부여 | … 160
18 때로는 크리스마스를 포기해야 한다 | 독립 | … 166
19 이겨내고 나아가든가, 사로잡혀 좌절하든가 | 용기 | … 172

Part 3
성공과 가까워지는 유일한 길
: 가진 힘을 다해 '모루' 때리기 ··· 182

20 노력하면 성공한다 | 자발적 행동 | ··· 193
21 모루 위에서 두드려 만들기 | 자신감 | ··· 204
22 마법사도 처음엔 대장장이였다 | 전환가능한 기량 | ··· 212
23 기본으로 돌아갈 용기가 있는가 | 탄력성 | ··· 221
24 수요와 공급의 법칙은 우주과학이 아니다 | 마케팅 | ··· 234
25 진실은 반드시 히트를 친다 | 진정성 | ··· 241
26 밧줄 다루기부터 터득하라 | 자제력과 품성 | ··· 247
27 내 세력권 안에는 누가 사는가 | 네트워킹 | ··· 254
28 코끼리부터 가방에 넣으라 | 집중력 | ··· 263
29 나누지 않는 성공은 성공이 아니다 | 지역사회 | ··· 268

Part 4

업무의 달인에서
인생의 달인으로

: 자신의 역량을 최대치로 끌어올리기 … 276

- 30 가장 멀리 있는 별을 따라 | 위험부담 | … 284
- 31 유령 보기, 징조 읽기 | 재창조 | … 289
- 32 기회는 팬케이크와 같다 | 타이밍 | … 296
- 33 나만의 '모조mojo'를 찾아라 | 적자생존과 적응력 | … 303
- 34 돈에 대한 지배권 획득하기 | 균형감각 | … 311
- 35 돈은 측정단위일 뿐이다 | 삶의 가치 | … 317
- 36 자신을 위한 가치창출에서 세계를 위한 가치창출로 | 기여 | … 323
- 37 자신보다 큰 꿈 키우기 | 시야 확보 | … 328

Part 5

내면의 가장 좋은
부름에 답하라
: 어둠 몰아내기 … 334

38 최고의 영적 유전자 받아들이기 | 깨우침 | … 337

39 대를 이은 악순환 끊기 | 치유 | … 340

40 신이 내린 유산 받기 | 풍요 | … 348

41 일상의 사소함에서 신의 모습 발견하기 | 경외심 | … 352

42 기대치 높이기 | 성장 | … 355

Part 1

문제뿐인 인생에서 기회뿐인 인생으로

: '현재'라는 소중한 기회 깨닫기

언제든 그 삶을 잃었을 때 남들보다 앞서 있도록, 그런 삶을 살라.
- 윌 로저스(연기자, 희극 작가, 시사평론가, 사업가)

Start Where You Are

　　　　　　　아직 깨닫지 못했을지 모르지만, 당신은 이미 출발했다. 이 글을 읽음으로써, 당신이 추구하는 목적이 무엇이든, 그 목적으로 향하는 중요한 질문들을 이미 던지기 시작한 것이다. '지금 그 자리에서 시작하라'는 네 마디 말이 약속하듯, 바로 지금 이 순간 당신의 몫인 수많은 가능성들을 긍정함으로써 첫 관문을 지나 당신이 선택한 목적지로 여행을 시작했다.

　현재는 우리 모두에게 똑같은 출발의 기회를 제공한다. 얼마나 젊든 나이 먹었든, 부자든 가난하든, 키가 크든 작든 상관없다. 노숙을 해본 경험도 필요 없고 권력층의 틈에 끼어본 경험도 필요 없다. 현재는 누구에게나 공평하게 환영하는 의미의 발판을 깔아줌으로써 누구든 자신의 현재와 마주하도록 독려한다. 우주의 힘의 설계대로 최대한 빛을 발할 수 있도록. 나는 50대 초반인 현재, 꿈도 꾸어보지 못한 복을 누리며 살고 있고, 아직도 배울 게 참 많지만 마침내 약간의 지혜를 얻었다. 내 인생이 내게 가르쳐준 것이다. 그것은 바로 지나온 모든 길을 돌아보았을 때, 그 길 하나하나가 당시 내가 꼭 있어야 할 곳이었다는 사실이다. 그 길이 잘못 든 길이었든, 샛길이었든, 멀리 돌아가는 길이었든, 혹은 위험을 감수하고 달린

추월선이었든 말이다.

이것은 당신에게도 해당된다. 완전히 새로운 길을 떠나든, 새로운 장애물을 앞두고 있든, 과거 당신을 붙잡았던 핑계나 두려움을 극복하려고 하든, 지금 당신이 있는 자리는 당신이 꼭 있어야 할 자리다. 게다가 당신은 이미 필요한 모든 자원을 갖고 있다.

납득하지 쉽지 않다는 것을 안다. 특히 내게 불리한 상황들이 쓰나미처럼 닥쳐오는 것처럼 보일 때라면 더욱 그럴 것이다. 킴벌리로부터 온 감동적인 편지 한 통은 이 점을 통렬하게 드러내고 있다. 파란만장한 삶을 살아온 킴벌리는 열다섯 살 때부터 일을 시작했지만 아이를 낳고 남편이 식구들을 위해 더 나은 기회를 찾을 수 있도록 전업주부가 되기로 했다. 그와 동시에 법학 학위를 따기 위한 공부도 시작했다. 그러나 남편이 자동차 사고로 심하게 다치고, 엎친 데 덮친 격으로 남편에게 중병까지 찾아오자 킴벌리는 풍전등화風前燈火의 처지에 처한 것 같았다. 그후 몇년 동안 부부는 갖고 있던 집 두 채를 잃었으며 월세를 내기도 힘들어졌다. 그럼에도 졸업을 하기 위해 강의를 아홉 개만 더 들으면 되는 상황에 있던 킴벌리는 가정폭력과 아동학대를 당하는 이들을 대변하는 사람이 되기로 한 자신의 꿈을 놓지 않았다. 물론 킴벌리의 처지에서 지치지 않기란 쉽지 않았다.

나는 내가 하고 싶어하는 일을 하고, 세상에 내 족적을 남기는 것이 전부 나 자신에게 달려 있다는 것을 압니다. 그렇지만 남편이 직장을 잃었을 때는 우리 모두에게 타격이 컸습니다. 현재 남편은 주 방위군에 상근직으로 발령받기를 기다리고 있습니다. 남편은 현재 비상근직으로서 방위군에 근무하기까지 육체적으로 많은 시련을 넘었습니다.

　나는 우리가 잘 해낼 수 있으리라는 걸 압니다. 우리는 늘 어떻게든 해내왔으니까요. 시련은 계속 찾아오겠지요. 하지만 나는 내 생애에 어떤 어려움이 찾아오든 싸워 이겨내고 행복을 택하겠습니다. 누군가가 내 문제를 해결해주기를 바라지 않아요. 나는 내 인생을 내 방식으로 살고 싶어요. 내 가족을 위해 할 수 있는 모든 것을 해서 이런 내 뜻이 내 가족을 통해 남기를 바랍니다.

　그러나 때때로 앞이 막힌 듯한 느낌이 들기도 합니다. 도움이 될 만한 말씀을 기다립니다.

킴벌리는 도움을 구걸하고 있지도, 기적적인 해결책을 바라고 있지도 않았다. 누군가가 자신의 안전망을 빼앗아갔다고, 아무도 자신에게 유산을 남겨주지 않았다고 불평하고 있지도 않았다. 다만 이미 자신이 갖고 있는 도구나 재산, 자원을 찾아 활용하는 법을 알고 싶어했다.

1부에서 배울 보편적인 인생의 가르침들은 바로 그 방법을 우리에게 알려줄 것이다. 설령 우리가 킴벌리와 같이 냉혹한 현실이나 이겨내기 힘든 상황에 처한 것이 아닐지라도, 우리는 자신이 이미 갖고 있는 풍부한 자원을 잊거나 빼먹곤 한다. 당신도 곧 알게 되겠지만 대부분의 경우 우리가 가장 필요로 하는 것은 바로 우리 손끝에서 우리가 그것을 알아주고 써주길 바라고 있다.

놀라운 것은 킴벌리가 자신이 가진 것에 더 치중하고 있다는 점이었다. 킴벌리는 하고 싶어하는 일을 하고 이 세상에 자신의 족적을 남기는 것이 전부 자기 자신에게 달려 있음을 알고 있다고 했다. 그것만으로도 킴벌리는 남들보다 앞서 있다. 1~10강을 통해 얻을 수 있는 자원을 이용한다면 더 앞서나갈 수 있을 것이다. 요약하면 다음과 같다.

제1강 행복을 추구하는 것이 자신에게 무슨 의미인지 아는 킴벌리에게 첫걸음은 실용적인 계획을 세우거나 다듬는 것처럼 간단한 일일 수 있다.

제2강 살면서 취했던 긍정적인 선택과 행동을 일깨워주고 있는 2강에서는 자기강화, 즉 임파워먼트empowerment의 길로 다시 올라서는 방법을 짚어준다.

제3강 또 하나의 없어서는 안될 재산은 킴벌리 자신의 '할 수 있다'는 태도다. 이것은 가장 필수적인 요소다

제4강 가장 큰 어려움에 처했을 때야말로 우리의 독창성이 발현되는 때임을 강조한다.

제5강 목적의식이 뚜렷한지 확인하는 것은 중요하다. 그래야 가야 할 길에서 이탈하지 않을 수 있다.

제6강 낭떠러지에 다다른 것 같은 불안감은 선물이 될 수 있다. 이것은 인생을 바꾸는 데 필수적인 단계로서, 스스로 행동을 촉구하라는 신호이기 때문이다.

제7강 두려움과 마주해서도 꿈을 포기하지 않도록 우리를 새롭게 고무시켜줄 영감에 대해 알려줄 것이다.

제8강 문제해결과 기회창출은 새로운 관점에서 바라보는 데서 시작한다. 현실에 대한 킴벌리의 자각은 킴벌리에게 이미 이런 능력이 있음을 보여주고 있다.

제9강 수많은 사람들의 성공의 버팀목은 바로 연구개발이다. 내게 조언을 구하는 편지를 보냄으로써 킴벌리가 이미 실천한 연구개발은 바로 타인에게 질문을 던지는 행위를 의미한다.

제10강 누구든 자신이 추구하는 것을 위해, 혹은 인생 자체를 위해 열정의 무한한 힘을 이용하는 이는 극복하지 못할 것이 없다.

이후 킴벌리와 그의 식구들이 어떻게 지내는지 알아보니 어려움을 아주 잘 이겨낸 뒤였다. 자신이 이미 갖고 있는 자원을 알아보고, 실제에 적용하는 능력 덕분이었다. 킴벌리에게 가장 귀중했던 가르침은 '기병대는 오지 않는다'(3강)는 것으로 이를 기억하고 태도를 고친 뒤, 어려운 상황을 기회로 삼아 팔을 걷어붙이고 실제적인 해결책을 찾았다고 한다. 킴벌리가 겪은 어려움은 다가올 성공을 더욱 달콤하게 만들어주었을 뿐이다. 간단히 말해 그 경험은 킴벌리 자신과 식구들의 능력을 발견하게 해주었다.

1~10강은 이미 선천적으로 당신에게 내재되어 있는 놀라운 능력들을 강화해 당신과 재연결시키고자 하는 내용으로 이루어져 있다. 우리들 대부분은 킴벌리 가족처럼 심각한 처지에 있지 않을지 몰라도 앞길이 캄캄한 듯한 혼란과 어려움의 순간을 겪어본 경험이 있을 것이다. 그러므로 나는 보편적이고 고전적인 사례들을 제시하는 것에서 강의를 시작하려고 한다.

비록 나는 당신을 잘 모르고 당신이 오늘 어떤 위치에 있는지 알 수 없지만 감히 이렇게 말할 수 있다. 지금 그 모습 그대로의 당신은 그 어느 때보다 행복을 추구할 준비가 잘 되어 있다! 지금은 이 말을 인정하고 싶지 않을지 몰라도 1부의 강의를 읽어 내려가다 보면 생각이 달라질 것이다. 이 가르침들은 이미 당신의 것이며, 말만 하면 가질 수 있는 진정한 부를 향해 당신을 이끌 것이다. 당신에게는 이미 당신의 능력들로 이루어진 안전망이 있으며 당신을 실망시키지 않을 신탁자금이 있음을 알게 될 것이다. 핑계를 대지 않고 그것을 찾겠다는 의식적인 선택만 한다면 말이다.

여기서 말하는 능력이란 당신이 과거에 써 보았을, 그러나 잊어버렸을 능력들이다. 혹은 지식은 있는데 그 지식을 당신의 고민과 희망, 꿈을 위해 실질적인 용도로 이용하는 법을 배우지 못했을 수도 있다. 이러한 자원은 누구에게 구걸해야 하는 것이 아니다. 당신 안에 있다. 당신이 알아주고 아껴주기를 바라며. 그러나 우리가 이미 갖고 있는 다른 많은 것들과 마찬가지로 능력 또한 쓰지 않으면 없어진다.

내가 이미 갖고 있는 것이 무엇인지 좀 더 가까이 살펴보겠다는 의식적인 선택을 하기에 바로 여기, 바로 지금보다 더 나은 공간과 시간은 없다. 묻고자 하기만 한다면 당신이 묻는 질문들은 당신을 상상도 하지 못한 방향으로 데려갈 것이다. 나 역시 그랬다. 그리고 당신이 가능하다고 상상한 것보다 더 멀리 당신을 데려갈 것이다. 그러나 앞으로 살펴볼 가르침들이 알려주는 대로, 태산도 움직일 수 있는 현재의 힘을 이용할 수 있기 위해서는 지금 여기에서 시작해야 한다! 이 가르침들은 모두 보편적으로 적용 가능한 것들이다. 당신이 캔자스 주 위치타에 살든, 남아프리카공화국 소웨토에 살든, 어느 계절에든, 어떤 시장상황에서든, 어떤 날씨 속에 있든 말이다. 당신의 현재present라는 진정한 선물present을 자각하라.

01
계획 없는 꿈은
꿈에 불과하다
: 추구

얼마 전 재향군인들에게 '행복의 추구'에 대해 강의할 기회를 얻어 워싱턴 D. C.로 갔다. 여러 모로 영광스러운 자리였다. 무엇보다 해군을 전역한 나로서는 재향군인들이 더없이 친근하게 느껴졌다. 고등학교를 졸업하고 대학에 가는 대신 군대에 간 것을 후회해 본 적 없느냐는 질문을 수없이 받아왔지만, 그때마다 나는 아주 간단하게 대답했다. "단 한 번도."

스무 살이 채 되기 전, 영화 〈최후의 지령The Last Detail〉에 나오는 입이 거친 해병 잭 니콜슨을 보자마자 밀워키의 신병 모집소로 달려갔다. 그때 나의 주요 동기는 모집 광고가 말하듯 "해군에 입대해 세계를 누비"고 싶은 마음이었다는 것을 인정한다. 비록 입대 후 미국 땅을 떠난 적이 한 번도 없지만, 해군은 나에게 더 많은 것을 주었다. 나와 내 미래의 수많은 가능성들을 보게 해준 것이다. 그뿐 아니라 해군에서 받은 교육은 그러한 가능성들을 실현하기 위한 기본적인 자질들, 즉 자제력과 품성과 추진력을 가르쳐주었고, 이 모든 능력은 그 이후의 모든 일에 유용하게 적용할 수 있었다.

유수의 의대 학위와 맞먹는 의무병 훈련을 시켜준 것으로도 모자라 해군은 내가 전역 후 민간인으로서 사회에 적응하는 데에도 징검다리가 되어주었다. 덕분에 나는 샌프란시스코의 재향군인 본부 병원과 캘리포니아 대학에서 최첨단 과학연구소를 책임지게 되었다. 당연히 나는 군대와 병원에서 배운 것이 내가 거둔 모든 성공의 가장 핵심 원인이라고 생각하게 되었다.

워싱턴 D. C.에서 재향군인회를 대상으로 강연한다는 것은, 아버지와도 같은 외삼촌들의 군 복무에 대해 존경심을 표하는 방법이기도 했다. 외삼촌들이 갖고 있던 전통적인 가치관, 즉 노력, 의무, 희생, 가족을 중시하는 태도, 모험심은 자라면서 내가 물려받은 것이기도 하다. 비록 나는 전혀 다른 시대와 환경 속에서 성인이 되었지만 말이다.

그런데 그들 중에는 건강 문제나 심리적 문제가 있어 초만원의 재향군인 병원이나 경영난에 허덕이는 재향군인 지원센터에서 치료 중이거나 치료를 기다리고 있는 이가 다수 있었다. 보다 젊은 군인들의 경우 고국에 돌아와 보니 다니던 직장에 자리가 없어지거나 다른 이에게 뺏긴 경우도 많았다. 더 나은 직장을 찾을 수 있는 가능성은 턱없이 적어서, 낮은 급여와 혜택이 적은 일자리를 감수하거나 다른 직장을 찾아 일을 쉬어야 했다.

재향군인들은 참전을 했건 안 했건 더 나은 대우를 받을 자격이 있다고 나는 생각했다. 그러나 그들의 어려움에 대한 부당함을 토로하는 것이, 그것을 극복하는 법에 대한 이야기를 시작하는 데 도움이 될 것 같지는 않았다. 그럼에도 실현 가능하고 어쩌면 변화를 가져올 수 있는 무언가를 제시하지 않고 기운만 북돋아주고 싶지는 않았다. 20분간 단 한 가지의 이야기나 메시지, 혹은 가르침을 전할 수 있다면, 그들의 인생에 진정한 변화를 일으킬 가능성이 있는 것을 고르고 싶었다.

결국 질문을 던지는 것으로 시작해 보기로 했다. 목적을 성공적으로 달성하기 위해 가장 중요한 재료는 무엇인가? 나는 다시 물었다. 모두가 불가능하다고 했던 일을 가능하게 만든 사람들의 놀라운 이야기들을 살펴보았을 때, 다른 모든 사람들이 실패한 것을 그들이 성공시킨 요인은 무엇인가? 다시 말해, 당신이 추구하고자 하는 것을 성공적으로 달성한 대표적인 인물을 살펴볼 때, 그에게는 있는데 당신에게 없는 것은 무엇인가?

나이가 든 편인 어느 재향군인이 대답했다.

"먼저 꿈이 있어야 해요."

여러 사람들이 동의했지만 한 사람이 비꼬듯 말했다.

"나는 꿈이 있기는 한데 그 여자는 이미 결혼했어요."

그러자 다른 몇몇 사람들이 자신의 꿈과 포부, 희망, 욕구에 대해 진지하게 이야기하기 시작했다. 어떤 이들은 내 집 마련, 경제적 안정,

다른 직종으로의 이직, 더 나은 급여를 받을 수 있는 직장으로의 이직, 취직 등이 꿈이었고, 어떤 이들은 식구들의 생활수준이 높아지는 것, 다른 분야를 공부해 보는 것, 혹은 그만두었던 학업을 다시 시작하는 것을 원하기도 했다. 벤처 기업을 꾸릴 생각을 하는 이도 있고, 자신의 투자계획을 말하는 이도 있었으며, 힐리웃의 거대한 영화사 주인이 되고픈 화려한 꿈도 있었다. 다른 이에게 도움이 되는 일을 더 하고 싶다는 이도 있었다. 어떤 꿈은 좀 더 단순했다. "더 희망적으로 살아가고 싶어요," "금주하고 싶어요," "마음의 평화를 찾고 싶어요," "어제보다 나은 오늘을 살고 싶어요."

듣고 있던 나는 늘 그렇듯 무언가를 깨달았다. 신이 나에게 새로운 어떤 것을 가르쳐주고자 그 자리에 날 부르신 것이다. 곧, 그 새로운 어떤 것이 무엇인지도 깨달았다. 꿈은 그것을 이룰 수 있다는 자신이 있는 사람을 격려하고 자극할 수는 있지만, 그 꿈을 이루기 위한 필수 단계를 밟지 않는다면 머릿속을 혼란스럽게 하는 신기루와 같다는 것이다! 그렇다면 "성공은 10퍼센트의 영감과 90퍼센트의 땀으로 이루어져 있다"는 토머스 에디슨의 말이 결국 목적을 달성하는 비결일까? 나는 따져보아야만 했다. 만약 꿈을 가지는 것이, 그러니까 내가 어디에 있든 어떤 환경에 처해 있든 할 수 있다고 믿는 것이 10퍼센트라면, 행동에 옮기는 것이 나머지 90퍼센트일까? 내게 놀라움을 준 모든 짜릿하고 흥분되는 성공담을 곱씹어보며 나는 행동하는 것 말고도 결정적인 무언가가 있다는 것을 깨달았다.

방향 없이 걷는다면 원을 그리거나 멀리 가지 못할 수도 있다. 가장 중요한 재료는, 그러니까 원하는 것을 이루고 이루지 못하는 사람의 가장 큰 차이는 아주 단순하고 실제적인 것, 즉 계획의 유무였다. 계획이 없는 꿈은 꿈에 불과하다.

그러면 계획은 어디서 얻는가? 만들면 된다.

나의 영웅들, 미국의 재향군인들과 보낸 그 기억에 남을 모임에서 나는 어떤 목적을 위해서든 계획이 필요한 사람들을 위해 계획을 세우도록 도와주는 창의적인 방법을 고안했다. 나는 이 방법을 C-5 공식이라고 부른다. 삶을 바꿔주는 이 보조제는 매일 섭취해도 좋다.

추구하는 바를 이루기 위해 그에 합당한 계획을 세우는 데에는 C로 시작하는 단어 5개가 필요하다. 즉, 계획은 명확하고Clear, 간결하고Concise, 절실해야Compelling 하며, 충실하고Committed, 일관된Consistent 자세로 실천해야 한다.

그날 이야기를 하다가 문득 떠오른 예는 우리 가족에 관한 것이었다. 1940년대 나의 친척들 가운데 여럿은 편견과 가난, 두려움을 피해 자유와 기회를 찾아 한 번도 가본 적 없는 북부로 이동했다. 하나같이 대담한 가드너 가家의 내 외삼촌 세 명(이후에 군에 복역한 바로 그 외삼촌들)도 여기 포함되어 있었다. '명확'하고 '간결'한 꿈이 있었던 그들은 빈약한 자원과 기술적 노하우를 짜내어 차를 구했고, 이 차를 이용해 지지리도 가난했던 루이지애나 주를 벗어나 "차가 굴러가는 한 가능한 멀리" 떠났다. '절실'하기로 말하자면, 흑인들을 차별하는 짐크로우 법이 있고 집단 린치가 횡행하는 땅에서 벗어나는 것만큼 절실할 수 없었을 것이다. 길을 떠난 뒤 차도 망가지고 간혹 예상치 못한 사고도 일어났다. 그들은 멈출 수도, 포기할 수도, 심지어 되돌아갈 수도 있었다. 그러나 그들은 계획에 '충실'했고, 또 한 가지가 더 있었다. 그들은 별 일 없고 햇빛 찬란한 날뿐만 아니라 그렇지 않은 날들에도, 그러니까 북부로 향하는 내내 '일관'적으로 '충실'해야 했다.

사실 외삼촌들은 캐나다로 갈 작정이었는데 밀워키에서 차가 망가지는 바람에 거기에 뿌리를 내리고 일자리를 구했다. 그럼에도 그들의 계획은 성공했고, 그들 자신과 아이들에게 더 나은 인생을 찾아주기 위한 그들의 모험은 이후 그들을 뒤따른 다른 식구들에게도 큰 귀감이 되었다. 내 어머니도 나를 임신한 채 외삼촌들의 뒤를 따랐으니!

A에서 B(혹은 B 근처)로 이동하는 것과 같이 단순한 일이든, 재향군인들의 말을 빌리자면 군사공격과 같은 치밀한 작전을 요구하는 일이든, 그 규모가 기가 막히고 방대하고 어마어마한 일이든, C-5 공식은 일을 진행하는 동시에 사용할 수 있는 도구다. 이 도구는 체계가 잘 잡히지 않거나 매우 복잡한 일을 다루기 쉽게 만들어준다.

무엇을 하고 싶은지, 어디로 가고 싶은지 '명확'하게 아는 것은 필수적이다. 나에게는 이것이 다섯 개의 C 가운데 가장 중요하다. 이것은 내 자신과의 대화를 필요로 할 것이다. 그러므로 스스로에게 어디로 향하고 있으며, 그것이 우선순위에 있음을 알려주어야 한다. 꿈과 욕망을 따라 내달리다 보면 잡음과 주의를 산만하게 만드는 것들이 도처에 있다. 때로는 그 왁자지껄한 소란의 음량을 줄이고 조용한 곳을 찾아 들어가 내가 무얼 향해 내달리고 있는지 '명확'하게 확인하는 것이 좋을 것이다.

내게 의견이나 조언, 가르침, 때로는 영감까지 얻으러 오는 이들과 대화하는 도중에 나는 그들이 나에게서 듣고자 하는 말이 무엇인지 명확하지 않아서 짜증스러운 경우가 종종 있다. 그때 내 머리에 가장 먼저 떠오르는 생각은 이것이다. "내가 어떻게 도우면 좋겠습니까?"

많은 경우, 내가 도울 수 있는 최선의 방법은 "내가 어떻게 도우면 좋겠습니까"라고 물음으로써 대답을 이끌어내는 것이라는 결론에 도달했다. 이렇게 묻기도 한다. "무슨 일을 하는 데 내 도움이 필요하십니까?" "이루고자 하는 일이 무엇입니까?"

반면에 자신의 생각이나 계획을 명확하게 제시하는 이가 있으면, 나는 곧장 거기에 주목한다. 지역사회의 발전을 위한 조직 활동을 하는 커뮤니티 오거나이저community organizer가 되고 싶은 두 젊은 청년의 사례는 이 차이를 극명하게 드러내주었다.

한 청년은 과거 갱단의 우두머리였는데, 작은 종이쪽지에 메모를 해올 정도로 준비를 잘 해왔다. 약간은 긴장되고 수줍은 말투로 한때 함께 일했던 사람들은 감옥에 있거나 죽었으며, 자신의 꿈은 아이들이 갱단과 마약, 폭력의 함정에 빠지지 않도록 인도하는 것이라고 설명했다. 이미 10대들과 함께할 합법적이고 수익성 있으며 교육적인 프로그램을 개발하고 시험한 뒤였다. 명확한 계획 같았고 어느 정도 장래성도 있어 보였다. 나는 그가 금전적 후원을 요구할 거라고 짐작했다. 그러나 내가 어떻게 도와주면 좋겠느냐고 물었을 때 돌아온 대답은 다소 의외였다.

"제 이야기를 들어줄 지역사회 유지 몇 분을 소개시켜주세요."

나는 수화기를 들어 그렇게 했다.

또 다른 커뮤니티 오거나이저 지망생은 자신이 원하는 것에 대해 훨씬 덜 명확했다. 그는 "자신보다 불운한 사람들을 도와주는 방법에 대한 조언"을 구했을 뿐이다. 대학을 졸업했지만 지역사회 활동의 어떤 분야가 끌리는지, 어떻게 시작할 생각인지, 어떤 자원이 필요한지에 대해 모호하게 파악하고 있었다. 다른 이들을 돕고 싶다는 생각은 물론 아름답다. 그러나 다른 이들이 '무엇을' 할 수 있도록 돕겠다는 것인지 명확하게 해야 한다.

애초에 불명확하거나, 이것을 하고 싶은지 저것을 하고 싶은지 모르는 흐리터분한 태도는 실패로 가는, 심지어 죽음으로 가는 지름길이다. 이런 태도 때문에 어떤 이들은 아무리 노력해도 길을 잃게 된다. 명확한 목표를 설정하면 머릿속에서 계획을 펼쳐볼 수 있고, 다른 이들도 볼 수 있도록 목표를 전달할 수도 있다.

간결한Concise 계획, 즉 두 번째 C는 꿈을 부풀리거나 하루 안에 우주를 재창조하려고 하는 대신, 이루고자 하는 바를 응축하기 위한 방법으로서 꼭 필요한 조건이다. 자신은 물론 타인과 소통하기 위해 가장 좋은 방법이기도 하다. 셰익스피어가 400년 전 우리에게 말했듯이, 간결함은 여전히 재치의 생명이다.

어렸을 때, 나의 큰 꿈과 포부를 너무 과장하거나 샛길로 새지 않고 설명하는 것이 얼마나 어려웠는지를 잘 기억한다. 내가 어떤 생각을 빈틈없이 표현할 수 있을 때(내가 이 책의 각 챕터에 짧고 톡톡 튀는 제목을 붙인 것처럼), 그 생각은 활력을 찾곤 했다. 간결하려면 무엇보다 빈틈이 없어야 한다.

그날 내가 만난 재향군인들 중 한 사람은 의료서비스와 같은 기본적인 지원을 받을 때 재향군인이라는 딱지 때문에 겪어야 하는 어려움에 대해 이야기했다. 그는 종종 미로같이 혼란스러운 온갖 서류작업과 전화연락을 감수해야 했고, 이곳저곳 떠밀려 다니며 증상이나 문제를 되풀이해 말해야 했다. 따라서 진료실로 들어가 원하는 게 무엇인지 명확하고 간결하게 설명하는 능력은 건강을 되찾는 데 크나큰 도움이 되었다고 한다.

그 어느 때보다 빠른 속도로 세월을 흘려보내는 우리들에게 간결하고자 하는 노력은 그 어느 때보다 큰 대가를 가져올 것이다. 인간관계, 사회관계, 가족관계 속에서의 간결함은 남의 시간을 내 시간만큼 귀중하게 여긴다는 의미로 일종의 예의이기도 하다.

간결하게 말한다는 것은, 속기사를 제외하고는 아무도 이해할 수 없는 암호 같은 약어로 이야기해야 한다는 뜻이 아니다. 간결한 계획은 거쳐야 할 단계를 포함하고 있으되, 한 단계 한 단계가 간결하고 실행 가능하여, 시간이 흐르면서 목록에서 제외시킬 수 있어야 한다. 누군가를 자신의 계획에 동조하고 지지하게 만들고 싶다면, 자신의 계획과 실행에 옮기기 위한 단계를 5분 이하에 설명할 수 있어야 한다. 그것이 간결한 것이다.

오늘날 대부분의 사람들의 주의력은 모기 수준이라고 해도 과언이 아니다. 따라서 주의를 뺏기 위해서는 말과 움직임이 경제적이어야 한다. 마음에 안 드는 현실이라고 해도, 이것이 현대사회다.

추구하고자 하는 계획이 명확하고 간결하다면, 그것이 절실한 Compelling 계획인지 확인해야 한다. 이 세 번째 C는 자신으로부터 감탄을 자아내게 하는 것과 관련이 있다. 다시 말해, 하고자 하는 일이나 선택한 길이 내 자신에게 절실하고, 지켜보는 사람들을 그 절실함으로 사로잡아야 한다는 것이다. 절실하다는 것은 자기 자신을 설득하는 데 성공했다는 뜻이다. 스스로가 원하지 않는 꿈이라면 남이 원할 이유가 있겠는가? 절실해야 한다는 것은, 언제가 성공을 이루고자 한다면 그 꿈을 진심으로 믿어야 한다는 뜻이기도 하다. 자신의 꿈이 죄다 헛소리 같은가? 그럴 리 없다. 자신을 믿고 밀어붙여야 한다. 지금 당신의 쥐구멍에 볕이 들기 직전이라고 생각한다면, 볕이 들어야 할 진정한 이유를 찾아라! 절실한Compelling 마음이 깃든 계획은 다른 모든 패를 이기는 으뜸패다.

그러나 자신이 진정으로 추구해야 할 것이 무엇인지 몰라 그것을 찾는 것을 목표로 삼아야 한다면? 전혀 부끄러워할 필요 없다. 재향군인들 중에는 책을 쓰거나 영화를 만들거나 코미디언으로 나서고 싶어 하는 사람도 있었다. 안될 것 없다. 그렇게 대담한 시도를 하기 위해서는 자기 자신에게 절실할 뿐 아니라 타인에게도 절실함이 느껴져야 한다.

1990년 대 초 걸프전에 참전했던 어느 재향군인은 최근 건설업자가 되어 이라크를 재방문했는데, 이때 느낀 바를 글로 쓰고 싶어했다. 그러나 자신이 없었다. 그가 자신이 겪은 이야기를 풀어놓자 사람들은 다음에 어떻게 될지 궁금해하며 이야기에 귀 기울였다. 자신의 절실함으로 남을 사로잡는다는 것은 바로 이런 것이다. 사람들이 더 원하도록 주목을 끄는 것이다.

나는 새로운 일을 시작할 때마다 그 일이 나만큼 다른 사람에게도 흥미로운지 시운전을 해보곤 한다. 만약 상대방이 호기심 어린 표정으로 나를 바라보지 않거나, 내가 말을 멈추었을 때 "계속해 봐"라고 할 만큼 관심을 끄는 것 같지 않다면 충분하지 않은 것이다. 계획을 끝까지 밀고 나갈 힘은 바로 이런 동기에서 발생되는 것이다.

충실한Committed 계획은 열정과 관련이 있다. 매일 아침 눈을 떠, 그것이 무엇이든 다음 단계에 이를 때까지 신나게 노력할 수 있는가? 중요하다고 생각되는 길을 충실히 걷고 있는가? 그렇다면 다행이다. 그러한 충실함은 전염이 되기 때문이다. 충실함은 나의 주 무기이다. 대를 이어 반복된 악순환을 끊는 일이든, 기회를 가로막는 장애물을 없애는 일이든 나는 충실히 임해왔다.

내가 목격한 성공에 이른 모든 추구의 이면에는 '평균 이상'의, 심지어 광기에 가까운 충실함이 있었다. 월스트리트에 있는 나의 스승 개리 시마노에게, 내가 여전히 풋내기 주식중개인일 때 무엇을 보고 내게 기대를 걸었냐고 묻자 그는 배우고자 하는 결심에 끈질기게 충실한 나의 태도라고 했다. 맹견처럼 그의 허벅지를 물고 그가 아는 모든 것에 숙달할 때까지 놓지 않는 태도 말이다.

재향군인들은 계획을 충실히 이행하는 것의 의미를 명확히 이해하고 있었다. 그들은 이미 최고 수준의 기강과 의무감을 갖고 명령을 따르는 능력을 보여주었다. 그들은 작전에 집중하는 법을 알고 있었고, 작전을 그것을 구성하는 행동의 단위로 구분하는 법도 알고 있었으며, 포기하지 않는 법도 알았다. 그 충실함을 자신이 추구하고자 하는 것에 적용하는 일만 남은 것이다.

그 재향군인들은 계획의 일관적인Consistent 이행에 대해서도 모르지 않았다. 이 다섯 번째 C는 특정한 날에만 충실한 것이 아니라 매일 그럴 수 있음을 말한다. 이기느냐 지느냐를 결정하는 궁극적인 성공 요인이다. 일관성은 규칙적으로 삶에 임하고 목표 추구에 임하는 것, 타인과의 관계와 업무와 놀이에 임하는 것을 말한다. 계획의 세부적인 행동 단계들을 거쳐 여정의 끝을 향해 앞으로 나아가도록 추진력을 전달해주는 것이 바로 일관성이다. 일관성은 당신의 가능성을 가늠할 시금석이며, 이것이 당신의 목표가 모가 될지 도가 될지 결정해준다. 일관성은 당신을 어디로든 데려갈 수 있고, 불가능을 가능하게 만들어 줄 수 있으며, 당신의 꿈이 열매 맺는 것을 지켜볼 것이다.

일관성의 가장 전형적인 사례는 광적으로 자신의 일에 임해 주변 사람들로부터 미쳤다는 소리를 들으며 아무도 만들어내지 못한 무언가를 발명해낸 사람들이 보여주고 있다. 벤저민 프랭클린, 토머스 에디슨, 알렉산더 그레이엄 벨, 마리 퀴리 등이 그런 사람들이다. 전기와 전구, 전화기를 만들고 방사선으로 사람을 살리기까지 얼마나 많은 실패와 좌절이 있었겠는가? 어느 발명가든 성공한다는 보장이 없는 상황에서의 시행착오를 반복하지 않았다면, 계획된 실험을 성공시키지 못했을 것이다.

어떤 '목표 추구'도 성공한다는 보장은 없다. 당신도 잘 알고 있을 것이다. 따라서 1강에는 경고성 문구가 따라붙는다. 상황이 변하면, 길이 울퉁불퉁해지거나 수리해야 할 부분이 생기면, 계획을 변동해야 할 수도 있다는 것이다. 그렇다고 해서 겁내지 말라. 먼저 지금 이 순간 자기 자신에게 꿈이 무엇이며, 어떻게 추구할 계획인지 묻도록 하라.

02
우리 모두에게는 선택권이 있다

: 자기강화

　가끔 전혀 기대하지 않았던 때와 장소에서 우리 인생의 가장 중요한 교훈이 슬며시 다가와 뒤통수를 내리치곤 하는데, 그 교훈은 우리가 이미 알고 있었는데 잊었거나 무시했던 것들이다. 그때 나는 먼저 내 주의를 환기시킨 신께 감사드린다. 그 다음 뒤통수가 좀 덜 얼얼해지면 그 교훈으로 무얼 해야 할지 생각해 본다.

　최근 바로 이런 일이 일어났다. 2003년에 있었던 일인데, 긍정적인 역할모델이 되어주었다는 사유로 훌륭한 아버지 상을 받게 된 것이다. 내가 좋아하는 일을 하며 다양한 방법으로 나의 성공을 다른 사람들과 나눌 수 있다는 것 자체가 내게는 상이기 때문에, 대체로 상을 주겠다고 해도 거절하는 편이었지만 남성이 아버지로서 스승으로서의 역할을 충실히 수행하는 것의 중요성을 강조하고자 제정된 상이었기에 나는 기쁘게 받기로 했다.

시상식에 가서 자리에 앉았을 때, 함께 상을 받게 된 사람들을 보고 나는 자랑스럽지 않을 수 없었다. 그 가운데는 대배우 제임스 얼 존스(다스 베이더로 분하여 "루크, 내가 네 아버지다"라는 명대사를 남겼다.), 〈캐치 미 이프 유 캔Catch Me If You Can〉으로 유명세를 얻은 보안기술 전문가 프랭크 애버그네일, 유명한 재즈 음악가 데이브 코즈가 있었다. 우리 대부분은 처음 보는 사이였지만 그 즉시 친해졌다. 물론 나는 그들에게 묻고 싶은 것이 많았고, 그들은 그날 밤뿐만 아니라 지금까지 이어져 오는 우정 속에서 늘 성심껏 답변을 해주었다.

강렬한 목소리와 눈빛을 가진 우리 시대의 우상 제임스 얼 존스와의 만남에서 나는 많은 것을 배웠다. 그는 겸손하고 친절하고 너그러운 사람이다. 데이브 코즈도 그렇다. 데이브는 그 존재감과 집중력으로 상대방의 마음을 열게 한다. 음악가, 라디오 DJ, 사업가, 그리고 자선가로서 이루어낸 그의 성공은 그래서 당연하게 느껴진다. 반면 프랭크 애버그네일은 놀랍기 그지없는 인물이다. 영화에서 그려낸 인물과 다를 것이라고 짐작은 했지만, 그가 젊은 시절 자신이 사기꾼으로서 저지른 모든 옳지 못한 일들을 그토록 당당히 인정하고, 사회에 진 빚을 갚기 위해 기업과 법 집행기관, 그리고 개인을 모든 형태의 보안 위협에 대해 보호하는 일을 하고 있을 줄은 몰랐다. 삶의 빛 그 자체인 아들 셋을 둔 아버지로서 그는 또한 1대 1 교육의 중요성을 굳게 믿고 있었다. 이는 나와 데이브 코즈, 제임스 얼 존스 모두가 깊이 공감하는 부분이었다.

그리하여 시상식이 시작할 때 나는 날아갈 듯한 기분으로 앉아 있었다. 그런데 진행을 순조롭게 하기 위해서였는지, 분위기를 고조시키기 위해서였는지 몰라도 사회자가 읽어 내려간 소개글이 갑자기 내 기분을 흔들어놓았다. 그 소개글에 의하면, 나는 운이 좋아 성공한 헛방이었다!

나뿐만이 아니었다. 들자 하니, 우리가 어린 시절을 보낸 지역의 환경적 조건 때문에, 그러니까 우리가 특정한 가정 혹은 동네에서 자라났기 때문에, 우리의 사회적·경제적·인종적 배경 때문에, 대를 이은 악순환을 끊지 못한 채 아이들이나 내버리고 사회에 기여하기는커녕 아무것도 되지 못했을 가능성이 확률적으로 매우 높았다는 말을 하고 있었다. 나와 같은 동네에서 태어나 자란 사람은 행복도, 그 행복을 추구하는 삶도 영위할 수 없다는 소리였다. 이 논리는, 자신의 배경을 초월한 천부적인 재능이 있는 소수의 사람만이, 혹은 운 좋은 사람만이, 말하자면 헛방만이 성공을 이룰 수 있다는 말이었다.

들으면 들을수록 말도 안 되는 엉터리 논리라고 생각되었다. 나는 나와 함께 상을 받으러 나온 이들과, 그들이 스승으로서 아버지로서 인간으로서 이룬 성공을 되짚어보았다. *그것은 그들이 부모를 잘 만났기 때문이 아니라 그들 자신이 오늘날의 성공으로 이르는 길을 선택했기 때문이었다. 운이나 우연 때문도 아니고, 남들보다 뛰어나서도 아니었다. 단지 그들의 모든 선택과 행동의 결과로 성공에 이르게 된 것이다.*

나를 점점 더 우울하게 만드는 통계를 듣고 있자니 "헛소리하고 있군!" 하는 말이 입에서 절로 나왔다. 물론 다른 사람들이 들을 수 있을 정도의 소리는 아니었다. 나는 먼저 왜 이런 통계 경향이 그토록 짜증스럽게 다가왔는지 스스로에게 물었다. 편견으로 인해 너무 오랫동안 너무 많은 사람들에게 지나치게 낮은 기대치가 주어졌다는 생각이 들었다.

밀워키의 가난한 흑인 동네에서 자란 내 어린 시절을 돌이켜보았다. 위탁 가정에서 지낸 적도 있었고 친척들과 지낸 적도 있었지만, 내게 가장 큰 영향을 끼친 어른이자 스승인 우리 어머니 베티 진 가드너는 내게 이런 생각을 심어주었다. *내가 이 세상에서 어떤 사람으로 살아갈 것인지는 전적으로 나에게 달려 있다는 것이다!* 어머니는 내게 선택할 수 있는 힘을 주었다. 나의 모든 선택이 올바른 선택이었다는 뜻은 아니다. 그러나 무력감에 무너질 수도 있었던 나에게 내 갈 길을 내가 선택하겠다는 결정은 나를 미치지 않게 만들었고, 희망을 주었다.

의자에 다소 불편하게 앉아 있던 내 눈 앞에 결정적인 선택을 했던 삶의 순간들이 스쳐갔다. 먼저 여섯 살 때 처음으로 중대한 결심을 한 기억이 났다. 내가 자라서 아이를 낳으면 꼭 그 아이 곁에 있어주겠다는 결심이었다. 바로 그 결심으로 인해 겨우 걸음마를 뗀 아들을 혼자서 키우게 된 1980년대 초, 직업이 있는데도 노숙을 해야 하는 상황에 이르렀을 때조차 샌프란시스코에서 아들과 함께했던 것이다. 아들 크리스토퍼 주니어를 위탁 가정에 맡기거나 친척들에게 보내지 않고 내가 데리고 있었던 이유는 어린 시절 내 아버지가 나를 버렸다는 기억 때문이었다. 나는 아버지를 본 적이 없을 뿐만 아니라 이름도 몰랐다. 어디 있는지, 왜 내 삶의 일부가 아닌지도 알 수 없었다. 나는 20대 후반이 되어서야 아버지를 한 번 만났다. 아버지의 전철을 밟지 않겠다는 결정, 아버지가 없음으로 해서 생기는 삶의 공허함(나는 이것을 '노 대디 블루스no daddy blues'라고 이름 지었다.)을 내 아들에게 물려주지 않겠다는 결정은 이후 나라는 사람을 형성한 여러 결정에 영향을 미쳤다.

중대한 결심에 대한 두 번째 기억은 여덟 살 때 커서 마일스 데이비스가 되겠다고 겁 없이 달려든 일이다. 물론 10대가 되어서는 다른 꿈을 택해야 했다. 마일스 데이비스는 마일스 데이비스밖에 될 수 없다고 어머니가 딱 잘라 이야기하셨기 때문이다. 그래서 나는 마일스 데이비스가 될 수는 없지만 무슨 일을 하든 세계적인 사람이 되겠다고 결심했다. 그 일이 무엇인지 알아가는 과정에서 그 이후에도 수많은 선택과 후회가 있었지만 말이다.

내 눈앞을 스쳐간 이 인생의 주마등에는 양아버지 프레디와 지낸 나날의 기억이 포함되어 있었다. 까막눈에다가 폭력을 일삼는 알코올 중독자였던 양아버지는 자신이 내 친아버지가 아니라는 사실을 알려주는 것, 때로는 엽총을 들이대고 말해주는 것을 기쁨으로 삼은 사람이었다. 양아버지처럼 되는 것은 정말 쉬운 일이었을 것이다. 그러나 나는 모든 면에서 양아버지와 정반대가 되기로 의식적인 선택을 했고, 이것이 나의 자기강화, 즉 임파워먼트empowerment 수단이었다. 결과적으로 양아버지처럼 되지 않는 것에 성공했다!

이런 내가 헛방인가? 내가 구렁텅이에서 빠져나온 것은 운이 좋았기 때문이었나? 천만의 말씀이다.

도처에서 온갖 사람들이 매일같이 통계를 거스르는 삶을 살고 있다. 전국에, 전 세계에, 모든 지역사회에 부모로서 인간으로서 성공적인 삶을 살고 있는 수백만 명의 사람들이 있고, 이들이야말로 상을 받아야 한다. 불우한 환경에도 '불구하고' 성공했기 때문이 아니라 어떤 경우 불우한 환경으로 '인해' 성공했기 때문이다. 암울한 조건에서 자라났지만 자신의 환경과 어려움과 문제들을 뒤집어엎은 내 주변의 모든 이들을(그들이 눈앞에 보이는 이들과 똑같이 되는 건 시간 문제였다.) 떠올려 보았을 때, 그들 중 헛방은 단 한 명도 없었다. 우연이 아니라 선택의 힘이 차이를 가져온 것이다.

이렇게 말했으면 좋으련만, 단상 위에 올라간 나는 혼자서 중얼거리고 있던 말을 내뱉고 말았다. "성공한 아버지, 혹은 실패한 아버지가 되는 것은 통계와는 아무 상관이 없습니다." 전문가의 의견이라는 것에 대해서도 한 마디 했다. '개소리입니다'라고 말하면 간단했을 것이다. 그러나 순간 '이놈의 입 때문에 또 사고 치겠구나' 하는 생각이 들어 다행히도 자제력을 잃지 않고 한결 부드러운 언어로 내 주장을 펼쳤다. "나는 내 자신을 예외적인 경우로 보지 않습니다." 오히려 나와 비슷한 배경을 가졌지만 색다른 선택을 한 모든 사람들을 내가 대표하고 있다고 생각한다고 말했다.

그날 밤 내가 얻은 단순하지만 진정한 교훈은 우리 모두에게는 우리가 궁극적으로 무엇이 될지 선택할 힘이 있다는 것이다. 이날 밤의 일이 나에게 특히 인상적이었던 것은 수상 소감을 끝냈을 때 눈물을 글썽이며 내게 다가온 어느 한 여성 때문이다. 그 여성은 나와 악수한 뒤 이렇게 말했다.

"고맙습니다. 저는 아까 진행자가 말한 불우한 환경에서 컸어요."

그 여성은 청소년 시절 부모님을 따라 미국으로 온 지 얼마 되지 않아 고아가 된 이야기를 들려주었다. 여성은 매일 어린 동생들을 폭력배와 마약이 판치는 거리를 지나 학교에 데려다주었다. 무슨 일이든 닥치는 대로 하면서도 수석으로 고등학교를 졸업했다. 대학에 가지는 않았지만 의상 제작에 대한 열정을 키워 지금은 워싱턴 D. C.에서 남편과 함께 고급 의상실을 운영하고 있다고 했다. 아이들 셋은 모두 대학에 보냈다. 그 여성의 성공 비결이 무엇이었느냐고?

"통계 수치의 일부가 되기 싫었어요."

여성은 어깨를 으쓱하며 말했다.

"남들과 다르게 살기로 결심한 거예요!"

그 여성의 뒤를 이어 또 한 사람이 비슷한 이야기를 해주었다. 1000명이 들어선 연회장에서 나는 환경을 딛고 일어난 수많은 사람들의 이야기를 들었다. 그들은 모두 진행자가 말한 그런 동네에서, 그런 가정에서 자라났으며, 스스로를 운이 좋거나 특출하다고 생각하지 않았다. 그들은 모두 그들의 삶에서 선택의 순간이 있었음을 기억했다. 그 순간 그들은 결심을 하고 세상에 외친 것이다. "나는 다른 길로 갈 것이다. 나는 커서 남들과 다르게 될 것이다."

그와 같이 스스로 자신의 역량을 강화하는 행동을 함으로써 드러나지 않았던 가능성들이 보이기 시작했고, 이를 추구하고자 하는 의식적인 선택이 이어졌다. 알고 보면 아메리칸 드림, 자수성가의 가능성은 여전히 살아 있는 것이다. 그날 밤 모두가 공감한 사실은 인구조사 통계로 개인의 가능성을 한계 짓는 것은 실로 '헛소리'라는 것이다.

이 교훈을 적용해 보자. 자신의 모습을 왜곡하는 말을 듣거나 누군가 우리에게 제약을 가하려 할 때 "헛소리!" 하고 외치는 것이다. 자신이 스스로의 선택의 힘보다 운을 지나치게 믿을 때, 우리 자신에게 또한 "헛소리!" 하고 외치는 것도 여기 포함된다. 자신이 제어할 수 없는 상황에서 두렵고 힘겹고 스스로 나약하게 느껴지는 것은 당연하고 인간적이다. 그러나 그러한 감정이 우리를 패배시키도록 허락해서는 안 된다. 현재 상황에서 우리가 제어할 수 있는 것, 그것이 아무리 하찮은 것일지라도 그것을 찾아 거기서부터 시작할 수 있도록 힘을 부여하는 일은 결국 우리 스스로 해야 한다.

최근 들어 선택의 근육을 움직이지 않아 뻐근하다면, 지금까지의 의미 있는 선택의 순간들을 되돌아보는 것에서 시작해도 좋다. *선택이 더 나은 상황으로 이끌 수도, 더 열악한 상황을 초래할 수도 있다. 그러나 어떤 상황에서든 자신의 선택에 책임을 진다면, 그것은 자기강화로 이어질 것이다.* 자, 이제 선택의 근육을 움직여 준비운동을 한 다음, 꿈을 이루기 위해 지금 세우고 있거나 구상 중인 계획을 살펴보라.

그 계획에 포함되어 있는 크지 않은 항목 하나를 오늘 실행에 옮겨보는 것은 어떨까? 일단 실행하기 시작하면 가속도가 붙고, 나도 모르게 좀 더 어려운 도전에 임할 자신이 생긴다. 지금 자신감이 없다면, 특히 어떤 패를 뽑아도 불리하게 느껴지고 불운과 사고만이 나와 친구하고 싶어한다고 생각된다면, 그것이 무엇이든 실행에 옮기기로 결심하는 것 자체가 해독제가 될 수 있다. 실행에 옮기기 시작한 지 5분도 채 안 되어 자신감이 붙을 것이다. 그러나 이것도 결국 당신 몫이다.

03
기병대는
오지 않는다

: 태도

한 번은 어느 저널리스트가 내게 아들과 함께 노숙하고 있을 때 어떻게 고개를 들고 다녔느냐고 물었다. 내가 그 부끄러움을 어떻게 극복했는지 알고 싶었던 것이다. 나는 즉답했다.

"잠깐만요, 우리는 집이 없었지 희망이 없었던 게 아닙니다."

그는 놀라움을 금치 못했고, 어떻게 그것이 가능한지 이해하지 못했다. 당시 나는 노숙자라는 한 마디 말로 우리를 정의 내리지 않았다고 말해주었지만 소용없었다. 그때 나는 집이 없는 것은 일시적인 상황일 뿐 내가 선택한 분야에서 숙달될수록 그 상황을 바꿀 기회는 얼마든 있을 거라고 생각했다. 그러나 내가 세상에 알려지지 않은, 심지어 노숙자들 사이에서조차 소외된 사람들의 무리, 즉 직장은 있지만 집은 없는 사람들의 무리에 들어 있다는 힘겨운 현실은 인정해야 했다. 실제로 세상에 알려지지 않았다는 사실, 나의 상황을 이해할 수 있는 사람이 나 자신밖에 없다는 사실은 외로움을 가중시킨다. 더 나은 처지에 있기 위해 둘러멘, 나만이 나를 수 있는 가뜩이나 무거운 짐을 더욱 무겁게 한다.

내가 사람들에게 나의 이야기를 하기로 결심한 이유 가운데 하나는 내가 '화이트칼라 노숙자'라고 부르는 계층이 빠르게 증가하고 있기 때문이다. 지난 몇십 년간 추산해 본 결과 미국 노숙자들의 12퍼센트가 직장이 있어 매일 출근을 한다. 일부 지역에서는 이 수치가 30퍼센트에 달하기도 한다. 이들은 흔히 골목에서 구걸을 하는 사람들이 아니다. 평범한 가정을 이루고 출근을 하며, 앞서가기 위해 더 나은 상황에 있는 남들처럼 열심히 혹은 남들보다 더 열심히 일하는 사람들이다.

최근 들어 심하게 요동을 치고 있는 세계 금융경제가 개인에게 미칠 충격은 아직 완전히 드러나지 않았다. 경제가 곤두박질칠 때마다 텔레비전의 경제 프로그램과 뉴스에서는 어느 기업의 회장이 몇십 억 달러를 잃었다느니, 어느 불운한 작자가 5억 달러를 잃었다느니 떠드느라 바쁘다. 그렇다면 모든 것을 잃은 사람들은? 한 회사에서 25년 넘게 일하면서 은퇴자금을 회사 주식에 쏟아 붓고 노후준비를 착실히 했다고 생각한 사람들은? 젊은 근로자들과 달리 50대 후반에서 60대 초반인 이런 사람들은 노후자금이 휴지조각이 되어버린 것으로도 모자라 갑자기 일자리까지 잃곤 한다. 그뿐 아니라 확장은커녕 축소되고 있는 업계에서 취직전선에 뛰어들어야 한다.

직장이 있으면서도 가족이 갑자기 길거리에 나앉게 되는 상황이 새로운 것은 아니다. 그러나 사태는 마치 5등급 허리케인과 같은 심한 난류에 휘말렸다. 집값 거품이 뻥 터지고 월스트리트의 유독한 욕심이 키운 서브프라임 모기지(비우량 주택담보대출)의 유질 처분 사태가 여기 더해졌으며, 금융기관들의 신용경색 문제로 이어졌다. 이런 문제들이 경기침체와 실업률 증가, 임금하락, 생필품 물가 상승이라는 압박 요인에 더해졌다고 생각해 보라. 갈수록 심각해지는 경제난으로 인해 식사를 해결하지 못해 무료 급식소에 얼굴을 내비치는 대학생들이 있는가 하면, 노인들은 식사와 처방약 가운데 한 가지를 선택해야 한다. 부모와 자녀가 함께 있을 수 있는 집이 없어 헤어져 있어야 하는 가정도 있다. 근로자임에도 차에서 잠을 자거나 심지어 공공화장실에서 잠을 자야 하는 이들도 있다.

이러한 상황이 당신에게, 혹은 당신이 아는 사람들에게 개인적인 영향을 미쳤든 그렇지 않든, 위기 상황에서조차 지금 그 자리에서 출발해야 한다는 사실을 다시 한 번 기억해야 할 것이다.

먼저 21세기 초반을 살아가는 우리에게 '근로자'가 무엇을 의미하는지 명확한 정의를 내려두어야 할 필요가 있다. 만약 자신의 생계수단을 자신이 소유하고 있거나 지분이 있지 않다면, 그 사람은 '근로자'다. 더 노골적으로 말하자면, 포브스 400대 부자 명단에 속해 있지 않다면 근로자라고 봐도 좋다. 남들을 쥐고 흔들 수도 없고, 언제든 감원 대상이 될 수도 있으며, 합병이 될 수도 있고, 해고될 수도 있으며, 파견될 수도 있기 때문이다. 성공할 가능성을 높이기 위해 능동적인 참여자, 즉 주주나 투자자가 되어볼 수 있다. 반대로 꼭두각시가 될 수도 있다. 무엇이 될지는 당신에게 달려 있다.

어쨌든 내가 아들과 함께 길바닥에 살면서 어떻게 좌절감과 무력감에 빠지지 않을 수 있었느냐고? 그 질문에 대한 답변은 우리 어머니가 내게 각인시켜주려고 했던 삶의 교훈들 가운데 가장 중요한 교훈이 제공해주었다. 나는 곧잘 이 교훈을 잊어버리고는 내 눈에 보이는 고통, 곧 전염병처럼 퍼져나갈 수 있는 고통에 대해 남들이 충분한 관심을 보이지 않는다며 걱정하곤 한다. 그때 어머니가 곁에 있었다면 했을 말이 내 귀에 들리는 듯하다. "애야, 그렇게 걱정스러우면 네가 나서서 무얼 좀 하지 그러냐?"

이 가르침을 떠올릴 때면 어머니가 이보다 더 강조했던 진리 하나가 또 떠오른다. 나는 이것을 10대 때 처음 들었는데, 이는 어머니가 내게 심어주고 싶어했던 삶의 자세, 즉 '할 수 있다'는 자세, '내가 앞장선다'는 자세의 바탕이다. 나는 몇 번이나 아슬아슬한 위기를 넘기고서야 이 다목적·다기능 교훈의 의미를 뼈저리게 깨달았다. 그러나 지나가는 듯한 말로 어머니가 당신의 독특한 지혜를 선물해준 순간부터 이 교훈이 내 뇌리를 떠난 적은 없다.

흔한 경우는 아니었지만 당시 나는 어머니와 단둘이 시간을 보내고 있었다. 덕분에 어머니와 내가 정말 좋아하는 일을 할 수 있었는데, 그것은 바로 TV에서 해주는 오래된 명화를 보는 일이었다. 그날 밤, 우리는 서부 영화의 이야기에 푹 빠져 있었다. 영화의 절정에 다다랐을 때는 모든 것이 잘못되어 가고 있었다. 총을 든 악당들이 고독한 주인공과의 거리를 좁혀오자, 말은 도망가고 동료는 죽음을 당한 데다 총알조차 떨어진 현실과 맞부딪친 주인공의 억척스런 얼굴에는 마침내 근심이 어린다. 그는 선인장과 아르마딜로 위로 펼쳐진 서쪽 하늘을 바라본다. 지평선을 아무리 훑어보아도 도와줄 이 하나 없다.

바로 그때 어머니가 나를 돌아보더니 '잘 들어, 이건 중요한 거야'라는 표정을 지었다. 그러고는 TV를 가리키며 이후 영원히 내 머릿속을 맴돌 말을 했다.

"봤지? 기병대는 오지 않아."

아주 잠깐, 나는 어머니의 그 선언과도 같은 말을 받아들이지 않았다. 먼지구름을 일으키며 요란한 말발굽 소리를 내며 달려오는 것이 기병대가 아니면 무어냐고 대꾸했다. 안도하는 주인공의 표정도 내 짐작을 확인시켜주는 듯했다. 물론 다시 보니 악당들이라는 것을 알고 나서는 금세 표정이 바뀌었지만 말이다.

말할 필요도 없지만, 이 서부 영화의 고독한 주인공은 결국 승리했다. 수적인 열세에도 이길 수 있었던 것은 기병대가 구하러 오리라는 기대를 접은 것과 밀접한 관련이 있었다. 주인공은 **타고난 재능으로 스스로 운명을 뒤바꾸기 전에 애초에 그를 영웅으로 만들었던 자립적인 태도를 되찾아야 했다.**

처음에는 이해하기가 별로 어렵지 않았지만, 이후 몇년 동안 벌어진 여러 상황에서 구체적으로 적용시키기는 힘들었다. 나는 곧잘 오지도 않을 기병대에 희망을 걸고 있는 자신을 발견했다. 그러나 지평선에서 먼지구름이 보이고 말발굽 소리가 들릴 때마다 정체를 알고 보면 그들은 내 삶을 괴롭히는 악당의 무리였다. 상황이 더욱 안 좋아질 것이라는 의미였다.

우리가 아무리 도움을 받을 자격이 있다고 해도 우리 선한 이들에게 기병대를 보내주는 이는 없다는 현실을 통해 나는 모든 고독한 주인공들에게 주어진 선택지가 무엇인지 명확하게 알 수 있었다. 한편으로 우리는 악당들을 탓하며 원하는 만큼 우울하게 살 수 있다. 대신 식구들 입에 풀칠은 못할 것이다. 다른 한편으로 우리는 필요한 상황에 능동적으로 대처해 스스로의 기병대가 되는 것을 선택할 수도 있다.

어떻게 그렇게 하냐고? 내가 배운 바에 따르면, 첫 번째 단계는 내가 선 위치와 내가 거기 도달하게 된 경위에 대해 책임을 지는 것이다. 아주 특별한 경우를 제외하고 십중팔구 내가 서 있는 위치는 그곳이 어디든 나의 선택에 따라 도달한 것이다. 내가 곤경에 처한 이유를 나의 능력 밖에 있었던 요인에서 찾아 그것을 탓하거나 일이 제대로 되지 않은 데 대한 다양한 핑계를 댈 수도 있다. 특히 아무도 도움의 손길을 뻗지 않았다면 더욱 그렇다. 그 모든 것이 사실일지도 모른다. 그러나 그렇다고 해서 내 처지가 바뀌는 것은 아니다. '내가 있는 곳은 바로 여기이고, 내가 여기 서 있는 이유는 이쪽으로 말을 몰았기 때문이다'라고 인정해야만, 그 다음으로 내가 진정으로 가고 싶은 곳, 저 석양 속으로 유유히 걸어 들어가는 것을 택할 수 있다. 21세기에 맞게 수정한다면 '내가 여기 서 있는 이유는 이쪽으로 차를 몰았기 때문이다'라고 해야겠다. 이제 방향을 바꾸어 더 좋은 곳으로 운전하는 일은 다른 누구도 아닌 바로 나에게 달려 있다.

이 교훈을 가장 쉽게 적용하는 법은 자신의 현재 위치와 거기 이른 과정을 기록해 보는 일이다. 먼저 스스로에게 이런 질문을 해보라. 나는 지금 어디 있는가?

지금 서 있는 위치에서 희망이 느껴지는가? 지금 서 있는 곳에서 난류에 휘말리고 있다는 기분이 드는가? 앞으로 나가기 위한 계획이 있는가? 개인적으로, 업무적으로, 정신적으로, 육체적으로 지금 어디 있는가?

지금 그 자리는 있고 싶은 자리인가? 있어 마땅한 자리인가? 있을 능력이 있는 자리인가? 더 중요한 것은, 그 자리가 나를 필요로 하는 자리인가? 이 모든 질문에 그렇다고 답할 수 있는 사람은 축복받은 사람이다.

확실하지 않다면 자신의 자리에 대해 어떤 생각을 갖고 있는지 세분화해 보라. 출발하고 싶은 마음은 굴뚝같지만 교통수단이 없는가? 진입로에 차가 멈추어 서 있는가? 구덩이에 처박혀 도움을 기다리고 있는가? 로큰롤 스타처럼 잘 나가고 있지만 너무 빨리 가고 있다고 생각되는가? 속도를 줄이고 가까운 출구로 빠져나가고 싶은가? 현재의 위치에서 필요한 모든 것을 배울 수 있다는 가능성을 열어두고 있는가? 어떤 경우든, 다른 사람들도 비슷한 고민들을 하고 있다는 것을 알면 한결 마음이 편해질 것이다.

현재의 위치와 방향을 살펴보았으면 결정적인 질문을 던져보라. '나는 어떻게 여기 이르렀는가?' 내비게이션 장치에 현재 위치를 목적지로 설정하지 않았다고 해도, 여기만 아니면 어디든 좋겠다는 생각이 들어도, "맞아, 내가 여기로 차를 몰고왔어"라고 어느 정도 인정할 수 있다면, 이번 강의를 통해 새로운 지평을 열 수 있을 것이다.

아직 그럴 준비가 되지 않았다면, 그러니까 스스로의 선택에 책임을 질 준비가 되지 않았다면, 여전히 악당들 탓을 하고 있거나 기병대를 기다리고 있는 사람들의 사례를 들어보는 것이 도움이 될 것이다.

나에게는 사촌동생이 하나 있는데, 당신 주위에도 이런 사람이 하나쯤은 있을 것이다. 동생은 걸어 다니는 일일 연속극이다. 온갖 사건과 사고에 휘말려놓고는 자신은 순수한 피해자라고 한다. 이제는 좀 행복하게 사나 싶으면 어느새 제어 불가능한 대참사가 벌어져 동생의 꿈을 망쳐놓는다. 수습을 해야 하니 돈을 빌려달라고 할 것이 뻔한 그런 대참사 말이다. 외계인이 동생을 붙잡아 비행선에 태우고 포커게임에서 차를 잃으라고 강요했을까? 물론 아니다. 동생은 그곳으로 차를 몬 것이다.

누구든 어쩌다 한 번쯤은 그럴 때가 있지만, 드라마 같은 인생을 사는 사람들에게 말하건대, 진실을 인정하고 상황을 반전시키기에는 지금도 늦지 않았다.

내 사촌동생과 정반대인 사람이 당신 주변에 있을지도 모른다. 성취욕이 지나치게 강해 점점 더 많은 책임을 떠안으면서도 그들이 진정 원하는 목표를 이루지 못한 이유는 스스로의 선택 때문이라는 사실을 인정하지 않는 사람들 말이다. 내게 조언을 구하는 사람들이나 내가 만나는 사람들 가운데 이런 사람들이 많다. 회사나 자선단체를 이끌면서 가정도 꾸리고 다양한 임무와 활동을 맡아 수행하는 책임감 강한 사람들임에도 자신의 진정한 꿈은 다른 생애에 놔두고 온 것 같다고 느끼는 사람들 말이다.

그들은 이런 식으로 말을 시작하곤 한다. "시간이 조금만 더 있다면 내가 정말로 하고 싶은 일은……." 아니면 이렇게 말하기도 한다.

"내가 좀 더 젊었다면 내가 정말로 하고 싶은 일은…….." 그러나 그토록 진심으로 원하는 일로부터 멀어진 연유를 물었을 때, "내가 원하던 길은 아니지만 차를 몰고온 건 나야" 하며 책임을 지는 사람은 드물다. 꿈을 되찾거나 인생을 처음부터 다시 시작해 볼 생각은 없느냐는 물음에 그들은 대개 핑계를 대며 왜 그렇게 할 수 없는지, 그렇게 할 경우 단점은 무엇인지 늘어놓곤 한다. 어떤 사람들은 특정한 사건이 벌어져 그들을 지금 있는 곳이 아닌 다른 곳으로 데려가주기를 바라기도 한다. 말만 다르지 결국 기병대를 기다리는 것이다.

월스트리트의 한 전직 동료는 직장을 다니면서 애들도 키우고 다시 학업을 시작한 남편의 학비를 대는 것으로도 모자라 아픈 부모님을 간호하는 일까지 도맡았는데, 그 친구가 내게 이렇게 말했다. 자기 자신을, 그리고 자신의 꿈을 외면하고 있는 것은 알지만 "어쩔 수 없다"고.

사실 누구도 그에게 그 모든 역할을 강요한 적은 없다. 가장 높은 꿈을 향해 달려가지 말라고 막은 이도 없다. 만약 누군가가 막았다면 그는 노예 상태에 묶이는 것을 허락한 것과 다름없다. 해방을 향한 첫걸음으로 내 전직 동료는 마침내 모든 상황을 자신이 통제하기로 결심했다. 매우 유용한 두 글자로 된 단음절 영어 단어 하나를 발견한 동료는 비로소 스스로를 구출할 기병대가 되었다. n으로 시작하고 o로 끝나는 그 단어는 바로 'No'였다.

동료는 주위 사람들의 지나친 요구에 'No'라고 말하기 시작했다. 그리고 각자 스스로의 임무를 맡으라고 부탁했다. 그러자 동료에게 점점 더 많은 임무를 떠맡겨왔던 모든 사람들이 화를 내기는커녕 동료에게 새로운 존경심을 갖기 시작했다. 동료의 상사는 동료에게 어시스턴트를 붙여주었고, 남편은 집안 일에 더 관여할 수 있도록 수업을 줄였으며, 형제자매들은 부모님을 돌보는 데 더 많은 시간과 지원을 할애하기로 동의했다. 동료는 내게 말했다.

"그동안 나는 남들 부탁만 들어주며 살았지 정작 내 부탁은 못 들어줬어."

그는 '할 수 있다'는 자세와 '내가 앞장선다'는 자세는 갖고 있었지만 다른 사람들의 기병대가 되어주느라 너무 바빴던 것이다. 이제 동료는 자신의 차를 몰고 자신의 부탁을 들어주며 자신이 원하는 바를 추구하며 살게 되었다. 그것이 아무리 몇년 동안 벼르던 독서모임에 가입하는 것과 같은 사소한 일일지라도 말이다.

자신이 선 자리는 자신이 차를 몰고온 곳이라는 사실을 인정하지 못하는 사람들이 대는 또 다른 핑계가 있다. 사회 체계가 자신에게 불리하게 되어 있으며, '누군가'가 자신을 짓밟아왔다는 주장이다. 이런 사람들 또한 우리 주변에서 쉽게 찾아볼 수 있다. 이들은 행복을 추구해야 할 이유를 알지 못한다. 인종차별과 성차별, 그리고 다른 억압적인 사상들 앞에서 무력할 수밖에 없기 때문이란다. 차별적인 사상이나 반인륜적인 체제를 옹호하자는 것은 아니지만, 무력감을 느끼는 것은 바로 그 '누군가'가 원하는 바가 아닌가? 지금은 고인이 된 남아프리카공화국의 인권운동가 스티븐 비코는 이렇게 말했다. "압제자의 손에 있는 가장 무서운 무기는 억압된 이들의 정신이다."

우리 어머니와 스티븐 비코는 나 몰래 입을 맞추어놓은 모양이다! 어디에 있든 내 정신과 믿음과 자세를 다스릴 수 있는 것은 나 자신밖에 없다는 점에 두 사람은 동의했을 것이다. 따라서 자신의 상황에 대해 남 탓을 하거나 핑계를 대지 않는 것은, 그리고 혼자만의 힘으로 상황을 바꿀 수 있다고 믿는 것은 자신을 억압하는 '누군가'로부터, 혹은 그러한 체계나 사상으로부터 힘을 빼앗는 것이다. 그리고 그 힘을 내 것으로 만드는 것이다. 또한 누군가가 눈부신 백마를 타고 나타나 모든 꿈을 이루어주거나 고통을 앗아가기 바라는 것이 아니라 타고 온 말에 다시 올라타 스스로 해내는 것이다.

추구하는 목표에 대한 열정을 되찾고 싶을 때 이 교훈을 적용하면 실패하지 않을 것이다. '할 수 있다'는 자세가 충만하던 시절을 상기하는 것부터 시작하라. 다른 사람의 지시를 기다리지 않고 스스로 나서 팔을 걷어붙이고 일을 시작한 적도 있을 것이다. 현재의 내 위치를 점검하는 동시에 그동안 기병대를 기다리고 있지는 않았는지 돌아보라. 그리고 대답이 어떻든 간에, 이제는 기병대가 오지 않는다는 사실을 알았으니 '할 수 있는' 다음 단계는 무엇인지 생각해 보라.

마지막으로, 생각은 행동보다 바꾸기 힘들다는 경고를 해야겠다. 중요한 것은 행동을 통해 힘을 가함으로써 가속도가 붙도록 하는 것이다. 이것은 내 의견이 아니다. 물리학의 법칙이다.

04
손에 든 것에서
시작하라

: **독창성**

"청결은 신을 섬기는 것 다음으로 중요하다Cleanliness is next to Godliness"
는 속담을 들어본 적 있을 것이다. 나는 청결을 꽤 중요하게 여기는 사
람이기는 하지만 또 다른 중요한 미덕 때문에 이 속담을 수정하지 않
을 수 없게 되었다. 내가 봤을 때 정말로 신을 섬기는 것 다음으로 중
요한 것은 자원을 구하는 능력이다.

그것이 아무리 미미할지라도, 손 안의 것을 가지고 타고난 재능에
노력과 정신력을 더해 자기 자신과 인생에 의미 있는 무언가를 만들
어낼 수 있다는 교훈은 모든 목적을 추구하는 데 있어 가장 근본적인

바탕이다. 이 전제는 우리 각각에게 기적을 일으킬 능력이 주어졌음을 뒷받침해주고 있다.

'손에 든 것에서 시작하라'는 구약성경의 이야기에서 나온 교훈이다. 이스라엘의 하나님이 불타는 떨기나무로 모세에게 나타나 이집트로 가서 이스라엘 노예들을 자유의 땅으로 데리고가라고 한 이야기 말이다. 이 이야기를 아는 사람은 알겠지만, (한때 이집트 왕의 양자였으나 보잘것없는 양치기가 된)모세는 처음에는 자신이 그 일에 적합하지 않다며 하나님과 언쟁을 하기까지 했다. 자신에게는 불가능을 가능으로 만들 방법도 능력도 힘도 없다는 핑계를 댄 것이다.

모세가 묻는다.

"내가 무엇이기에 이스라엘 백성을 이집트에서 데리고 나오기 위해 파라오를 만나야 한단 말입니까?"

하나님께서는 "내가 너와 함께할 것이니" 걱정하지 말라고 말한다. 그리고는 계획을 펼쳐 보이신다. 모세가 파라오를 만나 노예들을 풀어주지 않으면 하나님의 분노를 살 것이라고 최후통첩을 날리는 것이 그 계획이다. 이집트 사람들은 모세가 말하는 하나님이 존재하는지도 모르는데 말이다. 모세가 이의를 제기한다.

"하지만 그 사람들이 제 말을 믿지도 않고 제 부탁을 들어주지도 않으면 어쩝니까? 하나님이 네게 나타났을 리 없다고 하면 어쩝니까?"

그러자 하나님이 모세에게 묻는다.

"네 손에 든 게 무엇이냐?"

"지팡이입니다."

모세가 양을 칠 때 쓰는 지팡이를 보고 말한다.

"바닥에 던져라."

모세가 그대로 하자 지팡이가 바닥에 닿자마자 뱀으로 변한다.

"자, 이제 팔을 뻗어 뱀의 꼬리를 잡아라."

모세가 시키는 대로 하자 이번에는 뱀이 다시 지팡이로 변한다. 그런 뒤 모세는 손을 이용해 자신이 하나님이 보낸 사람임을 보여줄 다양한 징표를 제시하는 법을 배운다. 나일 강의 물을 피로 바꾸는 능력도 여기 포함된다.

그러나 여전히 확신이 서지 않았던 모세는 "입과 말이 어눌해서" 이 일을 할 수 없다고 고집한다. 그러자 하나님은 모세의 형 아론을 대언자로서 모세와 함께 보낸다. 그러나 하나님이 마지막까지 주장한 것은 모세가 앞장서야 한다는 것과 그가 이집트에 갈 때 "지팡이를 손에 들고" 가서 그것으로 "징표를 행하라"는 것이었다.

나는 성인이 되고 나서야 이 성경구절이 우리에게 얼마나 귀한 교훈을 주고 있는지 깨달을 수 있었다. 이 구절은 능력이나 자원이 부족한 것 같다고 해서, 혹은 우리가 위대한 일을 하기에 충분히 높은 위치에 있지 않다고 느껴서 스스로를 제한해서는 안 된다고 가르치고 있다. 모세는 자신이 인정하는 것 이상으로 유리한 위치에 있었다. 하나님은 모세가 무얼 해야 할지 하나하나 가르쳐주지 않았다. 하나님이 주신 독창성이라는 타고난 재능을 이용해 자신에게 주어진 자원을 최대한 활용하라는 것이 하나님 말씀의 요지였다. 손에 든 것에서 시작해서 말이다. 성경의 나머지 이야기를 읽어봤다면 잘 알겠지만 모세가 하나님의 말씀에 부응하고 하나님의 인도를 받기로 결심하자, 곧 다른 이들을 설득해 그를 따르게 할 방법과 능력과 힘도 따라온다.

이 구절이 늘 내게 감동을 준 까닭은, 그리고 성인이 되어 직접 적용할수록 더 큰 의미를 갖게 된 까닭은 기억하기도 힘든 아주 오래전부터 자원의 독창적인 활용이라면 누구도 따라올 수 없는 우리 어머니가 이 교훈의 실용적인 측면을 강조해왔기 때문이다. 어머니는 여러 힘든 시기를 겪으면서 직접 가르치거나 본보기를 보여주는 방식으로 자원이 부족한 것처럼 보일 때에도 '갖고 있는 것만으로 시작할 수 있다'는 것을 지속적으로 증명해왔다. 어머니는 이런 말을 수없이 많이 했다.

"얼마나 오랫동안 없이 살았는지, 이제 빈손으로도 할 수 없는 게 없단다."

이런 어머니를 보면서, 자원을 독창적으로 활용하는 타고난 재능은 나의 장점일 뿐만 아니라 나라는 사람의 일부가 되었다. 끊임없이 성장하고 번창하면서 내가 현재 위치까지 올 수 있게 된 이유이기도 하다.

지지리 가난한 루이지애나 시골에서 자라며 베티 진 가드너와 그의 오빠들은 수십 리를 걸어 학교에 다녔다. 부모로부터 편견과 무지를 물려받은 아이들이 뱉는 침을 맞고 그들에게 놀림을 당하는 수치를 겪으면서 말이다. 공부를 열심히 해 선생님이 되겠다는 어머니의 의지는 어머니의 부모님이 겪은 한계를 넘어서려는 노력으로부터 왔다. 특히 어머니의 가장 든든한 지원자였던 나의 할머니의 영향이 컸는데, 할머니는 딸이 차석으로 고등학교를 졸업하는 모습을 보지 못하고 돌아가셨다. 그러나 재혼한 할아버지는 딸을 대학에 보내는 대신

새 아내에게 집안의 경제권을 넘겨주었다. 어머니는 한 푼도 받지 못했다. 어머니는 망연자실했지만 학업을 계속하고 북부로 간 오빠들과 합류하기 위해 여러 가지 능력을 활용했다.

밀워키에 정착했을 때, 어머니는 교육학 학위와 교사자격증을 따기 위한 조건을 모두 갖춘 뒤였다. 그러나 위스콘신 주는 그렇게 생각하지 않았다. 고향에서 받은 교육은 인정되지 않았다. 상황을 더 복잡하게 만든 것은 어머니가 자식 둘을, 그러니까 오필리아 누나와 나를 홀로 키우고 있었다는 점이다. 게다가 프레디 트리플렛이라는 새 남편, 즉 나의 양아버지까지 있었다. 학대를 일삼고 제멋대로인데다 폭력적이었던 프레디는 어머니가 짊어져야 할 십자가였다. 폭력문제가 심각한 다른 가정들의 경우와 마찬가지로 어머니가 프레디를 버리고 떠나려고 할 때마다 프레디는 보복을 했다. 두 번은 어머니를 상대로 법적 소송을 해 어머니는 감옥으로, 우리는 위탁 가정으로 보내진 적도 있다. 그런데 어느 시점에서 어머니의 목표가 달라진 것으로 보인다. 교사가 되는 것보다 자식들을 보호하고, 어떻게든 멀쩡한 정신으로 프레디로부터 살아남는 길을 택한 것이다. 그리고 자신이라는 존재의 모든 자원을 활용해 어머니는 누나와 내가, 그리고 이후에 생긴 내 두 동생들이 어머니로부터 무조건적인 사랑을 받았음을 잊지 않게 해주었다.

어머니가 어떻게 그렇게 할 수 있었는지 지금 생각해도 기적적이다. 어머니는 머리로 하는 일을 더 선호했지만 그러는 대신 손으로 하는 일을 택했고, 수년 간 가정부 일을 했다. 매일 아침 집을 나갈 때마다, 그리고 매일 저녁 집에 돌아올 때마다 어머니는 대학의 정교수라도 부럽지 않을 전문가적인 태도와 품위를 보였다. 그렇게 하기 위해 바닥이 보이지 않는 깊은 우물로부터 물을 길었다. 그로써 위대한 스승들만이 할 수 있다는, 자원의 독창적인 활용의 진수가 무엇인지 보여준 것이다.

빈손으로 시작했어도 무엇이든 할 수 있다는 명제의 산 증인인 내 어머니 이야기를 듣는 많은 사람들이 자기 주변에도 우리 어머니와 같은 독창성을 표상하는 사람들이 있다고 한다. 그렇기 때문에 이 교훈을 가장 잘 적용하는 방법은 자기가 아는 사람들 중에 자신이 가진 자원을 가장 잘 활용하는 사람의 예를 보고 어떻게 자신의 강점을 자각할 수 있는지 찾아보는 것이다. 어둠 속에서 전등 스위치를 찾아 켜는 것과 같을 수 있다. 그렇게 하면 자신을 포함한 그 누구에게도 이전에 보이지 않던 재산이 드러날 수 있다. 아니, 세상의 눈에는 아무것도 아닌 것으로 보일지라도 그 가치를 찾아 활용하면 가장 귀중한 보물이 될 수 있는 법이다.

잘 활용하지 않았던 강점을 인식하기 시작한 후 다음 단계는 자신의 독창성을 믿고 그것을 활용해 밖으로, 그리고 위로 나아가는 것이다. 당신의 손에 든 지팡이는 평범해 보일 수 있지만 모세의 이야기가 말해주듯 우리는 그것으로 기적적인 일들을 해낼 수 있다.

이 교훈을 글자 그대로 적용하라. 손에 든 것에서 시작하라. 그것이 결단력이 될 수도 있고, 귀감이 되는 누군가의 결단력이 될 수도 있다. 육아능력이 될 수도 있고, 학습능력이 될 수도 있다. 믿음이 될 수도 있다. 어려움을 이겨낸 경험이 될 수도 있다. 종이에 대고 글을 쓰기 시작한 펜이 될 수도 있다. 호기심이나 상상력, 자비심이 될 수도 있다. 따뜻한 마음, 재치, 독특한 패션 스타일이 될 수도 있다. 배우고자 하는 열정이나 자신의 지혜를 남에게 나누어주고자 하는 욕구가 될 수도 있다. 개성 있게 글을 쓸 수 있는 능력이거나 침묵으로써 소통할 수 있는 능력이 될 수도 있다. 배고픔과 밥상에 먹을 것을 올려놓아야 한다는 의무감일 수도 있다. 아무것도 아닌 것처럼 느껴질지라도 이 교훈은 그것을 가지고 무엇이든 할 수 있다고 이야기하고 있다.

자원을 독창적으로 활용하라. 그리고 가진 자원을 자랑스럽게 여겨라. "뜻이 있는 곳에 길이 있다"는 진리가 당신에게도 적용된다는 것을 알기 바란다. 바로 그런 태도로 과거에도 목표를 달성한 적이 있었음을 기억하라. 스스로를 믿고, 이미 당신에게 주어진 무한히 풍요로운 자원을 믿어라.

05
앞으로 나아가라, 걸음마라도 괜찮다

: **목적의식**

무엇보다 심오하고 활용도가 높은 교훈 중에는 너무 당연하고 기초적이어서 빼먹기 쉬운 것들이 많다. 내가 가장 좋아하는 진리 가운데 하나, 즉 '걸음마라도 괜찮다'는 진리도 마찬가지다.

인생을 능히 바꿀 수 있는 이 교훈의 가치를 알기 오래전, 그러니까 내가 이 교훈을 입에도 담기 전, 내 어린 시절의 숨겨진 스승, 조 쿡 삼촌이 이 교훈의 핵심을 몸소 보여주었다.

스승은 어깨에 손을 얹고 방향을 일러주기만 하는 이가 아니라, 나의 강점과 약점이 무엇인지 발견할 수 있도록 돕는 역할을 하는 사람이라는 말이 맞는다면, 조 삼촌은 내 스승이 될 자격이 충분하다. 조 삼촌은 사실 삼촌이 아니고 양아버지 쪽 집안의 사촌 형이다. 양아버지 프레디로부터 언제든지 터져 나올 준비가 되어 있는 폭력을, 그 존재만으로 가라앉힐 수 있는 유일한 사람이 조 삼촌이었다. 조 삼촌은 프레디를 마취 상태로 몰아넣는 듯했다. 어떻게 그렇게 했는지는 몰라도 조 쿡 삼촌이 집에 있을 때면 어머니와 누나, 동생들과 나는 안심할 수 있었다.

남부에 살던 젊은 시절, 삼촌은 알코올중독에 빠진 백수건달이었지만, 흔히 하는 말로 손을 씻었다고 한다. 삼촌의 목적의식, 그러니까 세상에 기여할 무언가가 있다는 믿음이 삼촌으로 하여금 수렁에서 나와 자수성가를 하게 만들었다. 정확히 무엇이 삼촌을 변하게 만들었는지 삼촌은 내게 말해주지 않았다. 그러나 중요한 것은 삼촌이 변화하고자 하는, 의미 있고 목적 있는 삶을 살기 위해 잠재력을 발휘하고자 하는 의식적인 결심을 했다는 점이다. 삼촌에게 이것은 자신에게 가장 적당한 직업을 찾거나 엄청난 돈을 벌기 위해 나선다는 의미가 아니었다. 삼촌은 그런 것은 하지 않았다. 삼촌은 실속 있는 사람이 되고자 했다. 자신의 가치관이 존경받고 타인의 장점을 이끌어낼 줄 아는 사람이 되고자 한 것이다. 삼촌이 잘할 수 있는 것은 사람들을 기쁘게 하는 것이 아니라 사람들의 역량을 키워주는 일이었다.

삼촌을 알고 그를 아끼는 사람들이 어쩌다 그렇게 많아졌는지에 대해 삼촌이 늘 하는 말이 있었다. "친구가 필요하기 전에 친구를 만들어두는 것이 좋다." 요즘 우리가 네트워킹networking이라고 하는 것이다!

조 삼촌은 다리를 약간 절었다. 절름거렸다기보다 한 발로 깡충 뛰듯 걸었다는 것이 더 정확하겠다. 어쨌든 정상적으로 걷지 못했다. 그럼에도 삼촌에게는 권위의 후광 같은 것이 비쳤다. 수년 간 여행을 통해 얻은 다양한 세계에 대한 지식에서 온 자신감 때문이었다. 삼촌이 무슨 말을 하면 늘 깊은 여운을 남겼다. 말할 자격이 있는 사람으로서의 말이었으며, 성직자처럼 말했지만 길게 설교하지 않았기 때문이다. 명확하고 요점만 간단한 삼촌의 말은 정확히 뭘 수는 없어도 늘 뇌리에서 떠나지 않았다.

조 삼촌이 다리를 절게 된 배경에는 기가 막힌 사연이 있다. 1940년대, 조 삼촌은 잠재력을 발휘하기 위해서는 교육이 필요하다는 것을 깨달았고, 미시시피 시골의 인종차별과 가난으로부터 최대한 멀리 달아난다면 그 목적을 이룰 가능성이 훨씬 더 높아질 것이라고 생각했다. 친구들과 가족이 있는 밀워키를 향해 북으로 간다면 야간학교를 가거나 일자리를 구하기가 더 쉬우리라 생각한 것이다. 그런데 한 푼도 없는 조 삼촌이 어떻게 북부로 갈 수 있었겠는가? 삼촌은 이미 갖고 있는 것에서부터 시작할 생각이었다. 그것은 다름 아닌 삼촌의 두 발이었다. 한 걸음 한 걸음 삼촌은 미시시피에서 위스콘신까지 걸어갔다.

불가능을 가능하게 하기 위해 그가 한 것은? 먼저, 마틴 루터 킹 박사의 말 "계단 전체가 보이지 않을지는 몰라도 일단 첫 계단을 오르는 것이 중요하다You may not see the entire staircase, but it is important that you take the first step"에 담긴 진실한 가르침을 받아들였다. 그 다음, 포기하지 않았다. 그리고 아무리 느리게 나아가더라도 꾸준히 가자고 끝없이 되뇌었다.

걸음마만으로 목적지에 다다른 것이다. 걸음마라도 문제없었다. 중요한 것은 올바른 방향으로 가고 있다는 것이었으니까.

삼촌의 목적의식은 삼촌을 앞으로 나아가게 해주었고 다양한 교차로에서 다음에 가야 할 방향을 선택해야 할 때 삼촌을 인도해주었다. 삼촌이 자신감을 잃었을 때면, 마침 누군가가 나타나 삼촌이 가야 할 곳으로 이끌어주기도 하고 곤란한 상황에서 재워주거나 밥을 주기도 했다. 내가 보기에 그건 기적이다! 조 삼촌이 말했듯 그것은 친구가 필요하기 전에 친구를 만들어놓았기 때문에 가능했다. 삼촌에게는 늘 예전에 만났던 누군가가, 혹은 자신의 신원을 보증해줄 수 있는 친구가 있었다. 남이 베푸는 친절에 의지할 필요가 없었던 것은 그 어느 누구도 삼촌에게는 남이 아니었기 때문이다. 그건 상대방의 생각도 마찬가지였다.

물론 내가 20대 후반이 되어 삼촌의 가르침을 현실에 적용하게 되기까지 삼촌의 말은 모두 이론에 불과했다. 20대 후반 나는 아버지가 되었고, 아들 곁을 지키며 꿈을 현실로 만들겠다는 목적의식으로 스스로를 무장하고 길바닥에서 1년을 보내는 힘겨운 생활을 해야 했다. 샌프란시스코의 글라이드 메모리얼 감리 교회에서 세실 윌리엄스 목사는 예배당에 앉아 있는 우리들, 아래층에 있는 모스 키친에서 무료 급식을 받는 우리들, 글라이드 1박 호텔에서 잠자리를 제공받는 우리들도 각각 세상에 무언가 기여할 수 있음을 일깨워주었다. 윌리엄스 목사는 우리 모두에게 단순하지만 명확하게 목적에 대한 메시지를 전달해주었다. "앞으로 나아가라, 길을 떠나라, 걸음마라도 괜찮다."

그때 이후 이 보편적인 삶의 교훈은 한 번도 나를 실망시킨 적이 없다. 성공적인 아버지가 되는 것을 배우는 것처럼 어마어마하고 아직 끝나지 않은 일이나 양육 포기, 가난, 약물중독과 같이 대물림되는 악순환을 단절하는 일 등에 꾸준히 임할 수 있도록 나를 도와주었다. 내 소유의 회사를 차리는 데도 이 교훈을 적용했으며, 꿈을 더 넓게 펼쳐 미국뿐 아니라 전 세계의 신흥 국가들에서 개인 투자를 유치하려는 지금에도 유용하다. 목적은 나를 앞으로 떠민다. 목적에 헌신하고 꾸준히 임하는 것은 실질적인 결과를 가져온다.

확신이 서지 않을 때마다 이렇게 반복해 보라. 앞으로 가는 한, 걸음마라도 괜찮다. 결승선을 지날 때 비틀거릴지 몰라도, 머뭇거리며 간신히 걷더라도, 어떻게든 걷기만 한다면 걸음마라도 좋다.

승리의 순간들을 뒤돌아보면, 목적의식과 빠르지 않더라도 앞으로 나아가려는 의지가 결국 성공으로 이어지는 숨은 노력의 시간들이었음을 떠올릴 수 있을 것이다.

목적의식이 있어야 올바른 방향으로 갈 수 있다는 사실도 너무 당연한 까닭에 곧잘 잊어버리곤 한다. 그래서 나는 이런 주의사항을 덧붙이고 싶다. 이 교훈은 땀 냄새를 제거해주는 데오드란트와 같다. 사용해야 효과가 있다!

우리들은 대부분 절실한 목표를 향해 비약적인 발전을 이루고 싶어한다. 다이어트를 해봤거나 몸 만들기에 도전해 봤다면 알겠지만, 빠른 결과를 약속하는 방법이나 제품은 귀를 솔깃하게 한다. 그런데 그런 방법이 효과가 있을까? 내 경험에 의하면, 없다. 순식간에 빚을 없애주고 벼락부자가 되게 해줄 테니 돈을 내고 그 비책을 배우라는 것도 마찬가지다!

내가 하룻밤에 벼락부자가 될 수 있다는 광고, 즉 요술 봉을 휘두르기만 하면 행복이 온다는 식의 접근법에 반대하는 이유 가운데 하나는 그것이 대부분의 성공에 수반되는 목적의식과 노력, 희생, 계획, 인내심의 중요성을 무시하기 때문이다.

따라서 누군가가 빚을 갚거나 회사를 차리거나 목적, 성공, 행복을 찾는 길에 관한 조언을 구하면 나는 단호하게 말한다. 선택의 힘을 통해, 혹은 계획을 세워 그 계획을 철저히 따르는 것을 통해 목적을 달성하는 것 외에는 그 어떤 비책도 없다고 말이다. '그 계획을 철저히 따르는 것'이 핵심이다.

조 쿡 삼촌이라면, 꾸준히 노력하며 이루고자 하는 목적의 위대함을 기억하라고 덧붙였을 것이다. 보폭의 크기가 작다고 해서 이동할 수 있는 거리를 스스로 제한하거나, 언제든 발견의 순간이 찾아올 수 있다는 가능성을 제한하지 말라고 했을 것이다. 위대한 발견은 코앞에 있을 수도 있고, 저 하늘 저편 은하계 속에 있을 수도 있다. 저 망망한 기회의 바다 위에서 우리는 모두 남들과 비슷비슷한 티끌에 불과한 모습으로 시작한다. 그러나 목적이 있고 방향이 있는 티끌이 되는 순간 상황은 변한다.

마음속에 불신이 싹트거나 온몸에서 힘이 다 빠져 걸음마조차 뗄 수 없을 것 같을 때, 이에 맞설 선천적인 능력이 우리에게 있다는 말을 하고 싶은 것이다. 장거리 육상 선수들을 비롯한 전문 운동선수들이 하는 이야기를 들어보면, 에너지를 모두 소진한 것처럼 느껴질 때 어디선가 새로운 동력이 생겨 포기할 수 없게 만드는 순간이 있다고 한다. 힘든 순간을 견디어내기 위해 우리 모두에게 필요한 그 새로운 동력을 나는 '대양과 같은 끈기 oceanic persistence'라고 부른다. 지독하게 힘들던 시기에 크리스토퍼 주니어와 바닷가를 산책하다가 깨달은 것이다. 우리는 파도가 들이쳤다가 다시 물러설 때마다 조금씩 가까워지는 집요한 밀물을 바라보고 있었다. 밀물의 바다는 자연이 부여한 목적과 힘으로 끊임없이 움직이고 있었다.

목적의식을 갖고 그로 인해 어려움을 견뎌냈던 순간을 떠올려보기 바란다. 그 험하고 불확실한 길에서 어떻게 앞으로 나아가는 것이 가능했는지 생각해 보라. 상황이 절박해졌을 때 자신의 '대양과 같은 끈기'를 이용하는 법을 당신도 이미 알고 있을 것이다. 만약 내 말이 잘 이해되지 않는다면 일상에서 벗어나 가까운 물가를 찾아가 보라. 바다, 호수, 강이나 시내라도 좋다. 움직이는 자연의 힘을 느낄 수 있는 곳이라면 어디라도 좋다. 해안에 밀려왔다가 다시 쓸려나가는, 그랬다가 다시 더 큰 불굴의 힘으로 돌아오는 그 밀물이 자신이라고, 혹은 앞으로 달려 나가는 강물이 자신이라고 상상해 보라. 그러면 그 바닷물과 강물이 갖고 있는 동일한 에너지와 자연적인 흐름을 껴안아 장애물을 피하고 도전하며 앞으로 나아가는 법을, 즉 걸음마를 떼는 데 이용하는 법을 몸소 익힐 수 있을 것이다. 우주의 힘이 목적의식과 끈기를 갖고 바닷물을 움직이고 행성을 회전시키는 것처럼 말이다.

조 삼촌은 이 모든 것을 보다 간결하게 표현했을 것이다. 자신이 포기하지 않는 이유를 설명하면서 그랬던 것처럼 말이다. 포기는 생각도 해보지 않았다고 그는 말했다. 무엇보다 길을 가는 한 걸음 한 걸음을 감사히 여겼기 때문이다.

06
가장 적절한 시기란 없다
: 촉구

　자산분석가라면 모두 알고 있는 사실이지만, 월스트리트는 예측불가한 변화보다는 현상유지를 선호한다. 솔직히 인간에 불과한 우리들 대부분은 같은 생각일 것이다. 그곳이 실상 전처럼 편안하지 않더라도, 우리가 편안하다고 느끼는 데 안주하는 것이 훨씬 더 쉽다. 우리가 원하지 않는 곳에 머무르는 것이 원하는 곳으로 가기 위한 변화를 일으키는 데 소비되는 에너지를 끌어 모으는 것보다 덜 힘들기 때문이다. 게다가 미지의 영역은 두렵기 짝이 없는 법이다.
　이와 동시에 나는 성장을 위해서는 변화가 필요하다는 것도 깨달았다. 게다가 우리 스스로 변화를 촉구하지 않더라도 우리가 유지하고자 하는 현재 상태는 저절로 변화하기 마련이고, 이는 적응을 더욱 어렵게 만든다. 이렇게 말하면서도 나는 내가 탄 배를 흔드는 것을 끝까지 거부하는 사람이다. 준비가 안 되었다는 확신이 들 경우에는 더욱 그렇다.

변화할 준비가 된 것을 어떻게 아느냐고? 나는 이 질문을 정말 다양한 형태로 여러 번 받았다. 그래서 현재 상태를 버리고 싶어 안달이 났던 경우와, 현재 상태가 구명정이라도 되는 듯 붙잡고 놓지 않았던 경우를 돌이켜 보았는데, 결국 얻은 답이라고는 웬만해서는 알 수 없다는 것뿐이다.

이 문제는 사업가나 지역사회 운동가가 되기 위해 조언을 들으려고 내게 제안서를 내미는 이들에게 특히 큰 의미가 있다. 그들의 제안은 빈틈이 없고, 어떤 것은 독특하고 고무적이기까지 하다. 사업을 시작할 밑천까지 확보된 경우도 많다. C-5 공식(1강)의 일부로서 부족함이 없는 웹사이트와 구체적인 사업 계획도 있다. 그러나 그들은 행동에 옮기기 전에 녹색 신호등이 들어와 올바른 길로 가고 있으며 성공할 것이라는 확신을 얻기 바라는 것 같다. 그들이 준비가 되었다고 타인이 인정해주기를 바라는 것이다. 솔직히 말해 그건 누구도 해줄 수 없다.

오래전 금융권에서 자리를 잡고 월스트리트의 손꼽히는 회사에서 승승장구하기 시작하자마자 나는 언젠가 내 회사를 차리겠다는 생각을 하기 시작했다. 그러나 기다렸다. 홀로 서기까지 배워야 할 게 많다는 사실 외에도 시장 상황을 생각하고 식구들을 생각해 봤을 때 옳은 결정이 아님을 확신했기 때문이다. 그래서 가던 길을 갔다. 그러다 해고되다시피 했다. 윗사람들이 바라는 것 이상으로 사업가적인 기질을 발휘한 덕택이었다. 그리고 실직이라는 타격은 오히려 축복이 되었다. 준비가 되었든 되지 않았든 행동하지 않을 수 없었기 때문이다. 나는 앞으로 어떤 난장판이 벌어질지 전혀 몰랐다. 시카고에서 고작 자금 1만 달러와 전화기, 명함 한 무더기를 갖고, 당시에는 몰랐지만 곧 터져버릴 거품경제 속에서 기관투자 회사를 열 수 없다는 사실을 나는 알지 못했다.

어쨌든 이 이야기의 교훈은, 우리는 때로 준비가 되기도 전에 상황에 의해 떠밀린다는 것이다. 반대로 의식적이든 무의식적이든 스스로의 선택에 의해 행동을 취하기도 한다. 그러나 앞에서 말했듯 그것이 가장 적절한 시기라는 보장은 없다. 이번이 확실한 기회이며 지금 잡지 않으면 기회는 다시 오지 않는다고, 다시 말해 클러치에서 발을 떼고 가속 페달을 밟으라고 말해주는 녹색 신호가 켜지는 경우는 매우 드물다.

현재 상태를 바꾸는 데 지금보다 더 나은, 더 나쁜 시기란 없다는 점을 보여주기 위해 내가 곧잘 사용하곤 하는 이야기들 가운데 레이 크록의 성공담이 있다. 레이 크록이 위험을 무릅쓰고 시작한 햄버거 사업은 그 이름을 모르는 사람이 없는, 전 세계에서 자선사업을 펼치는 재단까지 둔 수십 억 달러 규모의 세계적 기업이 되었다. 그러나 레이 크록이 이러한 성공을 상상조차 할 수 없었던 시절, 그가 온갖 직장을 다니며 이것저것 안 해 본 일이 없고 평생 모은 돈을 투자해 여러 번 잃었다는 것을 많은 사람들이 이미 알고 있을 것이다. 그런데 많은 사람들이 모르는 사실 하나는 1954년, 그가 평생을 바칠 사업을 구상하게 해준 기회가 처음 그에게 다가왔을 때, 그는 이미 쉰두 살이었고 빚이 10만 달러였다는 것이다.

세간의 눈에 그는 결코 투자 기회를 잡을 준비가 된 사람으로 보이지 않았다. 그는 17년간 떠돌아다니며 업소용 주방 설비를 팔았지만 이렇다 할 수익을 올리지 못했으며, 자신의 것이든 남의 것이든 유망한 투자계획에 투자할 자금은 더더욱 없었다. 내가 처음 레이 크록의 이야기를 들었을 때 가장 놀라웠던 것은, 그가 빚이 있고 사생활도 순탄치 않은 것으로도 모자라 심각한 건강문제까지 겪고 있었다는 사실이다. 담낭 전체와 갑상선 대부분을 제거하는 수술을 받은 것 외에도 당뇨와 관절염을 앓고 있었다. 그러나 새로운 일을 시작하기에는 너무 늦었다는 주변의 만류에 그는 신경도 쓰지 않았다. 그가 이후에 설명하기를, "아직 전성기가 오지 않았다고 확신했기" 때문이었다.

그가 그토록 당당하게 선언할 수 있었던 까닭을 나는 이해할 수 있다. 현재 상태를 벗어던질 준비가 되어 있느냐 없느냐, 나이를 먹었느냐 아니냐는 레이 크록이 알 바 아니었다.

그러나 나는 그가 삶에서 어떤 교훈을 얻었는지 궁금했다. 책에 의하면, 52세가 될 때까지 그의 삶은 고난의 연속이었다. 중서부 일리노이 주의 오크 파크가 고향인 레이 크록은 평범한 근로자였다. 그가 시도한 가장 대담한 일은 제1차 세계대전 당시 구급차 운전사로서 유럽에 파견되고 싶어 열다섯의 나이에 학교를 그만두고 나이를 속여 적십자에 지원한 것이다. 그러나 훈련을 마칠 즈음 전쟁이 끝났고, 그는 유럽에 가지 못했다.

크록은 이후 좀 더 평범한 길을 걸으며 식당에 종이컵을 파는 회사에서 판매원으로 일했다. 야간에는 라디오 방송국에서 생방송으로 재즈 피아노를 치는 일을 했는데, 이는 평범했다고 볼 수는 없겠다. 전세를 바꾼 첫 번째 중대한 결심은 축이 다섯 개인 혁신적인 밀크셰이크 제조기의 발명가를 만나면서 이루어졌다. 놓치지 말아야 할 기회임을 확신한 레이 크록은 전 재산을 털어, 그리고 빚까지 얻어 독점판매권과 맞바꿨다. 17년 후, 빚더미에 앉은 것으로도 모자라 건강문제, 결혼문제까지 겹친 레이 크록의 전력으로 보아 그가 기회를 잡는 데 특별한 소질이 있었던 것 같지는 않다. 그러나 크록은 애초 밀크셰이크 제조기에 투자하지 않았다면 외식사업에 대해 배울 기회가 없었을 것이라고 말한다. 게다가 작은 햄버거 노점이 너무 잘 되는 바람에 업소용 밀크셰이크 제조기 여덟 대를 한꺼번에 돌려야 했던 똑똑한 두 형제를 만나기 위해 캘리포니아 주 샌 버나디노로 갈 일도 없었을 것이다.

레이 크록은 형제의 햄버거가 그렇게 인기가 있는 이유에 대해 파헤칠 결심이었다. 그의 이야기에 따르면, 샌 버나디노에 도착해 두 형제가 일구어낸 가게를 보자마자 그는 그 가게를 더 큰 무엇으로 만들 구상을 하기 시작했다. 그리고 그 무엇은 이후 레이 크록 자신의 현 상태뿐만 아니라 외식업계 전체를 뒤흔들게 된다.

그는 이 구상을 곱씹어보는 대신 당장 달려들기로 결심했다. 그러나 투자할 돈이 없는 상태에서 그가 두 형제에게 줄 수 있는 자원은 없었다. 전해지는 이야기에 따르면, 레이 크록은 다음날 아침에 오겠다고 하고 묵고 있던 모텔로 돌아가 밤새 계획을 짜며 두 형제를 설득시킬 방법을 구상했다. 자신만의 C-5 공식을 이용해서 말이다.

다음날 두 형제를 만나러 돌아갔을 때, 그는 명확하고 간결하게 자신의 구상을 설명했다. 그것은 간단하고, 공장의 생산라인처럼 효율적인 그들의 작업 방법을 적용한 프랜차이즈 햄버거 가게를 전국에 여는 것이었다. 그런 회사를 세우고 운영할 노하우를 가진 사람이 누구냐는 두 형제의 물음에 그가 한 대답은 잘 알려져 있다.

"바로 접니다."

그런 다음 그는 자신의 역량에 대해 역설하기 시작했다. 30년 넘게 전국 방방곡곡에서 영업을 하며 경쟁자들을 꿰뚫어볼 수 있게 된 사연을 설명했다. 형제는 그가 프랜차이즈 사업을 해본 적이 있느냐고 물었다. 없었다. 그러나 그는 4가지 요소, 즉 품질, 서비스, 청결, 소신만 있다면 사업을 성공으로 이끌 수 있다고 굳게 믿고 있었다.

그때 바로 그 자리에서, 황금색 아치 아래 자리 잡은 찻길 옆 팔각 노점에서, 맥도날드 형제는 레이 크록의 손을 잡았다. 형제는 자신들이 구상했던 바를 펼칠 대로 펼쳤으며, 현 상태에 변화를 줄 때가 되었음을 인정한 것이다.

하룻밤 사이에 부자가 되기는커녕 레이 크록은 충실하고 일관된 걸음마를 통해 1년 후 일리노이 주 데스플레인스에 직접 첫 번째 프랜차이즈를 열었다. 1961년, 200개에 가까운 점포를 냈지만 이렇다 할 수익은 없던 시절, 그는 맥도날드 형제를 자리에 앉히고 사업권 전권을 넘겨달라고 부탁했다. 더 큰 위험부담을 안고 현 상태를 바꾸려고 한 것이다. 가격은 형제가 정하도록 했다. 형제는 2600만 달러라는 그들 자신에게도 엄청난 금액을 불렀다. 크록은 미래에 벌어들일 수입을 담보로 돈을 빌렸고, 다른 사람의 혁신적인 아이디어에 기대어 시작한 부동산 사업에서도 자금을 충당했다. 이 부동산 사업이야말로 금광이 될 터였다. 맥도날드 프랜차이즈 점포를 지을 땅을 구입한 뒤 이 땅을 점포 소유주에게 월세와 판매금액의 일부를 받고 빌려주는 사업이었다.

60세에 가까운 레이 크록은 다시 전 재산을 털고 전에 없이 큰 빚을 졌다. 그리고 2년 후, 프랜차이즈 점포 500개를 거느린 맥도날드 주식회사는 10억 개째 햄버거를 팔았다. 그해 레이 크록은 처음으로 100만 달러를 벌었다. 1968년, 그가 떠안았던 모든 위험부담 덕택에 그는 큰 성과를 거두었다. 그의 구상이 세계에서 최고 수익을 올리는 세계 최대 규모의 외식 회사로 실현된 것이다. 당시 그는 66세였고, 은퇴하거나 티끌만큼도 속도를 줄이고 싶어하지 않았다. 그는 거의 21년 후 숨을 거둘 때까지 계속 일했고, 숨을 거둘 당시 그의 개인 재산은 5억 달러에 달했다.

레이 크록의 성공담에서 눈여겨봐야 할 점은 *그가 성공을 위한 적절한 시기를, 자신이 준비가 되었다고 말해줄 증거를 기다리지 않았다는 점이다.* 그는 현 상태 이상의 것을 원했고, 이기든 지든 비기든 모든 것을 걸고 결과가 어떻든 받아들일 의지가 있었던 것이다.

나는 성공에 시작일이나 유효기간 딱지가 붙어 온다는 생각이 틀렸다는 것을 레이 크록의 이야기와 그와 비슷한 이야기들을 통해 깨달았다. 나이가 몇이든 우리의 전성기는 아직 오지 않았다는 사실도 이 이야기를 통해 배웠다. 이와 같은 인생관을 받아들인다면, 전세를 바꾸는 첫 걸음을 내디딜 준비가 된 것이며, 궁극적으로 전세를 원하는 방법으로 이끌어갈 수 있을 것이다.

준비가 안 되었기 때문에 미루고 있었거나 적절한 시기가 아니라서 기다리고 있던 목표가 있다면, 지금 이 순간보다 더 나은 시기가 없다는 것을 기억하라. 속에서 한동안 끓고 있던 무언가가 있지만 망설이고 있다면, 혹은 허락이나 격려가 필요하다고 생각하고 있다면, 스스로에게 물어보라. 너무 오래 '감자를 캔' 것은 아닌지.

어린 시절 여럿이 함께 줄넘기를 할 때면 옆에서 지켜보는 아이들이 하는 말이 있다. 두 줄을 서로 반대 방향으로 돌리는 더블 더치에서 줄 사이로 뛰어 들어갈 정확한 순간을 아는 것은 예술의 경지에 가깝다. 줄넘기 초보들은 뛰어들기 전에 우물쭈물 뒤꿈치를 들고 폴짝이다가 이내 겁을 먹고 뒤꿈치를 내리는데, 우리는 이것을 '감자를 캔다'고 했다. 만약 누군가가 너무 오래 감자를 캐고 있으면, 누군가 나타나 그 애를 살짝 밀어준다. 밀려들어가면 운 좋게 줄넘기 사이로 착지하는 수도 있지만, 줄넘기에 얻어맞는 것으로도 모자라 놀이의 흐름을 끊어 자신뿐만 아니라 다른 사람의 흥을 깰 수도 있다. 위험부담이 크다는 것은 인정한다. 그러나 성취감은 더욱 크다.

이 교훈은 자신의 꿈을 옆에서 지켜보고만 있는 당신을 위한 것이다. 준비가 되었는지 정말 모르겠다면 과거를 돌이켜 생각해 보라. "더 이상 핑계는 대지 말자. 변화를 가져올 때가 됐어"라고 말함으로써 스스로 행동을 촉구한 때가 있었을 것이다. 그때 그 의지를 발휘할 때가 바로 지금이다. 가장 적절한 시기란 없다.

07
챔피언 아저씨라면 어떻게 할 것인가
: 영감

　나에게 잊히지 않는 영감을 준 힘이 되는 책을 꼽으라고 하면, 대개 첫 번째로 성경이라고 말한다. 그 다음 내가 영감을 얻기 위해 읽은 책들은 대부분 흥미로운 인물들의 이야기로, 주로 전기에 담겨 있지만 소설에도 있다고 덧붙인다. 어렸을 때 나는 영웅적인 인물들의 모험담에 푹 빠져 있었다. 아더 왕 신화나 그리스 로마 신화에서 시작해 다양한 작가들의 고전 소설을 읽었고, 각각 자신의 분야에서 뛰어난 인물들의 회고록과 그들에 관한 기록도 읽었다. 그 밖의 책에는 관심이 없었다는 뜻은 아니지만, 나는 모든 종류의 장애물을 넘어 궁극적으로 승리할 수 있었던 이들의 용기와 끈기에 대해 읽으며 가장 많은 힘을 얻었다.

우리 모두에게는 길잡이자 본보기가 되어줄 영웅이 필요하다. 나를 보호해주고 내 편을 들어줄 가장이 없는 가정에서 자랐기 때문에 이것이 특히 중요했을지도 모른다. 어쨌든 나는 책과 영화, TV 속에서 만나는 영웅들에게 특별한 친밀감을 느꼈다. 그들은 역할모델 이상이었다. 나는 그들을 개인적인 스승으로 여겼다. 그들이 실제 인물이 아니거나 직접 만나본 적이 없더라도 말이다.

내 인생에서 가장 고무적이고 가장 큰 변화를 가져다준 순간 가운데 하나는 내게 매우 중요한 영웅 한 사람을 직접 만난 일이다. 정말 힘든 일들을 겪고 있던 1990년대 초반의 일이었는데, 내가 절실히 필요로 하고 있던 교훈을 과거의 스승이 그날 내게 가르쳐주었다.

'영웅과의 만남'이라는 현실은 나의 모든 기대를 넘어섰다. 시카고에 회사를 차리고 전세를 역전시킬 수 있다는 믿음에 모든 것을 걸고 있던 시기였다. 장기적인 관점에서 내 전략은 유효했고, 이 전략은 이후 업계의 관례처럼 되었다. 그러나 단기적으로는 늘어나는 회사 규모와 비용을 감당하기 어려웠기 때문에, 곁에 있어주어야 하는 두 어린 아이까지 둔 나로서는 간신히 모든 것을 지탱하고 있었다. 모든 것이 가까스로 굴러가기 시작할 즈음 나는 중대한 난관에 부딪혔다. 핵심 직원 한 명을 경쟁사에 빼앗긴 것이다. 게다가 이 직원은 내가 특별히 공을 들여왔던 직원이었다. 아끼던 직원을 잃은 데서 온 실망감은 회사의 수익이 30퍼센트에서 40퍼센트까지 사라질 수 있다는 두려움을 강화했다. 막 시작한 사업의 큰 부분이 날아갈 수 있다는 두려움이 극

대화되어 다시 노숙자가 되는 상상에까지 이른 것은 물론이다.

그와 같이 위태로운 정신 상태에서 나는 좌초하기 직전으로 보이는 업무 관계를 살려보기 위해 뉴욕으로 떠났다. 두려움에 사로잡혀서는 안 된다고 아무리 되뇌어도 나를 둘러싼 온 사방에 드리워진 듯한 중압감을 떨쳐버릴 수는 없었다.

그러나 공항에 도착해 검색대를 지나고 탑승구로 향해 가는 길에서 모든 것이 바뀌었다. 로니 알리, 그러니까 무하마드 알리의 아름다운 아내를 알아본 것이다. 공중전화를 이용하고 있던 로니 알리는 나와 눈이 마주쳤고, 로니 알리는 내 생각을 꿰뚫어보고 있는 듯 했다. 로니 알리가 공항에 있다면 무하마드 알리도 그리 멀리 있지 않을 거라는 게 내 생각이었다!

저 위대한 무하마드 알리를 생각하는 것만으로도 나는 다시 열 살 때로 돌아간 것 같았다. 갑자기 집에 처음으로 TV가 생겼을 때가 생각났다. 코드를 꽂고 전원을 켜자 처음으로 화면에 나온 이는 캐시어스 클레이였다. "내가 제일 위대하고, 내가 제일 아름답다!" 이 말은 지금만큼 그때도 유효했다.

그날 이후 그에 대한 나의 존경심은 더욱 커졌다. 무하마드 알리로 개명한 뒤 인종차별에 맞서 싸웠고, 부당하다고 생각되는 전쟁에 참전하는 것을 거부한 채 믿는 바를 위해 선수생활을 포기했으며, 그럼에도 모든 방면에서 챔피언이었던 그를 나는 갈수록 더 높이 샀던 것이다. 그는 복싱 선수로서만 위대했던 것이 아니다. 자신의 업적에 대해 "나는 소신대로 행동했을 뿐"이라고 말할 수 있는 용기와 인간성이 그를 위대하게 만든 것이다.

바로 그가 1990년대 초반 어느 공항에, 여행가방을 얹은 짐수레를 붙잡고 서 있었다. 게다가 그를 알아본 것은 오직 나뿐이었다. 제정신이 아니었던 나는 그에게 달려가 열 살 먹은 어린 아이처럼 인사했다.

"와, 안녕하세요, 챔피언 아저씨. 잘 지내셨어요? 여기서 뭐하세요?"

연달아 질문을 쏟아낸 나는 알리가 떨리는 몸을 추스르는 것을 지켜보았다. 월스트리트에 직장을 구하기 이전 해군 의무병으로 지낸 시절의 경험과, 병원 기관에서 일하면서 5년간 의학 연구를 총괄했던 경험을 통해 나는 파킨슨병의 증상을 잘 알고 있었다. 내가 알기로 파킨슨병은 운동 기능에 영향을 주지만 반드시 정신까지 망가뜨리는 것은 아니었다. 나는 가까스로 제대로 된 질문을 하나 할 수 있었다.

"어디까지 가세요?"

낮고 쉰 목소리였지만 귀에 들리는 소리로 그가 대답했다.

"로스앤젤레스에 가요."

"로스앤젤레스에는 무슨 일로 가세요?"

그는 조금도 주저하지 않고 숨소리가 섞인 낮은 목소리로 당당하게 말했다.

"복귀를 선언하러 갑니다!"

놀라웠다! 나는 웃고 싶었지만 그의 우스갯소리가 너무 통렬하여 울컥하지 않으려고 애써야 했다. 내가 뭐라고 대답할 수 있었겠는가? 우리는 잠시 자리에 앉아 이야기를 나눌 수 있었다. 헤어지기 직전, 나는 이전의 고민이 다시 기어나오는 듯해 그에게 조언을 구하지 않을 수 없었다.

"챔피언 아저씨, 두려웠던 적 있으세요?"

"그럼요."

알리가 대답했다.

"지금도 두려워요. 치료할 수 없는 병에 걸렸잖아요. 그렇지만 계속해서 싸우고 있어요."

그뿐이었다.

아주 잠깐, 나는 챔피언 아저씨가 두려움을 극복하는 것과 같은 방법으로 나 역시 두려움을 극복할 수 있다는 상상을 감히 할 수 없었다. 그러나 곧 이것이 즉시 써먹을 수 있는 교훈이라는 사실을 깨달았다. 결국 영웅으로부터 영감을 받아서 좋은 점은 우리에게 잘 보이지 않는 가능성들을 그들이 보여준다는 사실 아니던가?

'챔피언 아저씨라면 어떻게 할 것인가?' 이 질문은 힘든 시기에 평정심을 찾는 데 엄청난 도움이 되었다. 현실적인 것이든 상상 속의 것이든 두려움과 맞서는 데 필요한 영감의 원천을 찾는 데 없어서는 안 될 도구가 된 것이다. 물론 우리에게는 각각 귀감이 되는 자신만의 영웅이 따로 있다. 그러나 장애물을 뛰어넘은 그들의 모범적인 사례들은 누구에게나 열려 있다.

추측하건대 두려움은 우리의 길을 막거나 우리의 가장 원대한 꿈을 막는 가장 흔한 장애물일 것이다. 그 무엇도 그 누구도 두려움의 원인 자체를 사라지게 할 수는 없다는 사실을 우리는 마음 깊이 알고 있다. 그러나 두려움의 요인이 무엇이든, 내가 가진 모든 수단을 동원해 그 요인과 싸우고자 결심할 수는 있다.

그 잊을 수 없는 만남이 있던 날, 챔피언 아저씨는 계속 싸우겠다는 자신의 의지를 표명함으로써 내 고민을 대신 해결해주었다. 그의 답변을 듣고 나는 내 어깨에 앉아 나를 혼란에 빠뜨렸던 모기 한 마리를 떨쳐버리고 내 자신에게 다음과 같은 모진 설교를 했다.

'뉴욕에서 해야 할 일이 겁나지? 떨쳐버려. 목숨을 위협하는 것도 아니고 건강을 위협하는 것도 아니잖아. 챔피언 아저씨가 불치병과 싸우고 있다면 크리스, 너도 이런 일쯤은 해낼 수 있어.'

나는 알리와 악수를 하고 고맙다고 말한 뒤, 뉴욕까지 웃는 얼굴로 날아가 그 도시를 환하게 밝혔다. 회사를 지켜냈음은 물론이다.

두려움의 정도를 가리키는 바늘이 흔들리기 시작하거나 의심이 들기 시작할 때마다 나는 이 교훈을 적용해 챔피언 아저씨라면 어떻게 할 것인지 물어본다. 때로는 무하마드 알리가 내가 싸우는 링의 한 구석에서 자신이 할 수 있다면 나도 할 수 있다고 말하는 모습을 상상하기도 한다.

지금 현재 당신만의 챔피언 아저씨가 없다면, 이번 기회에 당신에게 귀감이 되는 인물이 누구인지 생각해 봐도 좋을 것이다. 나이가 많다고 영웅이 필요 없는 것은 아니다. 아무리 나이가 들어도 가끔 우리를 격려해줄 누군가가 필요한 법이다. 그 누군가가 누구이든 상관없다. 그러나 생각이 나지 않는다면 기꺼이 나의 영웅을 나눠 가져도 좋다. 무하마드 알리의 본보기가 당신의 모든 고민을 사라지게 해주지는 못해도, 링 위에 쓰러져 카운트가 시작되었을 때의 두려움과 마주할 수 있다면, *두려운 것은 인정하지만 계속해서 싸우겠다고 결심한다면, 당신에게 절실한 용기를 찾은 것과 다름없다.* 그것이 다시 일어서기 위해서든 복귀를 선언하기 위해서든 말이다.

08

잠잠하라, 고요하라

: 새로운 관점

　격변하는 현실 속에서 그 어느 때보다 큰 불안감을 느낀다는 편지가 늘어난 것으로 미루어볼 때 앞으로도 많은 사람들이 여러 방면에서 혼란을 느낄 것으로 보인다. 주위를 둘러보아도 전체적으로 불확실한 상황에 대한 우려가 확산되었다는 것이 감지된다. 그 우려는 경제가 극으로 치닫고 있는 상황에서 왔을 수도 있고, 특정한 산업의 부진, 정치와 전쟁 상황의 격변, 기후와 자연재해에 대한 불안감에서 왔을 수도 있다. 물론 이런 부정적인 압박 요인들만이 많은 사람들로 하여금 긴장감을 느끼게 하는 것은 아니다. 새로운 기술, 혁신, 기회, 잠재적 가능성 등이 지평선상에 떠오르고 있고 많은 사람들이 그 이득을 보기 위해 경쟁하고 있다. 진보와 가능성의 새 시대가 막이 오르기를 낙관적인 태도로 지켜보는 사람들이 있는가 하면 뒤처질까 두려워 당황하는 이들도 있다.

우려와 희망이 동시에 우리의 주의를 빼앗고, 대중매체의 범람과 정보의 폭격이 소란과 혼잡함을 더하고 있어 내가 아는 거의 모든 사람들이 어떤 형태로든 ADD(주의력결핍장애 Attention Deficit Disorder)를 앓고 있다고 해도 과언이 아니다. 이 숨 돌릴 틈 없는 세상에서 나는 진정한 위기가 닥친 것이 아님에도 매우 빠른 속도로 악성을 띠는 경향이 있는 불안감에 저항하기 위해 애쓴다.

업무상, 혹은 다른 방면에서 진정한 위기에 처한 사람들에게 나는 먼저 폭풍과 같은 상황을 새로운 눈으로 바라볼 수 있는 평온과 고요가 있는 곳을 찾으라고 말하고 싶다. 이성적 견지를 가져야만 위기에 가려 보이지 않던 해법과 자기강화 능력을 찾을 수 있기 때문이다.

나는 이 교훈을 흥미로운 방식으로 접하게 되었는데, 다름 아닌 명화 〈오즈의 마법사〉를 통해서다. 집에서 이 영화를 보던 일은 애틋한 추억으로 남아 있다. 무엇보다 어머니가 주디 갈랜드를 매우 좋아했기 때문일 것이다. 어머니는 주디 갈랜드와 일종의 동질감을 느끼고 있는 것 같았는데, 아마도 주디 갈랜드가 그 특유의 목소리와 아름다움 뒤에 감추고 있던 슬픔 때문이었는지도 모르겠다. 내 기억에 〈오즈의 마법사〉는 1년에 한 번 TV에서 볼 수 있었고, 방영 날짜가 결정되면 나와 어머니, 누나, 동생들 모두 함께 영화를 보게 될 그 특별한 날을 손꼽아 기다리곤 했다.

나는 물론 외우고 있는 대사도 있었고, 노래를 따라 흥얼거릴 줄도 알았으며, 매번 나를 놀라게 하는 무서운 장면이 어디서 나오는지도 알고 있었다. 마녀가 나올 때마다 깔리는 음악을 들으면 가슴이 몹시 두근거렸다. 양아버지 프레디가 주먹을 휘두르기 시작할 때 느끼는 모든 것을 그 음악이 담고 있었다. 거기 나오는 날아다니는 원숭이들은 아직도 겁이 난다!

돌이켜보면 〈오즈의 마법사〉는 실제적인, 혹은 가상의 위험이 닥쳤을 때 무력감과 싸워 이겨야 했던 나에게 꼭 필요한 이야기였다. 당시에는 몰랐지만, 두려워하는 위기를 정면으로 마주하는 것이 우리의 진정한 힘을 발견할 수 있는 유일한 길이라는 생각이 무의식 속에 새겨졌다. 영화에서는 주인공 한 명 한 명이 생사를 넘나드는 위기를 겪으면서 마법사에게 받고자 했던 것이 이미 그들의 능력 안에 있음을 알게 된다. 허수아비는 자기에게 어려움을 헤쳐 나갈 지식이 없다고 생각하지만, 일행이 올바른 선택을 할 수 있도록 이끈 판단력과 추리력을 가진 것은 바로 허수아비였다. 깡통 로봇 틴맨은 심장이 없는 자신이 쓸모가 없다고 생각하지만, 타인에 대한 틴맨의 동정심과 포기하지 않는 열정이야말로 일행을 지탱해준다. 겁 많은 사자는 물론 '동물의 왕'다운 용기가 없다며 부끄러워하지만, 결정적인 순간이 닥치자 용기 있는 모습으로 두려움과 마주한다.

어릴 때도 커서도 나는 사자의 팬이었다. 내가 가장 좋아하는 장면은 도로시와 친구들이 주어진 임무를 수행한 뒤에도 오즈의 마법사가 그들을 돌려보내려고 하는 부분이다. 그때 자격도 없으면서 대마법사의 자리를 차지하고 있는 커튼 뒤의 남자에게 대들고 그의 정체를 들추는 진정한 용기를 보여준 것은 다름 아닌 사자였다. 이 이야기에서 또 하나 주목할 점은 빨간 루비 구두의 교훈이다. 도로시는 마법사만이 자신을 고향으로 보내줄 수 있다고 생각하고 온갖 고생을 했지만 고향으로 갈 힘은 언제나 도로시에게 있었다. 다만 두려움 때문에 자신이 가진 물건의 힘을 알 수 없었던 것이다.

나는 이 영화에 대해 잊고 지내다가 아이들과 함께 보게 되면서 이 영화를 재발견하게 되었다. 다양한 폭풍이 우리 삶을 휩쓸고 지나간 후였기 때문에 새로운 관점에서 볼 수 있었다. 이 영화는 어른들에게 당황한 나머지 우왕좌왕하면 판단력과 추리력, 문제해결력 모두가 빗자루를 타고 창밖으로 날아간다는 사실을 잊지 말라는 교훈을 준다.

당신도 어떤 형태로든 이것을 경험했으리라 생각한다. 나와 같이 안정적이지 못한 가정에서 자라나 언제나 몹시 긴장된 상태를 유지해야 했던 사람들의 이야기를 들어보면, 위기 상황에서는 맑은 정신을 가지는 것이 무엇보다 중요하다. 법을 집행하는 사람들이나 소방관, 의료 분야에 종사하는 사람들의 이야기를 들어봐도 마찬가지다. 그들은 침착함을 유지하는 동시에 모든 감각을 예민하게 곤두세워야 한다고 말한다. 상실감을 느낄 때나 자신, 혹은 가족이 질병과 싸워야 할 경우에도 마찬가지다. 좌절감에 빠지는 대신 상황을 냉정한 눈으로 바라보면 결국 단단한 땅 위에 버티고 설 수 있다는 것이다.

우리 모두에게는 위기 속에서 평온과, 폭풍을 피할 대피소를 찾을 수 있게 해주는 본능적 생존능력이 있다. 이것은 언제 폭발할지 모르는 양아버지의 폭력이나 위협에 대응하는 어머니를 보면서 깨달은 것이다. 그 사태에 끌려들어가거나, 거기 반응하거나, 같이 폭발하는 대신 어머니는 미동도 하지 않고 숨을 가라앉혔다. 심장박동과 같은 무의식적인 동작조차 멈추는 듯했다. 어머니는 세포 하나하나까지 몸 전체를 정지시키는, 누구도 흉내 낼 수 없는 부동의 상태에 들어갔다. 이 능력은 여러 번 나와 어머니의 목숨을 구했다.

그러한 부동의 경지에 이르는 법을 나는 가까이서 목격했고, 나 역시 필요할 때 어머니처럼 선禪의 경지와 비슷한 상태에 오르는 법을 알고 있지만, 마구잡이로 상승하는 불안감에 대한 또 다른 대처법 또한 마련해놓았다. 때로는 상대방의 맹공격에 맞서 미동도 하지 않는 것이 위기를 가라앉히는 최선의 방법은 아니다. 사람들은 종종 '투쟁 또는 도주 반응'에 대해 이야기하지만, 나는 그보다 '일어나서 나가기 반응'을 선호한다. 이것은 정신을 다른 데 집중하거나 사무실 의자에서 몸을 일으켜 산책을 하러 나가는 것과 같은 방법으로, 의식적으로 머릿속을 환기시키는 것을 말한다. 10분 동안만이라도 위기 상황의 밖으로 나간다면 새로운 눈으로 그 상황을 바라볼 수 있다.

불편한 고민과 거리를 두기 위해 나름대로 꼼짝하지 않거나, 자리에서 일어나거나, 머릿속을 환기시키는 방법이 누구에게나 있을 것이다. 위기 상황에 단호한 자세로 말을 거는 방법도 있다. 성경에는 예수와 그 제자들이 작은 배를 타고 갈릴리 바다를 건너는 이야기가 나온다. 예수가 잠든 사이 사나운 폭풍우가 몰아쳤고, 제자들은 필시 모두 죽게 되리라 생각하고 몹시 당황하여 예수를 깨운다. 잠에서 깬 예수는 울부짖는 바람을 나무라고 파도를 향해 외친다.

"잠잠하라, 고요하라!"

성경에 의하면, 갑자기 폭풍우가 멈추고 바람과 바다는 잠잠해졌으며 죽은 듯한 고요가 뒤따랐다고 한다. 제자들이 놀라움을 금치 못하는 사이 예수는 두려움에 압도되지 말라고 가르쳤다. 우리도 인생의 폭풍우가 불어 닥쳤을 때 비슷하게 반응할 수 있다.

〈오즈의 마법사〉를 영화로 보거나 책으로 읽었다면 이미 알고 있겠지만, 돌풍에 휘말려 낯선 땅으로 가는 것이 나쁘지만은 않다. 적어도 내 집처럼 편안한 곳은 없다는 사실은 배울 수 있기 때문이다. 위기를 극복해낸 뒤 자기 자신과 자기가 처한 상황에 대해 이전과 다른, 힘이 되는 관점을 얻은 경우도 생각해낼 수 있을 것이다. 자신만의 방법을 이용해 머릿속을 환기시키거나 불안감의 원인과 거리를 두어본 경험, 아니면 폭풍우에 대고 당장 멈추고 물러나라고 말해 본 경험이 있을지 모른다. 만약 없다면 내가 허락할 테니(마법사는 아니지만 효과를 본 적은 있으므로) 이제 당신은 언제든 "잠잠하라, 고요하라" 하고 말해도 된다. 이 말을 그대로 하든 당신이 원하는 대로 바꾸어 하든 흥분한 동료를 진정시키는 데, 아이를 재우는 데, 만족스럽지 못한 인간관계를 회복하는 데 쓰기 바란다. 불확실한 결과를 기다릴 때 오는 긴장감이나, 자신이나 주변 사람이 갑작스런 추락을 앞두고 느끼는 불안감을 해소하기 위해 써도 좋다.

한 가지 더 있다. 평온을 찾는 것은 수동적인 행위가 아니다. 다양한 형태의 위기에 대처하는 것은 부정적인 태도와는 거리가 멀다. 노아가 방주를 지을 때 비가 오고 있지 않았다는 말을 들어봤는지 모르겠다. 이것은 오늘의 문제를 언제 해결하기로 결심하든, 먼저 새로운 눈으로 문제를 바라보고 거기서 시작해야 함을 다시 한 번 일깨워준다.

09
'그들'에게도 지도가 있었다
: 연구개발

당신은 미쳤는가? 좀 더 구체적으로 묻자면, 특별히 원대한 구상을 추구하는 과정에서 누군가로부터 미쳤냐는 소리를 들어본 적 있는가? 당신의 원대한 구상 자체가 미친 짓이라는 소리를 들어본 적 있는가?

만약 그래서 당신의 포부가 짓밟힌 적이 있었다면, 그런 경우 화를 내거나 기분이 상한 채 에너지를 낭비하는 것보다 더 좋은 방법이 있다. 야단법석을 떠는 대신 내가 당신에게 줄 수 있는 가장 실용적인 삶의 교훈이라고 생각되는 이번 강의의 교훈을 따르는 것이다. 이 교훈은 '바퀴'라는 말도 안 되는 물건이 발명된 순간부터 지금까지 인류가

착실히 따라온 것이다.

그러니까 당신이 상상해낼 수 있는 모든 목표는 이미 이 세상 누군가가, 혹은 역사 속 누군가가 해냈거나 적어도 시도해 본 것일 가능성이 매우 높다. 따라서 그들은 자신의 뼈아픈 노력과 발견, 실패와 성공에 대해 매우 유용한 이야기를 개략적으로 제공해줄 수 있을 것이다. 선배들을 모두 무시하고 아무도 들어가본 적 없는 숲 속으로 자신만의 길을 개척해나가야 한다고 생각하는 사람들과 달리 내 경험에 따르면, 처음으로 황야로 나갈 때는 길을 묻는 것이 똑똑한 짓이다. 새로운 땅을 찾아 서부로 떠난 개척자들도 루이스와 클라크(19세기 초 미국 최초로 태평양 연안까지 육로로 가서 돌아온 탐험가들. 탐험하는 동안 풍부한 정보가 담겨져 있는 엄청난 분량의 일지와 지도를 작성했다.) 같은 모험가들이 거기를 '거기'라고 기록해두었기 때문에 갈 수 있었다. 그뿐 아니라 루이스와 클라크에게도 지도가 있었다.

남의 지도나 청사진, 혹은 지침을 보고 시작하는 것은 부끄러운 일이 아니다. 그러지 않는 것이 미친 짓이다! 나는 남이 만든 성공 지도를 이용해 홀로 내 길을 갈 경우, 가는 동안 그 지도를 내게 맞게 수정하면서 곧 나를 뒤따를 사람들과 함께 나눌 나만의 방식을 깨우칠 수 있다는 사실을 알게 되었다. 나는 이 접근방식을 일컬어 먼저 질문을 하고 지금 혹은 나중에 그에 대한 대답을 현실에 적용시켜 봄으로써 시험해 보는 방식이라고 한다. 다른 사람들은 이 과정을 R&D, 즉 연구개발이라고 하는데 이 표현을 나도 기꺼이 빌려 쓰려고 한다.

우리 어머니는 연구개발이라는 표현을 한 번도 쓴 적이 없다. 내가 마일스 데이비스가 되고 싶다고 했을 때 나에게 미쳤다고 한 적도 없다. 대신 마일스 데이비스가 세계적인 재즈 연주자가 되기 위해 해야 했던 모든 것을 상세히 조사해 볼 것을 권했다. 그리고 많은 것을 희생한 끝에 내게 트럼펫을 사주었고, 레슨을 받게 해주었으며, 9년이라는 시간 동안 트럼펫을 배우고 연주할 수 있도록 격려해주었다. 고등학교 때는 전문적인 연주를 하는 것도 허락해주었다.

그 연구개발 기간을 통해 나는 마일스 데이비스가 재즈에 그토록 통달할 수 있었던 것은 그의 재능 때문이라기보다 그가 열심히 연구하고 대담하게 음악적 경계를 넘나들었기 때문이라는 사실을 뼈저리게 깨달았다. 따라서 "세상에 마일스 데이비스는 한 명밖에 없고, 그 자리는 이미 마일스 데이비스가 차지하고 있기 때문"에 내가 마일스 데이비스가 될 수는 없다는 어머니의 말씀은 별다른 충격으로 다가오지 않았다. 그동안의 연구를 통해 알게 되었듯이 당시 내 나이에 마일스 데이비스는 이미 뉴욕에서 퀸시 존스와 존 콜트레인과 연주하고 있었다. 나는 여전히 집에 살면서 우리 집 고양이 푸키와 레이레이와 연주하고 있었다!

결론은 좀 더 많은 연구개발을 통해 크리스 가드너가 되는 법을 배워야 한다는 것이었다. 그러나 마일스 데이비스의 본보기로부터 배운 것은 언젠가 어느 분야에서든 세계적이 되려면 타오르는 열정이 있어야 하며, 그 명성에 어울리는 실력을 갈고 닦고자 하는 욕망이 있어야 한다는 것이었다.

내가 유명한 배우가 되고 싶다는 또 다른 포부를 말하자 어머니는 또 다시 연구개발에 관한 속성 강의를 들려주었다. 어머니는 내가 미쳤다고 하지 않았다. 대신 신문을 향해 고개를 까닥이며 배우를 구하는 광고가 얼마나 많은지 찾아보라고 했다. 잠시 후, 여전히 유명 영화 배우가 될 소질이 있다는 생각을 꺾지 않은 채 영화를 보러 가려고 현관문을 나서던 나는 어머니에게 5달러를 달라고 했다. 어머니는 날 떠보며 이렇게 말했다.

"5달러가 있는 것처럼 연기하지 그러냐?"

이것으로도 모자라 배우가 될 가능성에 대해 공부할수록, 연구 결과는 배우가 되기 위한 뜨거운 열정이 내게 충분하지 않음을 드러내며 내 의지를 꺾었다.

훗날 운이 좋게도 해군에서 의무병으로 있다가 전역한 뒤 최신 의학 연구에 종사하며 연구개발에 대한 실질적인 이해를 얻게 되었다. 당시 내 스승은 심장수술 분야의 세계적인 전문가 로버트 엘리스 박사였다. 과학기술 분야에서 연구는 대체로 여러 가지 단계를 포함한다. 전례를 공부하는 것, 실험군과 대조군이 있는 통제된 환경 하에 실험을 설계하는 것, 자료를 분석하는 것, 자료로부터 결론을 도출해내는 것이 여기 포함된다. 개발은 연구 과정에서 도출된 결과를 새로운 수술법과 치료법, 기술을 만드는 데 적용시키는 것을 의미한다.

월스트리트에서 직장을 다니면서 나는 사업 분야에서의 연구개발에도 큰 의미를 두게 되었다. 여기서 연구는 시장 상황에 대한 지식을 넓히기 위한 활동에 자원을 투자하는 것을 말하며, 개발은 그 지식을 제품이나 사업 활동으로 전환시키는 것을 의미한다. 정부나 사회기관도 연구개발에 투자하고 국가 연합이나 전체 경제도 마찬가지다.

계획을 세우기 전에 자연스럽게 연구조사를 시작했던 기억을 떠올려보라. 대부분의 사람들은 수시로 연구조사를 한다. 주변 사람들에게 믿을 만한 의사나 전문의의 이름을 묻기도 하고, 세금신고를 할 때가 되면 능력 있는 회계사를 찾기 위해 수소문하기도 한다. 목적지로 가는 길을 찾는 아주 간단한 일에도 맵퀘스트와 같은 인터넷 지도 서비스를 이용한다. 또 중대한 구매를 하기에 앞서 이곳저곳의 가격을 비교해 보는 것도 연구조사의 한 형태이다. 시간투자를 요하는 일을 맡기 전에는 어떤 성격의 일인지 미리 알아보고 결정을 하기도 한다.

그러나 미리 상세한 연구조사를 하지 않고서는 건드릴 생각도 하지 않는 일이 이토록 많음에도 불구하고 또 놀라운 수의 사람들이 현재 자신이 종사하고 있는 분야나 자신의 시간을 빼앗는 활동에 이르게 된 경위를 잘 알지 못하고 있다. 어떤 이들은 부모님의 기대에 따라 그 직업을 선택했다고 하고, 어떤 이들은 마침 기회가 생겼기에 잡았다고 하기도 한다.

메그 역시 인생의 전환점에 이르렀을 때 그렇게 하기로 결심했다. 메그는 몇년 전 출판박람회에서 만난 여성이다. 당시 60대 초반이었던 체구가 자그마한 메그는 출판되지 않은 원고의 복사본 몇 개를 들고 웃는 얼굴로 당당하게 박람회장을 누비고 있었다. 내가 책이 언제 서점에 나오느냐고 묻자 메그는 아직 출판 기획자나 출판사를 구하지 못했다고 말했다.

"여기서도 별 성과 없었어요?"

메그는 없다고 대답했다. 그러나 중요한 것은 그게 아니었다. 메그가 박람회에 온 목적은 질문을 하고, 조언을 얻고, 사람들을 만나기 위함이었다. 메그는 자신만의 연구개발을 진행 중이었던 것이다. 무슨 이유로 그토록 환하게 웃고 다니는지 물었더니, 메그는 성인이 되어

줄곧 의료 분야에서 사무직으로 일한 자신의 이야기를 해주었다. 메그는 자신의 일을 좋아했고 직장이 있었던 덕분에 남편과 함께 아이 셋을 대학에, 그것도 하나는 의대에 하나는 법대에 보낼 수 있었다. 그러나 자신의 진정한 꿈은 늘 공상과학 소설을 쓰는 것이었다고 한다. 해가 갈수록 메그는 공상과학 소설가가 되는 꿈이 멀어져가는 것을 느꼈다. 그러다 은퇴할 날이 머지않았을 때 메그는 마침내 "글을 쓰든지 말든지 말든지 할" 때가 되었다고 결심했다.

메그의 가족과 회사 동료들은 충격에 휩싸였다. 메그를 정신 나간 사람 취급하며 제발 다시 생각해 보라고 애원했다. 그들은 경제적으로도 시기가 적절하지 않다고 이야기하며 남편의 건강이 최근 들어 부쩍 나빠진 것도 언급했다. 한편으로 메그는 그동안 머릿속에 담아두었던 공상과학 소설들을 글로 담아내지 않으면 정말로 미칠 것만 같았다. 그렇다면 무엇이 메그의 결심을 굳혔을까? 내가 묻자 메그는 어깨를 으쓱하며 짤막하게 대답했다.

"J. K. 롤링."

메그는 연구개발을 시작하면서 출판 역사상 가장 성공적인 사례 가운데 하나인 J. K. 롤링의 사례를 지도로 삼아 따르기로 했던 것이다. 롤링의 책이 엄청난 인기를 얻었다는 사실은 알고 있었지만(1997년과 2007년 사이에 4억 부가 팔리면서 역사상 가장 많이 읽힌 시리즈물이 되었다.) 그때까지만 해도 그것이 얼마나 놀라운 현상인지 깨닫지 못했다. 주의를 기울여 따져보니 이것은 영국의 또 한 번의 점령이라고 할 만했다! 어린이들이 900페이지 가까이 되는 책을 그토록 간절히 기다리는 모습은 아름다운 광경이었다.

물론 이런 대성공을 더욱 매력적으로 만들어주는 요소는 지금 그 자리에서 출발함으로써 스스로 행복을 찾은 J. K. 롤링의 개인적인 사연이다. 1995년, 스코틀랜드 에든버러에서 홀로 아이를 키우며 살던 롤링은 작가로서의 꿈을 펼치기로 마음먹었다. 아이도 키우고 글도 쓰기 위해 생활보호대상이 되어야 했음에도 말이다.

롤링의 전형적인 성공담의 큰 틀은 이미 알고 있었지만, 다른 대중과 마찬가지로 롤링이 정확히 무엇을 어떻게 이루어냈는지 구체적으로 알고 난 뒤 더욱 매료되었다. 그 모든 것이 미친 듯이 기발한 발상에서 시작되었음은 놀랄 일이 아니다. 5년 전, 기차를 타고 긴 여행을 하던 도중 조(조앤의 애칭) 롤링의 머릿속에 책의 줄거리가 또렷하게 떠올랐다고 한다. 이야기의 주인공, 즉 마법사들을 위한 기숙학교를 다니는 소년을 상상하기 시작하자 소년에 대한 온갖 구체적인 사항들이 머릿속에 밀려들기 시작했다. 마치 이야기가 스스로 풀리는 것 같았다. 그러나 이후 기자에게 털어놓았듯 당시 롤링의 상상력이 지어낸 온갖 신비로운 이야기들을 적을 제대로 된 필기도구가 없었다고 한다. 왜 다른 승객에게 빌리지 않았냐는 질문에 롤링은 수줍어서 그렇게 하지 못했다고 고백했다. 그러나 그것은 오히려 축복이었다. 펜이 없었던 까닭에 기차를 타고 있던 네 시간 동안 이야기의 세부적인 요소들을 머릿속에서 다듬을 수 있었기 때문이다.

나중에 알게 되었지만, 조 롤링은 여섯 살 때부터 쓰는 것을 멈추지 않았고, 대학에서 프랑스어를 공부했으며, 여러 가지 직업이 있었지만 그 중에서도 인권 단체인 국제 앰네스티에서 연구원으로 일한 경력이 있었다. 해리포터 시리즈의 첫 번째 이야기를 쓰기 시작했을 때 롤링에게는 선천적인 재능과 다른 분야에서 습득한 능력뿐만 아니라 출발을 도와줄 틀, 혹은 지도를 제공해줄 여러 전통적인 사례들이 있었다. J. R. R. 톨킨의 《반지의 제왕》 3부작이나 T. H. 화이트의 《과거와 미래의 왕》과 같이 직접적인 영향을 끼친 작품 외에도 영감을 제공해준 다양한 원천이 있었다. 잘 알려져 있듯 이 중에는 셰익스피어의 《맥베스》와 영국 기숙학교가 배경인 여러 청소년 소설이 포함되어 있다.

이런 문학적 전례들은 롤링에게 뒤따라갈 수 있는 틀을 제공해주었다. 그러나 줄거리를 완성했다고 해서 그 이후의 일들이 자리를 잡고 앉아 지도를 보며 역작을 써내려가는 것으로 간단하게 끝나지는 않았다. 포르투갈로의 이사, 결혼, 출산을 겪었고, 이혼한 뒤 혼자서 아이를 키우며 심한 우울증도 앓았다. 이 모든 과정을 거치는 동안에도 롤링은 틈틈이 글을 썼지만 그 어느 때보다 열심히 글에 전념하기로 한 것은 에든버러에서였다. 롤링은 틈만 나면 집 근처 커피숍에서 아이를 태운 유모차를 밀며 "홀린 듯" 글을 썼다. 걸음마를 겨우 뗀 아이를 홀로 키우며 노숙까지 했던 아버지로서 당연히 공감할 수 있다. 금융계에서 기필코 성공하기 위해 노숙을 하면서도 유모차에 아이를 태우고 샌프란시스코의 언덕길을 걸어 놀이방에 데려다준 뒤 일터로 출근한 나다.

롤링이 출판업계에서 간절히 원하는 것을 쓰지 않았다는 점도 의미 있는 발견이었다. 롤링이 중요하게 여긴 것은 이야기 속 주인공들이 주는 영감을 그대로 담아 잊히지 않을 이야기를 하는 것이었다. 따라서 흥미 위주의 상업적인 청소년 소설 대신 어린 시절에도 겪을 수 있는 소외, 암흑, 두려움에 관해 쓰는 것을 꺼리지 않았다. 물론 황홀한 마법과 빛에 대해서도 썼다. 이 모든 것들이 책에 담겼다.

작가 지망생인 메그가 롤링의 전술을 참고해 연구개발을 시작한 것은 현명한 선택이었다. 메그가 조사를 통해 배운 것은, 시간이 없어서 하고 싶은 일을 할 수 없다고 생각하는 사람이 있다면 1994년과 1997년 사이의 J. K. 롤링을 보라는 것이다.

자신의 일에 푹 빠진 조 롤링은 그 일의 대가로 단 한 푼도 받기 이전에 이미 자신감을 얻고 행복할 수 있었다. 조 롤링을 움직인 힘은 억만장자가 되고자 하는 욕망이 아니었다. 결국 억만장자가 되었지만 말이다. 그것이 어떻게 가능했을까? 다시 말하지만, 결국 연구와 개발이다. 마법이 아니다. 다른 모든 작가 지망생들과 마찬가지로 조 롤링은 상세한 조사를 했으며, 오래된 관례에 따라 작가 에이전트들에게 책을 소개하는 편지를 보냈고, 남들과 똑같이 이를 거부당하는 아픔을 겪었다. 그러다 결국 에이전트를 만나 여러 출판사에 원고를 보내게 되는데 1년 넘게 거절만 당한다. 그러다 잉글랜드의 출판사 블룸스버리의 편집자가 여덟 살 먹은 딸에게 원고의 일부를 읽어보라고 건네주었는데, 반응이 어땠냐고? 그 편집자의 딸은 이야기에 푹 빠져 더 읽고 싶어 안달이었다!

그것이 1996년 8월이다. 롤링이 처음으로 받은 계약금은 전업 소설가가 될 수 있을 정도로 많지는 않았다. 그러나 계속된 연구개발을 통해 지원금을 받을 수 있게 되었고, 1997년까지 버틸 수 있었다. 1997년에는 마침내 《해리 포터와 마법사의 돌》의 출판권 계약이 이루어졌고, 롤링은 10만 5000달러를 계약금으로 지불받았다.

아마도 그 시점에서 롤링은 지도를 던져버리고 자신의 통찰력에 의지해 출판계와 영화계를 석권하기에까지 이르렀을 것이다. J. K. 롤링이 걸어온 길은 롤링 자신이 개척한 길이다. 시작은 정신 나간 생각이었다. 그리고 의미 있는 이야기를 하고자 하는 열정이었다. 그런 뒤 남들이 남겨두고 간 지도를 따라갔다. 롤링은 포기하지도 굴복하지도 않았다.

루이스와 클라크에게도 지도가 있었다는 교훈을 자신만의 방법으로 적용한 결과, 메그는 출판 기획자를 찾는 데 있어 J. K. 롤링에게 자신이 그다지 뒤처져 있지 않다고 말했다. 출판 기획자를 찾기 시작한 지 1년 가까이 되었다고 했지만 전혀 의기소침한 구석이 없었다. 메그는 그 첫 번째 이유를 이렇게 설명했다.

"스스로 책 두 권을 썼어요. 그것도 내 마음에 꼭 드는 책을. 그렇게 할 수 있는 사람이 몇이나 되겠어요?"

두 번째 이유는 이랬다. 이도 저도 안 되면 자신의 돈으로 책을 출판하는 것도 고려중이었지만, 메그는 대부분의 유명한 작가들이 인정받기 전에 수도 없이 거절당했다는 것을 잊지 않고 있었다. 헤어지기 전에 메그는 자신의 연구개발 과정에서 얻은, 언제든 유용한 교훈을 미소와 함께 전했다.

"(아무리 많이 거절당해도) 한 사람만 좋다고 하면 되는 거예요."

다시 한 번 강조한다. 지도는 유용하다. 신께서 우리가 지도 보는 것을 원치 않으셨다면, 조수석 앞 수납함에 그걸 넣어두셨겠는가?

10
단추를 찾아라
: **열정**

　나는 내가 겪은 일들과 그에 대처한 나의 자세가 여러 면에서 오직 나에게 국한되어 있다고 생각했다. 그 누구도 나와 같은 꿈을 가졌을 리 없고, 그것이 무엇이든 나와 같은 것을 두려워할 리 없고, 나와 같은 것을 느낄 수 없다는 것이 내 생각이었다. 그러니까 어떤 일을 하든 세계적인 수준에 도달하겠다는 꿈을 꾸는 사람이 나밖에 없는 줄 알았다. 내 인생의 좀 더 힘하고 고통스러웠던 시절에 관한 이야기를 털어놓을 힘겹고도 영광스러운 기회가 주어지기 전까지는 말이다.

　진정한 열정을 갖고 할 수 있는 분야를 찾아서, 그 분야에 정통하기까지 한참의 시간이 걸린 것은 사실이다. 월스트리트에서 나만의 영역을 찾기 전, 나는 음악에 발을 담가보기도 했고, 의학연구에 종사하기도 했다. 남들도 모두 나처럼 빙빙 돌다 제 길을 찾았을까? 수많은 사람들이 들려준 사연에 의하면 그렇다고 할 수 있다. 실로 나와 같은 경험을 한 여러 사람들의 이야기를 듣고 또 들을 때마다 많은 위로가 되었다. 그런데 그들도 내게 이렇게 고백했다.

"난, 나만 그런 줄 알았답니다."

재능 있는 그래픽 디자이너이자 아티스트인 수전 역시 같은 말을 했다. 수전은 한 분야에서 세계적인 수준에 이르고 싶은 열망을 누구에게도 말하지 않았다고 했다. 수전의 원대한 꿈은 유행에 뒤떨어지지 않는 재치 있고 세련된 연재만화를 그리는 것이었다. 물론 당장 만화를 그려 돈을 벌 수 없다는 것을 수전은 알고 있었다. 그래서 당분간은 예비 계획, 즉 제2안에 만족해야 했다. 제2안이란 먹고살 수 있게 해주는 직장 일에 힘을 쏟는 것이었다. 수전은 만화로 돈을 충분히 벌 수 있을 때 원래 계획, 즉 제1안에 따라 프리랜서 만화가가 되고 싶다고 했다. 그럼에도 수전은 끊임없이 직장을 그만두고 전업 만화가가 되는 상상을 하고 있다고 했다. 동전 한 닢 못 벌고 거리에 나앉는 한이 있더라도 말이다. 수전은 도대체 어떻게 하면 좋겠냐며 조언을 구했다.

내 나이 스물여덟에 처음 깨닫고, 그 이후로도 여러 중요한 인생의 갈림길을 지날 때마다 거듭 등장한 삶의 교훈은 열정을 좇는 데 제2안이란 없다는 것이다. 정말로 좋아하는 일을 하고, 자신의 일을 정말로 좋아하라! 제1안을 앞에 두어야 한다. 게다가 제2안은 정말 별로다!

종종 사람들은 현실보다 열정을 우선시하는 것이 어리석거나 무책

임한 짓이 아니냐고 내게 묻곤 한다. 그러나 나는 경제적인 위기나 다른 위기 때문에 꿈을 버려야 한다고 생각하는 것은 오류라고 생각한다. 나는 꿈을 버리지 않고도 사랑하는 사람들과 자기 자신을 책임질 수 있다고 믿는다. 한술 더 떠 열정의 힘을 이용하는 것만큼 현실적인 것은 없다고 주장한다.

그러니 수십억 달러짜리 질문부터 파헤쳐보자. 이 질문은 사람들이 나에게 가장 많이 하는 질문이고, 내가 수년 간 그 어느 것보다 많이 던진 질문이기도 하다. 귀중한 해답을 찾는 데 도움이 되는 것은 무엇을, 언제, 왜, 어떻게 해야 할지 묻는 것이 아니다. 중요한 것은 '어디에' 있는지 묻는 것이다. '어디에' 가면 세계적 경지에 오를 나만의 '무언가'를 찾을 수 있을까? '어디에' 가면 최고가 될 수 있는 분야를 찾을 수 있을까? '어디에' 가야 대가 없이도 내가 정말 좋아하는 일을 기꺼이 하고자 하는 마음에 불을 지를 수 있을까? 단순히 잘하는 것이 아니라 훌륭하게 할 수 있는 분야를 제대로 찾아왔다는 확인을 '어디서' 찾을 수 있을까?

10대 후반 집에서 독립했을 때, 나는 나와 비슷한 배경을 가진 사람이 위대해질 수 있는 몇 가지 확실한 방법을 배제한 뒤였다. 내가 살던 곳과 같은 개천에서 용이 되려면 노래를 잘하거나 춤을 잘 추거나 농구공을 잘 다루는 방법밖에 없다고 대부분의 사람들은 생각했다. 나는 미국에 사는 모든 젊은 흑인들 가운데 내가 노래와 춤, 농구 한 가지도 제대로 못하는 유일한 사람이라고 확신하고 있었기 때문에 그쪽으로는 꿈도 꾸지 않았다. 트럼펫을 연주하고 혁신적인 재즈 음악을 작곡하는 것도 생각할 수 없었다. 이미 마일스 데이비스가 시장을 독차지하고 있었으니까. 미식축구는 나에게 귀중한 리더십 능력을 가르쳐주기는 했으나, 코치가 공을 던지는 쿼터백 자리를 주는 대신 쿼터백을 보호하는 라인에 나를 투입했을 때 나는 팀을 그만두었다.

아이로니컬하게도 내가 해군에 들어갈 수 있었던 것은 미식축구 덕분이었다. 그러나 나는 비교적 이른 나이에 달리고 뛰고 공을 잡는 내 능력이 솔직히 과대평가되고 있다는 결론에 도달했다. 물론 그럼에도 TV에서 대학농구 리그의 결승전을 보다가 무심코 '저 선수들은 하루에 100만 달러는 벌겠다'고 말한 적이 있음을 기억한다. 그때 다른 방에 있다가 내가 하는 말을 듣고 내가 있는 방으로 들어온 어머니는 그 자리에서 말했다. 나 또한 (그것이 경제적 성공이든 무엇이든) 그와 같은 성공을 이룰 수 있다고 못을 박은 것이다. 물론 거기에는 단서가 달려 있었다. '진정으로 원해야 한다'는 것이다.

어머니는 세상으로, 내가 정말로 하고자 하는 일을 발견할 수 있는 크고 넓은 '어딘가'로 향하는 문을 열어주며 나를 독려했던 것이다.

내가 할 일을 어디서부터 찾아야 할까? 그 일이 무엇이든 먼저 자신이 하고자 하는 일에 최고인 사람들을 찾기 위해 가능한 모든 힘을 다해야 한다. 나는 그들에게 그들이 '어디에서' 자신이 최고일 수 있는 분야를 찾았는지 물어보고자 했다.

해군에 있을 때 노스캐롤라이나 주 르준 부대의 군인병원에서 의무병으로 일하면서 나는 샬롯 개넌 소령의 가르침을 받는 영광을 얻었다. 나는 대담하고 강인하고 능동적인 동시에 대쪽 같은 성미까지 두루 갖춘 개넌 소령의 리더십 스타일을 지금까지도 빌려 쓰고 있다. 같은 시기에 나는 로버트 엘리스 박사를 만나 박사 밑에서 일했는데,

박사는 심장 수술과 이식이 벌어지는 조건과 환경을 이해하고 향상시키는 길을 찾는 여정에 나를 끼워주었다. 박사는 뛰어난 재능과 정교함, 호기심, 상상력, 그리고 광적인 집중력을 갖고 일에 임했다. 그것은 마일스 데이비스가 트럼펫을 연주할 때의 태도와 같은 것이었으며, 나 또한 무슨 일을 하든 그런 자세로 임할 것을 결심하게 만들었다. 반면 내가 연구소에 실험실을 차리고 운영하는 데 필요한 훈련을 시켜준 립 잭슨은 스승답지 않은 스승이었다. 전형적인 남부 남자였던 립 잭슨은 꽤나 인종차별주의적인 관점을 갖고 있었고, 그것에 연연했다면 나는 그로부터 배우기가 무척 힘들었을 것이다. 그러나 나는 립 잭슨의 상당한 능력을 인정하지 않을 수 없었다. 특히 그는 세부적인 사항까지 치밀하게 계획하고 주의를 기울이는 능력이 뛰어나 늘 꼼꼼하게 일했고 실수도 하지 않았다.

세 사람 모두 개성이 달랐지만 한 가지 공통점이 있었는데, 그 공통점이야말로 내가 최고가 될 수 있는 분야를 찾는 데 가장 큰 단서가 되었다. 개넌 소령과 엘리스 박사, 립 잭슨은 모두 열정을 쏟아져 나오게 하는 단추를 찾아 그것을 눌렀다는 점이다. 그들이 특별한 재능을 타고난 데다 천직을 찾았기 때문일까? 그렇게 생각하지 않는다. 그들은 그 단추를 원하는 어디든 쓸 수 있었을 것이다. 딱히 설명할 방법을 찾기가 힘들지만 그들은 '발동이 걸린' 상태였다. 모든 피스톤이 운동 중이고 최고의 출력을 보여주고 있었던 것이다. 잠, 식욕과 같은 생리적 욕구가 중요하지 않을 정도로 말이다.

우리 모두에게 있는 이 단추에 대해서 생각하면 할수록 특정한 사람의 경우 그들에게서 풍기는 어떤 에너지와 존재감이 있다는 것에 주의를 기울이게 되었다. 의학 연구소를 떠나 의료기구 회사에 판매직으로 취직했을 때, 그 분야에서도 자신만의 단추를 발견한 사람들을 찾을 수 있었다. 판매하는 사람들뿐만 아니라 구매하는 이들 사이에도 그런 이들이 있었다. 고위직에 있는 사람들만이 단추를 찾은 것은 아니었다. 그들은 비서이거나 인턴, 청소부, 경비원이기도 했다. 그러나 지위에 상관없이 최고가 되기 위해 노력하고 있었다. 천직이고 아니고를 떠나 그들은 자기가 있는 자리에 열정을 끌어오고 있었다.

당신도 이런 경우를 보거나 경험한 적이 있는가? 만약 감탄이 절로 나오는 단추를 찾기는 했는데 제대로 누른 것인지, 아니면 제대로 된 분야에서 활용하고 있는지 확신할 수 없다면 다음 질문에 집중해 보라. "무엇을 기다리고 있는가?"

사람들은 왜 자신의 '자리'를 바꾸는 것이 현실적이지 못한지에 대해 여러 이유를 댄다. 적당한 봉급을 받는 현재의 위치에서 버티는 것이 나쁘지만은 않다는 자기합리화도 많이 들었다. 그러나 그것은 꿈을 미루는 것이다. 현 직장에서 단추가 눌려 있지 않으면, 월급만으로는 부족하다. 그 일을 잘한다던가, 그 일로 돈을 잘 번다는 것만으로는 부족하다. 중요한 것은 거울 속에 보이는 당신 자신의 눈이다. 당신은 아무 대가 없이도 그 일을 할 만큼 자신의 일을 사랑할 수 있고 사랑할 자격이 있다. 그 일이 무엇이든 아침 해가 뜨기를 기다리느라 밤잠이 오지 않을 정도로 말이다.

황홀한 행복을 찾아가 보지 않겠는가? 신바람도 없는데 어깨춤을 출 수는 없는 노릇이지 않는가.

이것은 내가 처음으로 친할머니를 만났을 때 얻은 메시지이기도

하다. 20대 후반 막 아버지가 된 나는 어린 아들을 데리고 마침내 나의 생물학적 아버지와 그 가족을 만나러 루이지애나 주로 갔다. 감정을 추스르기 힘든 어려운 만남이었지만 82세의 친할머니 오라 터너를 통해 나 자신에 대한 여러 가지 사실들을 알게 된 덕분에 매우 만족스러운 경험이기도 했다. 할머니께서는 나를 찬찬히 뜯어보시고는 나에 대해 다 안다는 듯 말씀하셨다.

"네가 갈 길은 언제나 다른 사람들의 길과는 다를 것이다. 어떤 기회가 찾아오든, 모든 경주에 열정을 갖고 임해야 한다."

그 말은 매우 심오하고 의미 있게 들렸지만 그 다음 일요일이 찾아오기 전까지 완벽하게 깨닫지는 못했다. 그 일요일, 할머니는 발목까지 오는 컨버스 운동화를 신고 교회에 갔는데, 다름이 아니라 '노인'들을 자리로 안내하는 봉사를 맡았기 때문이었다! 그게 열정이 아니면 무엇이겠는가. 순수하고 힘찬 열정이다. 할머니는 할머니 자신을, 자신이 어디에 있든 있는 그대로 순수하고 온전하게 받아들였으며, 모든 열정을 쏟아 붓는 삶을 살고 있었다. 단추를 발견한 것이다.

얼마 되지 않아 샌프란시스코에서 주식중개인 밥 브리지스와 커피를 마시며 월스트리트의 기본에 대해 처음으로 배우게 된 것은 결코 우연이 아니다. 그 이후 배우면 배울수록 더 배우고 싶은 흥미와 열정이 생겼다. 내가 처음으로 샌프란시스코 주식거래소를 찾은 날이 바로 진실이 가려지는 순간이었다. 주식거래소는 경이로운 에너지로 충만했다. 내 주위로 주식시세 등이 인쇄된 스티커 테이프가 쉴 새 없이 찍혀 나왔고, 사람들은 온 사방을 바쁘게 돌아다녔으며, 입장권에는 도장이 찍히고, 거래원들이 주문량을 외치면서 정신없이 거래 내용을 적고 있는 와중에도 종소리와 호각소리가 맹렬히 울려댔다. 마치 죽어 천국에 온 것 같았다. 그와 비슷한 광경을 본 적도 없고 거래소에 가본 적도 없었지만 고향에 온 것 같았다. 바로 그때 내 안의 무언가가 '딸깍'하고 맞아 들어갔고, 나는 월스트리트의 흐름과 구조와 움직임을 음악을 이해하듯 이해했다. 그곳이 내가 있어야 할 곳이었다. '그래, 이거라면 할 수 있어'가 아니라 '나는 이걸 해야만 해'였던 것이다. 내 단추를 발견한 것이다.

단추를 찾고 나면 거기에서 당신의 욕구에 불을 지피는 열정이 흘러나온다. 목표를 향한 추격전이 시작되는 것이다. 복잡하지 않고 단순한 행복감이 폭발하는 것을 느낄 것이다. 사랑에 빠지는 것과 약간 비슷하다. 앞으로 더 많은 열정을 쏟아 부을지는 당신의 과감성에 달려 있다.

나는 금융업의 세계적인 대 스타를 관찰할 때마다 그들에게도 단추가 있는지 살펴보았다. 샌프란시스코의 개리 시마노와 마샬 젤러에서 시작해 밥 머와 에이스 그린버그까지, 서로 다른 개성을 갖고 있지만 그들은 하나같이 열정에 충만해 있었다. 연예계에서 만난 사람들도 마찬가지였으며 비영리 사업, 인권, 교육 분야에서도 마찬가지였다. 또한 나의 세계의식을 빚는 데 도움을 준 지인들도 그러했다. 나는 아직도 일요일 아침 발목까지 오는 컨버스 운동화를 신은 할머니를 생각한다. 그런 게 행복이다!

최근 들어 고백하지 않을 수 없는 사실 하나를 덧붙여야겠다. 얼굴에서 웃음이 떠나지 않아 잠에 들 수가 없다는 사실이다!

Part 2

가시밭길 같은, 황금 같은 과거
: 과거를 길잡이 삼기

위태로운 시기에 역사는 항해를 돕는 길잡이다.
역사가 곧 나이며, 내가 나인 이유다.
―데이비드 C. 맥컬러(역사가, 저술가)

Start Where You Are

대부분의 사람들이 '역사의 교훈을 무시하면 우리는 역사를 되풀이할 수밖에 없게 된다'는 식의 말을 한 번쯤 읽거나 들어보았을 것이다. 이 말은 100년 전 스페인에서 태어난 미국인 철학자이자 《이성의 삶》의 저자 조지 산타야나가 했던 말의 변형이다. 그는 '우리'라고 한 적이 없다. 다만 이렇게 말했을 뿐이다. "과거를 기억하지 못하는 자는 과거를 반복할 수밖에 없다.Those who cannot remember the past are condemned to repeat it."

한방 먹은 느낌이었다. 나에게 하는 말 같았다. 개인적으로 자신의 역사를 공부하는 것이 중요하다는 주장을 받아들일 수는 있었지만, 내 과거를 재방문하고 들추어볼 용기를 내기까지는 몇 년의 시간이 더 걸렸다. 그러나 과거로의 여정을 마친 지금 말하건대, 여정은 고통스러웠지만 그 과정에서 발견한 지식은 땅 속에 숨겨져 있던 나만의 보물과도 같았다. 뒤뜰에 묻힌 채 파헤쳐지기만을 기다려온 보물 말이다. 만약 당신 또한 과거를 피하고 있거나 과거의 영향이 현재까지 미치도록 내버려두고 있다면, 당신 또한 당신의 과거에서 캐낼 수 있는 숨겨진 황금을 놓치고 있는 것이다.

우리는 과거에 일어난 일에 대해서는 그저 넘어가고 싶어

한다. 그것이 고통스럽다는 이유에서든, 혹자가 주장하듯 무의미하다고 여겨서든, 과거를 바꿀 수 없으니 잊어버리는 게 상책이라는 생각에서든 말이다. 그러나 그렇게 하면 우리를 정말로 행복하게 만드는 것에 대해 모르고 지나갈 위험이 있다. 우리가 어렸을 때 느꼈던 기쁨의 순수한 본질 말이다. 시간을 들여 그 가시밭길 같던, 황금 같은 과거에 남겨두었을 꿈을 되찾지 않으면, 그건 곧 우리 손해다.

거의 모든 질의응답 시간마다 사람들은 내가 말하는 이 보물에 대해 온갖 질문을 던진다.

"언젠가는 집을 구할 거라는 희망은 어디서 찾으셨나요?"

"다들 안 된다고 할 때 꿈을 버리지 않을 수 있었던 힘은 어디서 나왔나요?"

"자신을 믿는 법은 어디서 배우셨나요?"

이런 질문에 대한 대답은 나를 끊임없이 과거로 데리고간다. 어린 시절, 청소년기, 그리고 갓 성인이 되었던 시절로. 심지어 나보다 먼저 살았던 사람과 그들이 겪은 일로 거슬러 올라간다. 바로 그곳에 우리의 광맥이 있다. 그러나 얄궂게도 우리 대부분은 과거의 땅속을 파헤치고 싶어하지 않는다. 그래서 과거를 황금과도 같지만 '가시밭길'과도 같다고 하는 것이다.

나는 성인이 된 이후 줄곧 살아서 어른이 된 사실이 그저 감사했다. 나를 과거라는 나만의 지옥으로 여행하게 만들었던 것은 무엇일까? 먼저 다른 사람들의 과거 이야기를 들으면서 나는 우리 모두에게는 자신만의 지옥 같은 순간과 추억이 있다는 결론에 이르게 되었다. 놀랍게도 동화같이 완벽한 어린 시절을 보내는 사람은 없다는 사실을 알게 되었다. 대단한 깨우침이었다! 가난한 동네에서 왔든 부자 동네에서 왔든 우리는 모두 고통스러운 순간들을 겪었다. 그것이 삶이며 그것이 과거다. 반면, 아무리 가시밭길 같고 어려운 과거였을지라도 그 사이 사이에 빛과 재미, 기쁨, 발견, 성취, 그리고 승리로 이끈 결심이 있었음을 나는 알게 되었다.

나만 어려운 과거를 가진 것이 아니라는 인식의 전환이 나로 하여금 과거를 돌아볼 수 있게 해주었다. 그러나 무엇보다 내가 그렇게 하기로 택한 주된 이유는 내 안에 찌꺼기처럼 남아 있는 문제들과 대면하기 전까지는, 그러니까 두려움, 실망감, 부끄러움, 상실감, 외로움, 무력감과 맞서기 전까지는 과거의 기억들이 어쨌든 날 괴롭힐 것이라는 생각 때문이었다. 놀랍게도 내가 마침내 과거의 기억들에 괴롭힘당하기를 거부하고 뒤돌아 "어흥" 했을 때, 나에게는 한 번도 알지 못했던 해방감이 찾아왔다. 고통스러웠냐고? 말할 것도 없다. 그럼에도 과거를 돌아보겠다는 내 생애 가장 중대한 결심은 나에게 행복을 찾아 쟁취할 수 있는 자유를 주었고, 그 행복은 날 상상할 수 없을 정도로 기쁘게 만들었다.

책 사인회가 있을 때마다 나는 그 누구에게도 말하지 못한 비밀을 나에게 털어놓기 위해 줄 뒤에 서 있는 누군가를 본다. 어느 날은 줄을 서서 한참을 기다리던 한 신사가 내게 다가와 악수를 하더니 나의 과거에 대해 알고 난 뒤 자신의 과거를 기억하게 되었다고 했다. 수년 간 그는 벨트를 벗을 때, 벨트가 고리에서 미끄러져 나가는 소리를 들을 때마다 공포심에 사로잡혔다고 했다. 아버지가 자신과 식구들을 때리려고 벨트를 벗을 때마다 들었던 바로 그 소리였기 때문이다.

"그렇지만 생각해 보니 전 잘 이겨낸 거예요. 올해 내 나이 쉰셋이고 아들은 열여섯인데, 아들을 한 번도 때린 적이 없거든요."

그의 말이었다. 그는 자신이 내린 의식적인 결심을 이제야 기억했던 것이다. 그동안 미처 깨닫지 못했던 자신에 대한 중요한 발견이었다. 그의 일부였던 그 의식적인 결정은 그로 하여금 강인한 부모가 되는 다른 방법들을 찾도록 인도했다. 그는 때리지 않고도 아이에게 예의와 절제를 가르치고 긍정적인 방향을 제시해줄 수 있다고 주장했다. 이제야 온전히 즐길 수 있게 된 자신의 교육 방법에 대한 자부심은 그만의 황금 같은 보물이었다.

우리 둘 다 자신의 위치에 대해 당당할 수 있었다. 과거를 돌아보지 않고서는 그런 해방감을 느낄 수 없었을 것이다.

현재나 미래에 대한 결정을 내릴 때 과거만큼 좋은 길잡이는 없다는 사실도 발견했다. 개인적 경험과 배움이 축적된 과거는 가상의 '자료 도서관'이다. 나에게만 해당하는 것이 아니다. 우리 모두의 기억이라는 창고 속에는 지혜가 모여 있다. 거기서 우리는 여전히 우리를 가로막고 서 있는 진실하지 못한 믿음이 언제 생겨났는지 알 수 있고, 두려움으로부터 벗어나는 법, 우리에게 힘을 주는 신념과 재결합하는 법을 알 수 있다. 그리고 무엇보다 우리가 잊고 있거나 버려놓고 온 능력과 잠재력에 대한 증거를 얻을 수 있다.

유용한 자원을 얻을 수 있는 여러 영역 가운데 하나인 우리의 과거를 들여다볼 때 매 순간을 다시 체험해야 하는 것은 아니다. 과거에 얻었던 개인적인 교훈을 따져보는 것은 인상적이었던 가르침을 재검토하고 그로부터 배움을 얻기 위해서다. 그런 뒤 자신의 현재 위치를 보고 가는 방향을 보면 "맞아, 이거 어디서 본 것 같아"라고 말할 수 있게 된다. 이것은 매우 귀중한 정보다. 어떤 의미에서 그것은 자신이 아니면 모르는 정보이기 때문이다.

예전에는 어떻게 이겨냈는지, 어떤 실수를 했는지, 어디서 잘못됐는지, 제대로 한 건 무엇인지 자문해 보자. "맞아, 예전에는 이렇게 해서 일을 망쳤지" 함으로써 실패했던 경험을 쓸모 있게 사용하면 동일한 실수를 반복하지 않을 것이다. 그동안 자신에게 맞지 않았던 방식이 무엇인지 확인하고, 그 방식을 고집하게 만든 요소들에 변화를 주거나 반복적으로 발생하는 상황에 전과 다르게 반응할 수도 있겠다. 기껏 바위를 밀고 정상으로 올라갔는데, 정상에 닿는 순간 그 바위가 굴러 떨어지는 일이 계속해 반복된다면 역학관계를 완전히 뒤바꿔놓기 위해 배우고 적용해야 할 가르침이 아직 과거 속에 기다리고 있을지 모른다.

과거 속의 앎으로 가는 길은 길을 가로막은 가시덤불을 타고 넘는 것과 같다는 것을 나도 모르지 않는다. 하룻밤 사이에 되는 일도 아니다. 정신상담을 받아본 사람이나 글쓰기나 다른 표현 수단을 통해 과거의 문제들을 다루어본 사람이라면 그 어려움과 가치에 대해 입을 모아 말할 것이다. 그렇다고 해서 자기 자신이라는 황금을 캐내는 힘든 노동을 하지 말라는 말은 아니다. 그 노동은 자기 자신만이 할 수 있는 것이다. 내가 한때 그랬듯 자신의 과거에 대해 배울 필요가 없다고 생각한다면, 그것은 가지고 있는 줄 모르는 주식의 배당금을 평생 챙기지 못하는 것과 같다!

이것은 내가 과거에 대해서는 아무 관심이 없으며 접근하기조차 싫다고 말했을 때 내 가까운 친구가 한 말이다. 화가이자 아동문학 작가인 내 친구는 당시 자신의 가능성을 모르고 있는 거지에 대한 우화를 이야기해주었다. 나는 설마 내 이야기는 아니겠지 하면서 그다지 흥미로울 것 없는 이야기에 귀를 기울였다. 누더기를 입은 가난하고 집 없고 춥고 배고픈 거지는 언제나 같은 자리에서 잠을 잤다. 잠자리 아래 황금단지가 묻혀 있다는 것은 꿈에도 모르고 말이다. 그가 정신을 차리고 황금을 갖겠다는 의식적인 선택을 하기 전에는 매일 남에게 구걸하고, 다른 사람이 황금이 있는 곳을 말해주길 기다리며 고통스럽고 부끄럽고 괴롭고 혼란스러운 삶을 살게 되어 있는 저주를 풀지 못한다.

"그게 무슨 소리야?"

내가 물었다.

"이해하고 싶은 대로 이해해."

친구는 우화는 원래 그런 것이라고 했다. 그후 몇년 간 나는 이 우화를 다양하게 해석해왔다. 황금은 우리라는 존재와 가능성에 대한 숨은 진리를 상징할 수도 있다. 어떤 이는 이것이 모든 사유와 지식, 과거, 현재, 미래를 포괄하는 '집단적 무의식' 혹은 '배후의 조종자'를 의미한다고 하기도 한다. 다른 이는 황금이 깨우침과 존재의 순수한 기쁨을 의미하는 반면, 그것을 우리 안이 아닌 밖에서 찾는 데서 괴로움이 온다고 해석한다.

내게 이 우화가 의미 있었던 이유는 전형적인 성공담에 새로운 관점을 부여하기 때문이다. 자기 자신을 편안하게 느끼기 이전에, 그러니까 자기가 누구인지, 어디로부터 왔는지, 어디 머물렀는지, 어디로 갈 운명인지와 같은 황금에 대한 지식을 얻기 전에는 결국 집 없는 거지와 같음을 일깨워주고 있는 것이다. 다시 말해 모든 경험을 소중히 여기고 그동안 살아온 날들과 앞으로 살 날들 속에서 조금의 행복이라도 찾지 못하면 궁극적인 보물을 찾지 못한 셈이라는 뜻이다.

미시간 주에서 스캇이 보내준 편지가 좋은 시작점을 제공할 것 같다. 스캇은 이런 말과 함께 글을 시작했다.

"우리는 여러 면에서 다른 점이 많지만(저는 백인이고 자라난 시대도 다르니까요.) 비슷한 점도 많습니다." 스캇은 자신의 어린 시절이 나의 유년기만큼 힘들지는 않았지만 유사한 점이 충분했기에 과거 그에게 깨우침을 주었던 잊혀진 기억들을 돌이켜보겠다는 결심을 했다고 한다. 매우 성공적인 은행가이자 여러 의미 있는 사회운동에 적극적으로 봉사하고 있는 스캇은 어린 시절부터 해왔던 고민 때문에 성공의 단맛을 즐기지 못하고 있음을 깨달았다.

부모님은 제가 청소년 때 이혼하셨습니다. 두 분 모두 열 달도 되지 않아 재혼을 하셨고, 그 이후 시작된 불안감은 몇 년 전까지도 계속되었습니다. (…) 두려움이 심할 때는 언젠가 길거리에 나앉게 되지는 않을까 걱정했습니다. 현실적으로 그럴 가능성은 매우 적었지만 말입니다. 그래서 저는 어느 겨울 구걸하고 있는 노숙자를 재워주기도 했습니다. (…) 전 부인 사이에서 낳은 딸을 키우고 있고, 몇년 전 전 남편과 사별한 아내를 만나 결혼하고 아이도 둘 두었습니다. 제가 가진 모든 것을 감사하게 여기고 있습니다만, 앞으로 부족한 사람들에게 더 큰 도움을 줄 수 있기를 바랍니다.

스캇의 이야기는 가시밭길과도 같고 황금과도 같은 과거를 통해 자신에 대해 더 많은 배움을 얻는 전형적인 사례로서, 11~19강에 걸쳐 우리가 탐구하게 될 능력들로 우리를 인도한다.

제11강 자신의 과거에 있는 황금을 외면하기보다 돌이켜봄으로써 얻을 수 있는 자유를 스캇은 이미 선택했다.

제12강 스캇과 마찬가지로 우리도 성숙한 자기인식을 얻을 수 있으나, 이는 우리가 발견하고 새로운 방법으로 활용하기를 원하는 한에서 가능하다.

제13강 스캇의 편지에서 알 수 있듯, 과거에 압도되는 대신 우리 모두는 우리가 온 길과 앞으로 갈 길에 대한 발견의 여행을 떠날 기회가 있다.

제14강 스캇의 사례는 자신이 누군지 알고 자신이 줄 수 있는 것이 무엇인지 아는 것의 중요성을 알려준다. 우리는 타인이나 우리의 상황이 우리의 정체성을 결정하도록 내버려두어서는 안 된다.

제15강 스캇을 포함해 우리 모두는 과거를 통해 용서를 배우고 용서할 힘을 얻는다.

제16강 과거와 현재, 미래의 관계를 이해하는 열쇠로서, 우리가 자신과 남들에 대해 얼마큼의 믿음을 가지도록 교육받았는지 살펴보면 유용한 깨달음을 얻을 수 있다.

제17강 과거에 내팽개쳐두었던 꿈을 되찾으려는 노력은 목적을 이루는 데 필요한 동기부여의 힘에 대해 알려줄 것이다.(정말 유용한 교훈이니 꼭 알아둘 것!)

제18강 스캇이 과거의 경험이 어떻게 현재에 대한 우려로 다가왔는지 살펴보았듯, 18강은 우리에게 도움이 되지 않는 믿음이나 가치관으로부터 독립하는 데 필요한 도구가 될 것이다.

제19강 가장 중요한 교훈으로서 과거는 우리 모두에게 우리가 힘겨운 시험을 치르면서 얻은 용기를 일깨워 준다.

과거로부터 길어올릴 개인적 교훈들 가운데 어떤 것은 당신에게 이미 익숙할지도 모른다. 이미 한동안 과거를 파헤쳐 왔다면 2부의 내용이 한가로운 산책처럼 쉬울 수도 있다. 그러나 그렇지 않다면, 과거를 반복하지 않겠다는 결심을 세우기 바란다. 당신은 자유로워지기 위해 여기 왔다.

11
과거는 두려운 대상이 아니라 마주할 대상이다

: 자유

　잘 아는 사람 중에 40대 초반의 나이가 되어 과거 속에 도움이 될 만한 것이 있을 수도 있다는 생각이 들어 감히 발밑을 파헤쳐보기로 결심한 사람이 있다. 다른 사람의 눈에 그는 이미 자신의 보물을 찾은 사람처럼 보였다. 자신의 여러 중요한 목표를 이룬 뒤였기 때문이다. 그가 자수성가한 사람이라는 것을 아는 이는 많아도 그가 얼마나 많은 것을 극복했는지, 그가 어떤 악순환을 빠져나왔는지 아는 사람은 적었다. 실로 그는 매우 행복한 남자였고 자축할 일도 많았다. 사업가로 성공했고, 자식도 만족할 만큼 키워냈고, 의미 있는 사적·공적 인맥 또한 탄탄했다. 다른 이들에게 힘을 북돋아주기 위한 보람 있는 활동에도 적극적이었다. 어디로 보나 그의 삶은 훌륭했고, 그도 불평하지 않았다.

그러나 과거의 어두웠던 순간들과 마주하기로 결심하기 전까지 그는 남아 있는 과거의 기억을 어찌 해야 할지 몰랐다. 대부분이 고통스러운 어린 시절의 기억이었고, 누구와도 쉽게 이야기하지 않은 경험이었다. 알지도 못하는 생부에게 버림받은 그가 위탁 가정에서 생활하는 동안 그의 어머니는 폭력적인 새 남편에게 벗어나려다가 감옥에까지 가기 이르렀다. 그는 이러한 기억들, 그리고 어렸던 까닭에 사랑하는 사람들을 지킬 수 없었다는 무력감을 덮어두기 위해 몹시 애를 썼다. 청소년 때 성폭력 피해를 입었던 기억과 같은 가장 고통스러운 경험에는 굳게 빗장을 걸어 숨겨두었다. 그 또한 고통스럽고 불편한 일에 대해서는 '묻지도 말고 말하지도 말라'는 오래된 가르침을 대를 이어 실천해온 이들 가운데 하나였기 때문이다. 그는 전통을 깨야 할 필요성을 느끼지 못했다.

남자의 이야기가 어딘지 익숙하게 느껴진다면 그것은 그 남자가 바로 나이기 때문이다. 요즘 내 인생은 말 그대로 활짝 펼쳐진 책이다. 그러나 과거를 외면하기로 말하자면 명백한 헤비급 챔피언인 때가 있었다! 만약 당신이 나처럼 과거에 대해 거부감이 없고 인생의 의미 있는 기억파일을 자유롭게 열어볼 수 있다면, 복 받은 줄 알기 바란다. 반면 어떤 파일에 '1급 비밀'이라고 표시해둔 채 자신에게조차 절대로 꺼내 보일 생각이 없다면, 이렇게 물을 때가 왔다. "누가 무시무시한 어제를 두려워하는가?"

20대 초반이었다면 쉽게 대답하지는 않았겠지만 결국에는 손을 들고 "제가요" 하고 인정했을 것이다. 그러나 거기에 대해 손을 쓰기에는 더 급한 일들이 많았다. 적어도 그렇게 합리화했다. 내 현재와 미래에 대한 물음과 싸우는 것이 훨씬 더 중요하다고 생각했기 때문이다. 나에게는 이런 고민이 있었다. 결혼할 마음의 준비가 되었는지 시간을 갖고 생각해 보지도 않고 너무 서두른 것일까? 명예롭지만 봉급이 많지 않았던 의학연구원으로 남을 것이냐는 문제도 있었다. 이렇게 묻기도 했다. 나는 언젠가 세계적인 경지에 이르겠다는 어릴 적 꿈을 이루어가고 있는 것일까? 아니면 대학에 간 적도 없고 과거가 부끄러워 기대치를 낮추고 있는 것일까?

　얄궂게도 이러한 물음에 대한 답변은 내 과거에 대한 연구조사만으로도 쉽게 얻을 수 있었을 것이다. 그러나 그 분야에 대한 조사는 금지사항이었고, 나는 손도 대고 싶지 않았다. 게다가 문을 잠그고 열쇠도 내다버린 뒤였다!

　나를 둘러싼 철갑에 자그마한 흠집이 생긴 것은 친구들과 함께 1980년대 초 샌프란시스코에서 번성하던 어느 인기 있는 코미디클럽에 가게 된 어느 날 밤이었다. 우리가 보러 간 사람은 리처드 프라이어라는 클럽에서 가장 유명한 코미디언이었으며, 이미 코미디 계의 왕이었다. 그는 코카인 흡연으로 인한 사고를 겪고 죽을 뻔하다가 살아난 사람이었는데, 경찰이 그를 발견했을 때 그는 온 몸에 불이 붙은 채 거리를 달리고 있었다고 한다. 무대에 등장한 지 얼마 되지 않아 그는 그에게 일어난 일이 세간의 소문과 달리 사고가 아니라 자살 시도였으며, 실은 오레오 과자를 저온살균 우유에 넣으려다가 폭발이 일어나

몸에 불이 붙은 것이라고 했다. 허무맹랑한 소리를 하는 프라이어의 무표정한 얼굴을 보고 관객들은 박장대소했다. 또 프라이어는 구급차에 실려가던 길에 눈을 떴는데 백인들이 자신을 에워싸고 있는 것을 보고는 이렇게 생각했다고 한다. "이런 젠장, 빌어먹을 백인 천국으로 와버렸잖아!"

불경하기 짝이 없는 유머는 거기서 그치지 않았다. 프라이어는 자기보다 못한 코미디언들이 하는 싸구려 유머를 흉내 내겠다며 무대 위에서 성냥에 불을 켜 흔들더니 이렇게 말했다.

"이게 뭔지 아세요? 불붙은 채 뛰어가는 리처드 프라이어예요."

나는 그가 삶의 가장 끔찍했던 경험에 대해 우스갯소리를 할 수 있다는 사실이 경이로웠다. 그는 다른 모든 고통에 대해서도 그렇게 했다. 지극히 개인적인 아픔 깊숙한 곳으로부터 소재를 꺼내 빛을 보이고 거기서 마지막 웃음까지 쥐어짰다. 그는 자신의 약점과 단점, 부끄러운 경험들에 대해 이야기했고, 그밖에도 섹스, 문제가정, 인종차별, 정치, 그리고 일상 속의 영적 활동 등을 소재로 삼았다. 또 프라이어는 본받을 것 하나 없는 아버지에 대해서도 이야기했다. 권투선수이자 포주이며 프라이어의 눈에 누구보다 못나 보였던 아버지는 마피아가 곰인형처럼 순해 보일 정도의 성미를 갖고 있었다. 프라이어는 또한 온갖 괴짜 역할을 도맡아 연기하기도 했는데, 아마도 할머니가 운영하는 윤락업소에 살면서 그 진탕만탕 속에서 온갖 사람들을 관찰한 덕분이었을 것이다. 프라이어의 어머니 또한 그곳에서 일하다가 프라이어가 열 살 때 그곳을 떠났다. 프라이어는 바로 그곳에서 자신을 지키는 법을 배웠다. 어디선가 읽은 바에 따르면, 그는 어렸을 때 이웃 남자와 동네 신부에게 성폭행을 당했다고 한다. 그러나, 어떻게 가능했는지는 몰라도, 그는 자신을 탓하거나 피해의식을 키우는 대신 자리를 털고 일어나 그 모든 고통을 관객을 사로잡는 배꼽 빠질 듯한 웃음으로 환원해냈다.

처음에는 눈물을 흘리고 바닥에 나동그라질 정도로 웃고 있는 것이 나뿐인 줄 알았다. 그러나 주위를 둘러보니 그 공간에 있는 모든 이들이 웃음의 치유 효과를 보고 있었다. 그는 성직자처럼 진리를 이야기하고 있었고, 자신이 머물렀던 것과 같은 어둠 속에서 우리를 해방시키고 있었다.

어떻게 그럴 수 있었을까? 그는 과거를 조목조목 뒤져 흥미로울 만한 모든 기억들을 꺼냈다. 순탄치 않았던 인간관계, 열네 살 때 학교에서 퇴학당한 뒤 닥치는 대로 했던 온갖 일들, 안 좋게 끝난 군대생활 등 인생의 그 어떤 부분도 접근금지가 아니었다.

프라이어를 역사상 가장 영향력 있는 코미디언으로 만든 것은 그가 관객을 웃기는 만큼 생각할 거리를 던져주기도 한다는 점이었다. 나로 하여금 어쩌면 나도 내 과거의 어두운 기억들을 살펴볼 수도 있겠다고 생각하게 해준 것만은 확실했다. 과거를 들여다볼 생각을 하니 두려웠던 것은 물론이다. 그러나 과거의 끔찍한 기억을 피함으로 해서 행복했던 기억들마저 손해보고 있다는 생각이 들었다. 그뿐 아니라 리처드 프라이어의 코미디 공연으로 인해 내 기억 속에도 우습고 극적인 이야깃거리가 있으리라는 생각을 처음으로 하게 되었다! 그리고 무엇보다 나를 매혹시킨 것은, 내가 그날 밤 목격한 것과 같은, 자신이 경험한 모든 것으로부터 유용한 가치를 끌어낼 자유를 나 또한 가질 수 있다는 가능성이었다.

그 가능성이 현실이 되기까지는 거의 20년이 걸렸다. 사랑하는 사람들의 격려와, 내 아이들에게는 '묻지도 말고 말하지도 말라'는 방침을 물려주고 싶지 않았던 나의 선택이 아니었다면, 침묵의 고리를 깨는 데 더욱 오랜 시간이 걸렸을지 모른다. 자주 있는 일은 아니었지만, 어머니께 내가 알아야 할 몇 가지 중대한 정보를 구할 때마다, 그러니까 아버지가 누구인지, 왜 아버지를 모르고 살아야 하는지, 혹은 왜 양아버지와 헤어지지 않는지 물을 때마다 어머니는 대화의 주제를 바꿨다. 고통을 주는 것에 대해 이야기할 필요가 없으며 들추고 싶지 않은 기억이라는 것이었다. 그리고 나는 내 아들이나 딸이 우리 집안의 과거에 대해 물어올 때 입을 닫으려고 하는 내 자신을 제지해야 했다. 자세한 대답을 해준 것은 아니지만 여전히 여러 가정에서 대물림되고 있는 침묵을 깨기 위한 시작으로서는 충분했다.

손해를 감수하고라도 무시무시한 어제가 갇혀 살찌고 있는 과거로의 열쇠를 찾아 열어보게 된 결정적인 계기는 대도시의 중학생들 앞에서 강연을 할 기회가 생겼을 때였다. 10대 청소년들의 생각과 질문을 들어보니, 그들 또한 내가 겪었던 것과 같이 미래에 대한 여러 부정적인 메시지를 전달받고 있음을 알 수 있었다. 한 남학생이 언젠가 금융설계 회사를 차리고 싶다고 이야기하자 나머지 아이들은 낄낄거리며 웃기 시작했고, 나는 이렇게 이야기했다.

"다른 아이들은 신경 쓰지 마. 할 수 없다는 말을 용납해서는 안돼. 부모님 말씀이든, 선생님 말씀이든, 절대로."

이 말은 이후 내 이야기가 영화로 만들어졌을 때 포함되었다. 아이들을 위해서 한 말이기도 했지만 과거의 내 자신에게 하는 말이기도 했기 때문이다.

그런 다음 나는 한동안 아무에게도 하지 않았던 내 어린 시절의 사건들과 주변 환경에 대해 털어놓고 있는 내 모습을 발견했다. 갑자기 아이들이 모두 상체를 앞으로 기울였고 아이들의 눈에 가능성의 빛이 반짝이기 시작했다. 과거에 대해 이야기할 수 있는 놀라운 자유를 얻은 내 기분은 상상을 초월했다. 그리고 그보다 더 놀라운 것은 그 자유가 전염성이 있다는 것이었다. 용기를 내어 자신의 열망을 이야기한 소년을 다른 아이들도 따라하기 시작했다. 조언을 구하려는 아이들의 손이 공중으로 솟구쳤다. 한 여학생은 이렇게 물었다.

"가드너 아저씨, 사람들은 왜 자꾸만 남의 꿈을 짓밟으려고 하는 거죠?"

나는 또 다시 내 자신과 진작에 했어야 할 대화를 시작했다.

"스스로 무언가를 이루어낼 수 없는 사람은 질투심 때문에 다른 사람도 할 수 없다고 말하지. 하지만 그거 아니? 네 꿈은 너만의 것이고, 네가 지켜야 해. 그러니까 이룰 수 없다고 하는 말은 듣지 마. 원하면 구하면 되는 거야. 다른 말 필요 없어."

강연이 끝나고 사무실로 돌아가기 위해 택시에 올라탄 나는 택시기사에게 이제 자유롭게 추억하고 이야기할 수 있는 다른 기억들을 이야기했다. 거리에 살던 이야기부터 두 10대 청소년을 홀로 키우는 이야기까지 별 이야기를 다 했다. 끝없이 늘어놓았다. 택시기사들은 내 심리치료사가 됐다. 안될 것 없다. 돈도 내는데 말이다.

그날 이후 나는 리처드 프라이어만큼 자유롭게 과거의 경험을 끌어내어 나 혹은 타인에게 유용한 무언가로 바꿀 수 있도록 애써왔다. 비록 가시를 모조리 뽑아내는 데는 꽤 오랜 시간이 걸렸지만 시작하자마자 가장 큰 해방감을 주었던 것은, 과거의 상처를 불러내 다시 여는 것이 극히 고통스러울지언정 더 이상 내가 무력하지는 않다는 발견이었다.

정말 기가 막힌 것은 그동안 과거가 나를 지배하고 있었다는 사실이다. 이제 나쁘고 추하고 좋고 행복했던 모든 기억과 대면함으로써 나는 힘을 되찾아오고 있었다.

어제에 대한 공포를 인정할 준비가 되어 있는 사람이라면 누구든지 이 교훈을 적용해 힘을 얻을 수 있다. 가장 처음 할 일은 자기 자신의 많은 부분을 외면함으로써 어떤 손해를 보고 있는지 상기하는 것이다.

화가인 소냐는 60대에 이것을 시작했다. 나는 소냐가 그린 일련의 자화상을 보고 매우 놀랐다. 소냐는 기이하고 색채가 다양한 집안에 있는 자신의 어릴 적 모습을 그렸는데, 수년 간 소냐는 그곳에서 일어난 사건들을 기억하기 꺼려했다고 한다. 평범하지 않았던 가족에 대한 기억 또한 한편에 치워두었다. 과거의 고통스러운 기억을 제외하면, 그 밖의 기억은 떠올릴수록 흐릿하고 헷갈렸다. 그러던 어느 날 어렸을 때 몇 시간이고 넋을 잃고 바라보던 아름다운 카펫과 골동품이 기억났다. 그러자 소냐는 주변 환경과 특이한 개성을 가진 식구들로부터 예술적 영감을 받곤 했던 자신의 모습을 그때까지 잊고 있었다는 사실을 깨달았다. 그 깨달음과 함께 소냐는 자신의 기억을 연속적인 여러 개의 그림으로 옮겼고, 그것은 소냐의 화가 인생에 무엇보다도 큰 성공을 안겨주었다. 소냐는 과거의 우물에서 자유롭게 물을 길을 수 있게 되자 인생이 바뀌었다고 내게 말했다.

무시무시한 어제의 지배로부터 해방되기 위해 두 번째로 할 일은 질문으로 무장하고 과거를 만나라는 것이다. 과거를 다시 체험하거나 옛 일에 사로잡히는 것이 목적이 아니다. 목적은 철저한 진상 조사다. 리처드 프라이어와 같이 무대에 홀로 나와 입담으로만 웃음을 주는 스탠드업 코미디언의 인터뷰를 봤다면 알겠지만, 그들은 이야기를 풀어내고 싶은 주제를 정한 다음 자신의 과거로 직행해 소재를 찾는다고 한다. 당신에게도 그럴 자유가 있다. 관심이 가는 주제나 생생하게 기억에 남는 경험을 글로 쓴 뒤 어제로부터 어떤 지혜와 삶의 교훈을 얻을 수 있는지 보라.

원한다면 우리 모두 우리 내부에 있는 리처드 프라이어를 받아들일 수 있다. 그렇게 함으로써 우리가 좌절과 어려움과 실패와 고난과 실수에 대응했던 방법을 새로운 눈으로 바라볼 수 있다. 그러면 당신은 자신이 생각했던 것보다 더 강인한 사람이라는 사실을, 이제 자신을 인정해주어야 할 때가 왔음을 느낄 수도 있다. 혹은 과거로부터 배운 것을 현재 상황에 적용하는 방법이 있을지도 모른다. 당신의 경우가 어떻든 무시무시한 어제를 더 이상 두려워하지 않는 데에서 오는 해방감을 즐기기 바란다.

12
나의 모든 경험은 소중하다

: 자기인식

얼마 전 은퇴한 지 얼마 되지 않은 월스트리트 시절 동료와 점심을 먹었다. 그는 가족과 더 많은 시간을 함께 보내며 책도 읽고 못 다한 취미생활과 자선사업도 할 예정이었다. 그러던 그가 이런 말을 했다.

"크리스, 은퇴를 했더니 내 평생 그 어느 때보다 괴로워!"

여느 성취욕이 높은 사람들과 마찬가지로 그 친구는 하루가 분 단위로 계획되어 있지 않은 것이 어떤 기분인지 미처 몰랐던 것이다. 자기가 죽으면 그것은 자유시간이라는 사치 때문일 거라고 그는 장담했다. 그게 아니라면 마누라 때문일 거라고. 아내가 제안하는 모든 것,

그러니까 집에서 새로운 사업을 시작하는 것에서 시작해 요트를 타고 세계 방방곡곡을 여행하는 것, 가까운 전문대학에서 강의하는 것, 우주물리학과 같이 실생활과 거리가 먼 학문을 공부하는 것까지 모두 의미 없게 느껴졌던 것이다.

그는 심리치료도 받아보았다고 했다. 정말 절박했다는 뜻이다.

"심리치료까지 받다니, 나 정말 심각해. 그건 미치광이들이나 받는 거잖아."

그런데 친구의 말에 의하면, 치료사는 그가 미친 것은 아니지만 과거에 대해 마음을 열 의지가 없다는 점을 문제 삼았다고 했다. 자신의 직업과 일체가 되어 있던 자신의 정체성을 직업을 상실하며 함께 상실하게 되었다는 것이 진단 결과였다. 홀로 집에 남은 그는 자신이 누군지 알지 못했다. 그의 일이 그의 존재였다. 일을 그만두었으니 존재하기를 그만둔 것이나 마찬가지였다.

오늘날 수많은 사람들이 자발적인 은퇴뿐만 아니라 다른 여러 이유로 일자리가 없어지는 과정에서, 자신이 생각하던 자신의 모습으로부터 갑자기 단절되는 경험을 한다. 자기정체성이 자기 직업에 달려 있을 때, 더 이상 일을 하지 못하는 데서 오는 충격은 엄청나다. 금융업계에서도 수만 명이 일자리를 잃고 '이제 무엇을 해야 할까'라고 묻는 데 그치지 않고 '난 누구일까'라고 묻고 있다. 그러나 일자리를 잃었다고 세상이 끝난 것은 아니다. 오히려 이를 기회로 삼아 인생에서 진정으로 가치 있는 일에 비중을 두고, 잃은 것에 연연하기보다 후천적 경험의 가치에 더욱 집중하는 계기로 만들 수도 있다.

나는 이러한 논리선상에서 친구를 다독였다. 자신이 낯설게 느껴지는 경험은 혼자만의 문제가 아니라고, 여러 사람들이 거기 공감하고 있다고 했다. 나 또한 비슷한 입장이 되어본 적이 있다. 정확히 해두자면, 나는 내 친구처럼 고집스럽거나 완고하지는 않았다. 과거에 대한 저항감을 극복할 수만 있다면 그 역시 해낼 수 있다고 나는 장담했다. 첫 번째 할 일은 자기인식을 찾아 떠나는 것이었다. 자기인식은 가시밭길의 끝에서, 그 길을 지날 용기가 있는 모든 사람들을 기다리는 커다란 보상이다.

그렇다면 자기인식은 어떻게 얻을까? 다른 모든 탐구 과정과 마찬가지로 먼저 공부를 해야 한다. 다만 자신의 역사를 공부해야 한다는 점이 다를 뿐이다. 나 또한 바로 이 논리로 내 자신을 설득했다. 그렇다면 자기인식으로 가기 위한 공부는 어디서 하면 좋을까? 나는 머릿속에 일종의 도서관을 그렸다. 웅장한 입구에 대리석 사자 한 쌍이 버티고 있는 뉴욕시립도서관의 아름다운 본관 건물과 같은 곳 말이다. 우리 모두가 자신만의 자료도서관을 갖고 있다고 나는 생각한다. 우리는 그곳으로 가서 우리 인생과 경험의 면면에 대한 모든 책과 기사를 필요한 대로 찾아볼 수 있다.

친구는 이러한 비유가 마음에 들었나보다. 그러나 그게 어디 말처럼 쉽겠느냐고 반문했다. 인터넷 검색엔진에 아무 단어나 입력하는 것과 다름없지 않겠냐고 했다. 과연 수백만 가지의 검색 결과 가운데 무엇이 의미 있는 결과인지 어떻게 알 수 있을까?

"좋은 질문이야."

나는 인정했다. 그러자 지극히 개인적인 인생 교훈 하나가 뚜렷한 형태를 갖추었다. 좋든 싫든 우리가 경험한 모든 것은 의미 있고 우리의 일부라는 것이다. 아인슈타인이 교육에 대해 말한 것과 같은 맥락이다. "모든 진정한 배움은 경험으로부터 온다. 그 밖의 모든 것은 정보에 불과하다." 그래서 나온 결론이 이것이다. 나의 자료도서관에 있는 모든 경험을 귀중히 여겨라.

    친구는 은퇴가 그토록 불편하게 느껴지는 이유를 찾기 위해 과거를 뒤지는 것이 시간낭비는 아닐 거라고 생각하고 실행에 옮겼다. 그 과정에서 그가 얻은 자기인식은 그가 아주 어린 시절 매우 외로운 아이였다는 사실이다. 혜택받은 삶을 누렸다고 생각했지만, 돌이켜보니 그는 부모님이나 형, 누나들보다 유모와 함께 더 많은 시간을 보냈다. 형, 누나들은 그가 학교에 들어갈 나이가 될 때쯤 독립했기 때문이다. 그는 가장 소중한 사람들을 정작 잘 모르고 있었음을 깨닫고 마음이 아팠다. 그러나 생각을 빠르게 실행에 옮기는 것이 장점인 그는 가족과 친척들에 대해 더 많은 것을 배우는 것을 해결책으로 삼았다. 그는 어느새 친가와 외가 모두의 광범위한 가계도를 작성하느라 바쁜 시간을 보내고 있었다. 물론 그의 잃어버린 어린 시절을 대체해줄 수 있는 것은 없었다. 그러나 지금 그 자리에서 시작해 자기 자신을 알아가는 즐거움을 느낄 수는 있었다. 그의 다음 계획은 웃어른들의 고향을 찾아 여행을 떠나는 것이었다.

    그러는 와중에 나는 나대로 자료도서관이라는 개념이 그토록 매력적으로 느껴지는 이유를 곰곰이 생각해 볼 수 있었다. 예상했던 대로 답변은 나의 어린 시절에서 찾을 수 있었다. 우리 어머니는 밀워키 시립 도서관 제도의 놀라운 효과를 홍보하는 데 천부적인 소질이 있었던 것이다.

도서관에서 많은 시간을 보내라고 격려한 것은 놀라운 일이 아니다. 어머니는 지식과 학업을 성공의 기본으로 생각하는 여느 부모와 다르지 않았다. 우리 집이 있던 가난한 흑인들이 모여 살던 동네에서는 높이 오르기 위해 말 그대로 윗마을로 가야 했다. 북쪽으로 1마일도 채 되지 않는 거리에 교육받은 흑인들이 막 이주해오고 있었기 때문이다. 한 도로를 경계로 그 위쪽에 살면 남보다 앞서 나가는 방법을 공부했다는 뜻이며, 사업을 차렸다는 의미이며, 학위를 받고 교사, 공무원, 변호사, 은행가, 의사와 같은 전문직 종사자가 되기 위해 노력했다는 의미였다. 그 경계의 아래에 살면 교육을 받지 못했거나 자신과 가족을 더 나은 위치에 놓을 수단을 갖지 못했다는 의미였다.

물론 우리 어머니에게 교육은 사회적 지위 상승을 위한 수단 이상이었다. 어머니는 교육을 받기 위해 집을 떠나 그토록 멀리 온 것이었고, 우리를 교육시키기 위해 모든 것을 희생했다. 혼란스러운 세상에서 납득할 수 있는 유일한 것이 교육이었다. 어머니에게 교육은 공기와 식량, 잠, 기도와 같이 필수적인 것이었다. 아인슈타인과 마찬가지로 어머니는 모든 배움과 기회를 귀중하게 여겼고, 교육에 대한 본인의 생각을 그 누구보다 강력하게 피력했다.

우리가 왜 도서관에 가서 놀아야 하는지에 대한 어머니의 홍보 전술은 독특했다. 안전한 환경에서 교양을 쌓으며 오후를 보내는 것이 좋겠다고 제안하는 대신 어머니는 이렇게 말하곤 했다.

"시립 도서관만큼 위험한 곳이 없다."

세상에서 제일 위험하다고? 내가 그 이유를 물으면 어머니는 이렇게 대답했다.

"왜냐하면 거기에 가면 무엇이든 배울 수 있으니까."

수년 후 나는 나의 최고 영웅 넬슨 만델라가 비슷한 말을 하는 것을 듣고 소스라치게 놀랐다. "교육은 세계를 변화시키는 데 사용할 수 있는 가장 강력한 무기입니다."

어머니는 그 말을 들어본 적도 없었을 테지만, 분명히 동일한 보편적 지혜의 샘으로부터 얻은 것 같았다. 어머니는 모르고 하는 말이 아니었다. 어머니는 내 앞길에 가로놓인 수많은 싸움에 도움이 될 큰 칼을 내게 쥐어준 것이다. 스승이라는 존재는 제자 스스로 보지 못하는 가능성을 볼 수는 있지만 제자에게 그것을 보여주거나 그곳까지 데려다줄 수 없기에 보이지 않는 장애물과 맞설 준비를 시켜주는 사람이라는 말을 들은 적이 있다. 만약 그 말이 옳다면 우리 어머니 베티 진 가드너는 내 인생의 오비 완 케노비였던 셈이다. 어머니는 내게 미래를 그려주지 않았다. 그러나 내가 넋을 놓은 채 미래의 가능성들을 그려보고 있을 때면 늘 격려하는 듯 말했다.

"또 헛것이 보이냐? 그래도 괜찮다. 네 영혼의 눈으로 보고 있다면 말이다. 네 눈에만 보인다면 남들 눈에 보이든 말든 무슨 상관이냐."

이것은 그러니까 내가 꿈을 이루지 않으면 그 꿈은 헛것에 불과하다는 의미로, 결국 희박한 가능성으로만 남아 유령처럼 나를 괴롭힐 것이라는 말이다. 그 운명을 피하려면 위험한 시립 도서관으로 향하는 방법이 있었다. 빽빽하게 들어찬 자료가 무료로 제공되는 곳, 무엇이든 배울 수 있는 곳이었다. 그 과정에서 나는 습득한 자료를 지혜롭게 활용하게 도와주는 자기인식 또한 얻을 수 있을 터였다.

어머니의 전략은 먹혀들었다. 오늘날까지도 나는 매일 서점에 들어가거나 신문 가판대 앞에 서야 한다. 그냥 지나칠 수가 없다. 어린 시절, 고향에 있는 지역 도서관에 들어갈 때면 가슴이 두근거리며 모험심이 발동했다. 높다란 천장과 윤이 나는 바닥, 콕 집어 말할 수 없는 퀴퀴한 냄새가 만들어내는 분위기는 내가 마치 스파이 영화의 주인공이라도 된 듯한 기분이 들게 했다. 나는 마치 탐정처럼 카드목록이 있는 곳으로 다가가 암호(실은 듀이 십진법)를 이용해 온갖 주제에 대한 책과 기사, 참고자료, 심지어 마이크로필름에 기록된 오래된 정보까지 캐낼 수 있었다.

자신만의 자료도서관으로 가상의 여행을 떠난다는 발상은 과거의 기록으로부터 귀중한 경험을 찾고 싶을 때 상상력의 힘을 동원하는 방법으로 실생활에 적용할 수 있다. 놀랍게 여겨질 수도 있겠지만, 당신은 이미 새로운 것을 배우고자 할 때 알아서 이와 같은 행동을 하고 있다. 삶이 새로운 국면을 맞이했을 때 과거라는 완성된 안내책자를 들춰보는 것은 자연스러운 반응이다. 내 경험으로 미루어봤을 때, 어려운 점은 바로 겉핥기식으로 끝나지 않고 서류철을 열어 그 속에 보관되어 있는 자기인식을 취하는 것이다.

네브라스카 주 오마하에 살고 있는 은퇴한 70대 여성이자 아내, 그리고 어머니이며 할머니기도 한 팻이 보내온 편지 한 통을 소개하겠다. 팻은 나의 (과거) 이야기를 읽고 자신의 이야기와 자신이 떠나온 곳을 더 면밀히 살펴보기로 결심했다고 한다. 팻은 성별이나 나이, 인종, 문화적 배경에 걸쳐 나와 공통점이라고는 찾아보기 힘들었지만, 삶의 여정에서 가장 힘겨웠던 시기는 비슷하다는 사실을 깨달았다.

팻은 세인트루이스에 있는 고아원에서 보낸 어린 시절을 기억했다. 팻의 어머니는 네 아이를 더 이상 부양할 수 없게 되자 고아원에 보낼 수밖에 없었지만 이틀에 한 번은 전차를 두 번이나 갈아타고 찾아와 아이들을 보고 갔다.

팻은 가벼운 스웨터만 입고 한겨울에 학교에 가던 기억을 떠올렸다. 사람들이 춥냐고 물으면 팻은 "하나도 안 추워요"라고 대답했다고 한다. 여동생이 병이 나 약이 필요했을 때, 팻은 돈이 없어 약을 사지 못한다는 상황에 좌절하지 않았다. 그래서 당시에는 아무도 하지 못했던 기발한 아이디어를 내 실행에 옮겼는데, 바로 골목을 뒤져 빈 우유병을 주운 다음 그 병을 한 개당 5센트를 받고 반납한 것이다. 팻은 끝내 약을 구했고 동생은 그 덕택에 병이 나았다. 팻은 그동안의 삶을 고통스러웠다고 생각하기는커녕 자신이 매우 큰 축복을 받았다고 이야기했다. 여러 해 동안 행복한 결혼생활을 할 수 있어서 감사하고, 훌륭히 자란 딸들과 손자 손녀들, 10대부터 시작해 다양한 일자리를 가질 수 있어서 감사하다고 했다. 과거를 돌이켜봄으로써 내재해 있던 자신의 강점과, 그 강점을 이용해 오랜 시간 지속된 고난을 이겨냈던 기억을 재발견한 팻의 사례는 매우 감동적이었다.

겨우 겨우 중학교는 마쳤습니다. 어떻게 그게 가능했는지는 아직도 알 수가 없습니다. 읽지도 못하고 셈조차 몰랐거든요. (…) 그러다 15년 전에 다시 공부를 시작했어요. 매일 밤 검정고시를 준비하며 읽기와 수학을 공부했지요. (…) 한참이 걸렸어요. 네 번이나 낙방했지만 결국 붙었습니다! 아직도 읽기는 수월하지 않지만, 할 수는 있습니다. 이렇게 가드너 씨께 편지를 쓸 수도 있고요.

과거를 되새기는 과정이 팻의 자기인식을 얼마나 고취시켰던지 팻은 편지의 끝에 최근 행복을 찾기 위한 새로운 사명이 생겼다고 적었다. 팻의 꿈은 자신과 마찬가지로 읽기나 쓰기를 배우지 못한 노인들을 위해 활동하는 것이라고 했다. 팻은 이렇게 지적했다.

"어느 아이도 뒤처지지 않게 가르친다는 교육 정책이 있죠. 나는 어느 연령도 뒤처지게 하고 싶지 않아요."

팻은 재력이나 학벌로 볼 때 많은 것을 가진 여성이 아니었고, 스스로 이를 담담하게 인정했다. 그러나 팻의 편지로 보아 팻에게 베풀 것이 많다는 사실은 분명했다. 팻은 이렇게 털어놓았다.

"나는 다른 이들의 고통을 느낄 수 있는 특별한 재능이 있습니다. 나 또한 그런 고통을 느껴본 적이 있으니까요. 나는 그런 이들에게 자신감을 주는 방법도 알고 있어요."

나이가 들어서도 문맹을 벗어날 수 있다는 가능성을 보여주기 위해 팻은 자신의 인생 이야기를 책으로 쓸 생각을 하고 있었다. 예전에는 꿈조차 꾸지 못했을 일이다. 팻은 책을 쓸 만한 끈기가 있다고 자신했다. 자료도서관에 다녀오지 않았다면 그런 수준의 자기인식은 가능하지 않았을 것이다.

팻에게도 이미 말했지만, 자신의 이야기를 글로 남기고 싶다는 생각을 한 번이라도 한 사람이 있다면 쓰라! 과거를 기억하고 활용하는 일을 은퇴 후로 미루어두어야 할 필요는 없다. 당신이 하고자 하는 이야기가 시장성이 있을지, 다른 이들이 공감할지 걱정하지 말라. 다른 이들과 나누어 마땅한 이야기라면 어떻게든 길을 찾을 것이다.

13
인생선 그리기

: 자기발견

　과거에 얻은 중요한 경험과 교훈이 보관되어 있는 나만의 자료도서관에 들어가 안내 데스크 앞에 서 있는 자신의 모습을 상상해 보자. 과거를 캐면 나온다고 하는 엄청난 보물이 과연 어디 있는지 알기 위해서는 안내가 필요하다고 가정하자. 그런데 그 역할을 안내 데스크에 앉아 있는 잘난 척하는 사서에게 맡길 게 아니라 당신이 직접 맡아보자. 13강에 담긴 교훈에 따라 인생선을 그리면, 도서관의 온갖 자료들을 질서 있게 정리할 수 있다. 그러면 인생선은 당신의 보물지도가 될 것이다.

내 말이 황당무계하다고 생각될 것이다. 나 또한 2003년 어느 비영리 재단의 전략설계 회의에서 같은 반응을 보였으니까. 그 자리에 있던 전략설계 전문가는 재단이 직면한 문제들을 이야기하기에 앞서 공동의 목표를 추구하는 과정에서 각자 어떤 역할을 하는 것이 좋을지 확인해야 한다고 했다. 그리고 각자 어떤 특별한 장점과 능력을 발휘할 수 있을지 알아보기 위해 우리에게 종이 한 장씩을 주고 그 위에 자기의 인생 이야기를 적으라고 했다. 그러더니 사인펜도 꺼내 돌렸다. 그 자리에 있던 여덟아홉 사람은 하나같이 난감한 표정을 주고받았다. 전문가는 말했다.

"간단해요. 인생선을 그리는 거예요."

불평이 시작됐다. 내 목소리가 가장 컸다. 우리들은 모두 할 일은 많고 시간은 없는 기업의 임원들이었다. 전략설계사는 우리 모두 인생에서 업무와 인간관계 면에서 특정한 위치에 와 있고, 거기까지 오게 된 사연이 있을 거라고 설명했다. 그리고 개개인의 이야기를 들어보는 것은 공적·사적인 관점에서 모두 중요하다고 고집했다. 조직의 역사를 정리하든, 사명선언을 하든, 이력서를 쓰든 말이다. 인생선을 그리면 개인의 이야기를 간추려 말하는 효과가 있다는 것이 그의 주장이었다. 그렇게 함으로써 우리를 이 전략설계 회의에서 모이게 한 중대한 사건들과 전환점, 디딤돌이 그려진 보물지도가 완성된다고 했다.

나는 잘 이해되지 않았다. 그러나 전문가는 맞고 틀리는 것은 없으니 별 생각하지 말고 그냥 그리라고 권했다. 중요한 것은 기억할 수 있는 가장 오래된 기억부터 시작해 단어를 쓰지 말고 최대한 시각적으로 표현하되, 모든 구불구불하고 울퉁불퉁한 굴곡, 상승과 하강, 높은 곳과 낮은 곳을 포함하는 것이었다. 종이 한 장으로 부족했지만 어쨌든 다 끝내자마자 나는 내가 그린 인생선을 들여다보았다. 샌프란시스코 지하철 노선도가 생각났다. 아들과 함께 지하철에서 잠을 잤던 기억도 떠올랐다. 우리는 지하철을 타고 종점까지 갔다가 다시 돌아오곤 했다. 처량한 기억이었지만 노선도에 있는 모든 정거장이 나의 성장과 전진에 필요했음을 알 수 있었다.

그동안 걸어온 길을 되새겨보자 속에서 다양한 감정이 복받쳤다. 내 어린 시절이 기억처럼 어둡고 황량하지만은 않았으며, 거기 있었던 찬란한 순간들을 그동안 잊고 있었음을 깨달았다. 전문가는 다음으로 우리가 그린 그림에 제목을 붙이라고 했다. 나는 한 가지밖에 생각나지 않았다. '목적의 추구.'

선의 형태는 각각 달랐지만 다른 사람들 역시 종이에 살아온 이야기를 그리면서 발견한 것들에 한껏 고무되어 있었다. 어떤 이의 인생선은 바다 위 파도 같았고, 어떤 이의 것은 뾰족하게 솟은 여러 개의 벼랑 같았다. 어떤 그림에는 날카로운 직선과 부드러운 곡선이 함께 있었다. 그러나 무엇보다 흥미로운 사실은 전략설계 전문가가 재단의 단기적·장기적 목표들의 구체적인 사항에 대해 회의를 이끌어가자 우리는 인생선을 그리기 전보다 훨씬 더 짜임새 있게 협동해 나갔다는 것이다. 우리는 인생선을 통해 서로의 이야기를 알았고, 따라서 상대방의 경험에서 나오는 이야기를 더욱 존중할 수 있게 된 것이다. 자신과 상대방에 대해 새로운 발견을 한 뒤에 재단의 나아갈 방향을 논의하니 전보다 좀 더 뚜렷하고 결과지향적인 토의가 가능했다. 나는 부인하지 않았다. 내가 무지했던 것이다!

나중에 그 전략설계사의 이야기를 들어보니 외상 후 스트레스를 겪고 있는 사람들을 대상으로 심리상담을 할 때 이 방법을 개발했다고 한다. 자신의 경험 밖에 서서 말보다 그림으로 그 경험을 표현하면, 그 경험이 준 고통과 적당한 거리를 유지하면서도 그 경험을 살펴보고, 그것이 미친 실제적인 영향을 발견하기 쉬우리라는 착상에서였다. 전략설계사는 그후 빠른 시간 안에 그들의 조직 역사에 대해 의견일치를 끌어내는 것이 필요한 기업이나 조직, 단체에 이 방법을 적용했다. 회사나 조직이 존재 의미를 재발견하거나 새로운 성장모델에 따라 전략을 수정해야 하는 경우, 큰 손실을 회복해야 하거나 처음부터 새롭게 시작해야 하는 경우 실제로 적용했다고 한다.

이 교훈의 취지는 과거를 신선한 눈으로 바라보자는 것이다. 내가 나의 개인적인 인생선을 보면서 발견한 것들 가운데 하나는, 특정한 사건에 대한 기억을 피해왔거나 쓸데없이 집착해온 경우 그것이 인생선 위에 드러났다는 점이다.

당시 길에서 지낸 1년의 기억은 비록 입에 올리지는 않았지만 내 안에서 지나치게 오래 머물러 있는 상태였다. 나는 내가 샌프란시스코에 출장을 갈 때마다 유니언스퀘어 공원이 보이는 호텔방을 고집해왔다는 사실을 깨달았다. 그 공원은 내가 아들과 함께 수많은 밤을 보낸 곳이었기에, 나는 그곳을 바라보며 다시는 그곳으로 돌아가지 않으리라 다짐하고 또 다짐해야 했던 것이다. 다른 한편으로 나는 내가 쌓아 올린, 나와 아이들의 삶 속에 있는 모든 좋은 일과 기쁜 일, 안정과 평온을 언젠가 빼앗길지도 모른다는 두려움 속에 살고 있었다. 나는 일종의 심리적 방어기제로서 그 호텔방에 묵으며 내가 머물렀던 곳을 내려다보면 과거의 불행을 다시는 허용하지 않을 만큼 철저한 긴장 상태에 놓일 것이라고 생각했던 것 같다. 인생선을 그리고 나서 나는 쓸데없는 두려움에 사로 잡혀 있었음을 깨달았다.

그 깨달음은 귀신을 쫓는 푸닥거리만큼이나 효과적이었다. 다음에 샌프란시스코로 출장을 가게 되었을 때 나는 도시 반대편에 있는 호텔에 방을 잡았는데, 정말 근사했다! 앞으로도 계속 같은 곳에 묵을 생각이냐고? 그럴 수도 있고 아닐 수도 있다. 중요한 것은 내게 선택권이라는 선물이 주어졌다는 사실이다.

얼마 후 나는 소년원에서 강의를 하게 되었고, 그곳의 아이들에게 인생선을 그려보게 함으로써 발견의 힘을 시험해 보리라 마음먹었다. 소년원에 있는 아이들에게 어떻게 그 자리에 오게 되었는지 선으로 표현해 보라고 했다. 곧 사회에 복귀하기로 예정된, 다시는 같은 실수를 저지르지 않겠다고 맹세하던 어느 청소년은 나에게 자신의 그림을 주고 책에 실어도 좋다고 허락해주었다.

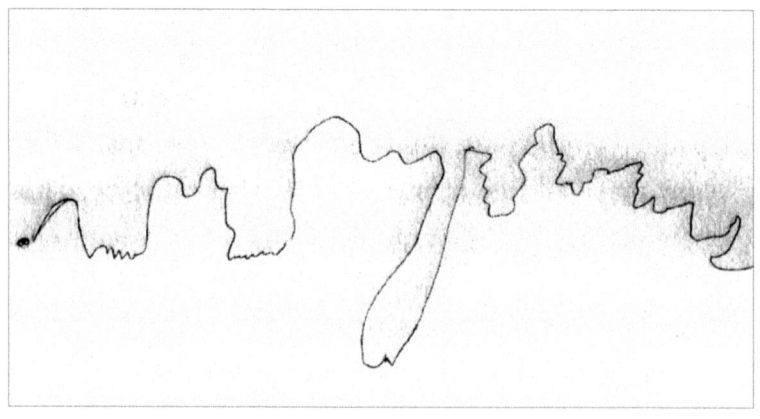

소년은 그림에 설명을 붙이면서, 가장 높은 지점은 '훌륭했다,' 가장 낮은 지점은 '방황했다'고 표현했고 어떤 상승선은 '괜찮았다,' 또 어떤 하강선은 '불안했다'고 표현했다. 소년은 더 밝은 미래를 원하고 있었다. 그러나 그의 그림이 보여주듯 그는 자신이 없었다. 내가 그 소년에게, 그리고 이 그림 그리기 과제를 특별히 마음에 들어 했던 다른 아이들에게 제안한 것은, 다시금 과거를 뒤돌아보고 선의 방향과 굴곡에, 그러니까 좋았던 일과 나빴던 일과 추했던 일에 영향을 미친 자신의 선택이 있었던 지점에 X표를 하는 것이었다. 자신의 선택이 선의 모양을 좌지우지했으며 그 반대가 아니었다는 사실을 인정하지 못하는 아이들은 많지 않았다.

다음 단계는 앞으로의 선택이 아직 그려지지 않은 선의 모양을 결정할 수 있다는 것을 인정하는 단계였다. 곧 사회로 복귀할 예정이었지만 나가서 어떻게 지낼지 자신이 없던 소년이 발견한 것은 동일한 연필로 새로운 종이 위에 앞으로 남은 인생의 선을 그릴 수 있다는 사실, 그리고 그것은 과거에 '훌륭했던' 일들로 이어진 올바른 선택을 반복함으로써 가능하다는 사실이었다.

당신도 눈 딱 감고 과감히 인생선을 그려보기 바란다. 위에서 내려다보면 지형도를 볼 때와 마찬가지로 중요한 전환점이나 특정한 시기가 가장 먼저 주의를 끌 것이다. 중대한 결심을 했던 자리, 고생했던 자리, 넘어졌던 자리, 다시 일어났던 자리, 또 너무 오래 머물렀던 자리를 표시해 보라. 그러면 우리는 혼란과 불안, 혹은 권태 가운데서도 나만의 일관된 질서와 형태, 방향이 있었다는 점을 발견할 수 있다. 살면서 얻은 경험을 교훈으로 삼은 경우, 아니면 교훈으로 삼지 못해 오히려 피해를 본 경우 역시 인생선 위에 드러난다.

인생선은 머릿속에 그려볼 수도 있고 내가 전략설계사와 했듯 종이 위에 그려볼 수도 있다. 필요한 것은 본인의 보물지도 제작 능력에 대한 믿음뿐이다. 어렵지 않다. 나의 인생 이야기를 내 마음대로 하면 되는 것이다.

내가 이와 같은 인생선을 보물지도라고 생각하는 이유는, 우리의 인생, 우리의 이야기의 흐름에 형태와 방향과 목적이 있음을 보여주기 때문이다. 인생선을 이루는 모든 순간들이 곧 교훈이다. 선은 그것이 반영하는 사건이나 추억에 따라 동그라미를 그리든, 뒤로 후퇴하든, 곤두박질치든, 상승하든, 절정을 치고 내려오든, 평평해지든 할 것이다. 하나도 빼먹지 말라. 굴곡을 그리는 것도 잊지 말라!

어떤 방식으로 지도를 그리든 당신을 기다리는 자기발견이라는 보물은 바로 존재의 이유라고 할 수 있다. 당신의 인생선은 당신의 모든 경험과 고통과 즐거움에 의미를 부여하고, 고개를 돌려 전체적인 도안을 볼 수 있게 한다. 별개인 것 같던 조각들이 어떻게 직소 퍼즐처럼 맞아 들어가는지, 사소한 변화가 어떻게 여정의 모든 것을 바꾸게 되는지. 인생선을 그리는 것은 곧 자기발견이자 자신에 대한 세 가지 황금 같은 진실을 확증하는 것이다. (1)나는 배우고, 사랑하고, 사랑받기 위해 이 세상에 존재한다. (2)나는 형태와 방향, 목적이 있는 나만의 의미 있는 이야기의 주인공이다. (3)내 인생에 있는 모든 사물과 사람들에는 이유가 있다.

주의사항을 덧붙이자면, 이러한 진실을 액면 그대로 받아들이지 말기 바란다. <u>스스로 발견해야 한다.</u>

14

나는 누구의 자식인가

: 정체성

한참 전 플로리다의 어느 기금 마련 행사에서 강연했을 때의 일이다. 행사 주최 측의 한 여성과 이야기할 기회가 있었는데, 여자의 이야기는 우리가 우리 자신을 바라보는 눈에 관한 것이었다. 바로 진정한 정체성을 되찾기 위한 열쇠는 우리 과거에 있다는 내용이었다.

여자는 여러 해 동안 자신의 참된 꿈을 이룰 능력이 없음을 가슴 깊이 느껴왔으며, 그에 대한 보상심리로 살아왔다고 고백했다. 50대 후반의 나이에도 여자는 아름다웠고 매력적이었으며, 성공적인 행사 기획자이자 지역사회의 일꾼이었고, 아내이자 어머니인 동시에 할머니이기도 했다. 그밖에도 열정적으로 추구하고 있는 관심사가 많았다. 그럼에도 여자의 꿈은 자신의 창의적인 아이디어를 내세워 사업을 하는 것이었다. 그런데 여자가 목표를 추구하기 위해 의미 있는 첫 걸음을 내딛고자 할 때마다 무엇인가가 그를 붙들곤 했다.

내가 "그 불안감은 어디서 온 걸까요?" 하고 묻자, 여자는 잘 모르겠다는 듯 어깨만 으쓱하고 웃었다. 그러다 곧 웃음을 멈추고 오랫동안 자신을 괴롭혀온 한 가지 사실을 털어놓았다.

"제가 어렸을 때, 엄마는 제가 실수로 생겼다고 했어요."

여러 형제 가운데 막내였던 여자는 부모가 서로에 대한 열정이 사그라졌을 무렵 태어났다고 한다. 게다가 그들은 식구를 늘릴 생각도 없었다. 여자는 부모가 잠자리를 같이 한 흔치 않은 밤에 어쩌다 생긴 것이다. 여자가 말했다.

"정말 잔인한 말 아니에요? 실수로 태어났다니, 원하지 않았다니."

나는 수긍하며 농담일지라도 잔인하고 용인할 수 없는 말이라고 했다. 그런 뒤 내 양아버지가 나를 나무라며 생부가 나를 버렸다는 사실을 부단히 강조했을 때 나 또한 같은 고통을 느껴본 적이 있다고 털어놓았다. 나는 언젠가부터 스스로에게 하기 시작한 말을 그 여성에게도 해주었다.

"나한테는 당신을 만난 게 실수가 아니에요."

그러고는 포옹을 해주었다. 그것은 우리 둘을 위한 포옹이었고, 존재를 무시당하는 모든 아이들을 위한 것이었다.

"그렇게 말해줘서 기뻐요. 나도 나를 만난 게 실수가 아니거든요!"

우리는 그 여성의 어머니가 했던 말과 같이, 우리 자신과 아무 상관없는 바보 같은 말 한마디가 우리의 정체성에 구름을 드리울 수 있다는 것에 대해 이야기했다. 대부분의 어린이들은 자신감을 떨어뜨리는, 악의가 없다고 해도 부정적인 말에 대해 자신을 방어할 수 있는 능력이 없다. 어른으로서 우리의 책임은 그러한 말을 아이들에게 하지 않기로 의식적인 선택을 하는 것이며, 또한 우리 자신에 대해 누군가가 늘어놓은 잔인하고 생각 없는 말들을 거부하고 어깨에 앉은 비듬처럼 팍팍 털어버리는 것이다!

물론 우리의 성장 배경에서 기인한 정체성을 거부하기란 쉽지 않다. 부모와 연결된 정체성을 거부하기란 특히 어렵다.

그 어려움에 대해 곱씹어보자니, 당시 누군가 내게 선물한 시인 니키 지오바니의 책이 떠올랐다. 고등학교 때, 그러니까 세상이 나의 정체성에 대해 부정적인 메시지를 보내고 있을 무렵 그의 시구 하나를 외면 자신감이 솟구치곤 했다.

나는 정말 완벽하고, 정말 거룩하고, 정말 영묘하고, 정말 환상적이네.
누구도 내가 허락하지 않으면, 나를 파악할 수 없다네.
I am so perfect so divine so ethereal so surreal
I cannot be comprehended except by my permission.

지오바니가 최근에 낸 책 역시 정체성 문제를 다루고 있다. 그러나 관점은 전혀 다르다. 제목이 《나의 여행길에: 영가를 통해 알아보는 미국 흑인 역사 On My Journey Now: Looking at African American History Through the Spirituals》인 이 책은 역사 공부의 필요성도 강조한다. 그것이 노예제도와 무력감이 만연했던 어두운 시대를 들여다보는 힘겨운 일일지라도 말이다.

니키는 서두에, 처음으로 미국에 끌려와 노예가 된 아프리카인들이 어떻게 살아남았는지, 그뿐 아니라 어떻게 후손들을 통해 번성했는지 묻고 있다. 광기에 의해 그 존재를 철저히 지배당한 사람들이 어떻게 정신이 온전할 수 있었는지 묻고 있다. 그들이 지켜낼 수 있는 유일한 한 가지, 즉 그들의 정체성을 지켜냄으로써 가능했다는 것이 니키의 생각이다. 정신을 놓지 않기 위해 그들은 자신의 정체성과 노예 상태라는 조건을 분리시켜야 했다. 그렇다면 그들은 어떻게 스스로 누군지 알 수 있었을까? 어떻게 나와 타인에게 '나는 이런 사람이다'라고 말할 수 있었을까? 그것은 바로 아이들에게 노래라는 영적인 포도덩굴을 가르쳐줌으로써 가능했다고 니키는 쓰고 있다. 노래들은 이렇게 가르치고 있다. "네가 누구냐고 묻는다면 신의 자식이라고 대답하여라."

이 메시지는 다양하게 변형되어 스스로를 절대로 노예라고 부르지 말라, 누구에게도 노예의 자식이라고, 혹은 주인의 소유라고 말하지 말라는 메시지로 각인되었다. 신의 자식은 실수로 생긴 것도, 정욕이나 강간의 소산도 아니며, 배우고 사랑하고 사랑받기 위해 이 세상에 있도록 운명 지워진 사람이기 때문이다.

나는 플로리다에서 사귄 친구에게 지오바니의 책을 소개했고, 14강의 핵심이기도 한 질문 '나는 누구의 자식인가'를 활용하는 방법도 알려주었다. 친구는 내 의도를 곧바로 이해하고는 웃으며 대답했다. "나는 신의 자식입니다."

여기에 친구는 종교를 갖고 있지 않다고 덧붙였다. 종교는 없지만 그와 같이 대답함으로써 친구는 세상의 일부가 된 느낌이 드는, 자랑스러운 정체성을 갖게 되었다고 했다.

따라서 '나는 누구의 자식인가?'라는 물음에서 얻을 수 있는 가르침은, 내가 어떤 환경 속에서 세상에 태어났고, 지금 이 세상 어디에 살든지 스스로 나의 소속을 고르고 부모를 정할 수 있는 선택의 자유를 갖고 있다는 것이다. 자신을 신의 자식이라고 생각할 수도 있지만 우주의 자식, 최고의 어머니 신인 자연의 자식이라고 생각할 수도 있는 것이다. 요점은 내가 지금 여기 있다는 것이고, 전체적인 설계상 빠질 수 없는 존재라는 것이다. 나는 이 세상 전체에 필수 불가결한 존재이다.

흑인들의 영가가 사람들을 살릴 수 있었던 것은 사람들이 살아남으리라는 굳은 믿음을 갖고 그 노래를 불렀기 때문이다. 언젠가 해방될 것이라는 믿음은 그들의 정체성의 중요한 일부가 되었다. 그들은 모두 신의 자식이며, 사랑이 인도하고 있으니 어느 날 뒤돌아보면 모든 여정에는, 그것이 아무리 극심한 고난이었을지라도 이유가 있었음을 깨달을 수 있으리라고, 영가는 말하고 있다.

만약 당신의 정체성이 어렸을 때 전달받은 잘못된 메시지로 인해 해를 입었다면 당신은 언제든 그 메시지를 거부할 수 있다. 당신이 누구의 자식인지 묻고, 당신이 타당하다고 생각하는 방식으로 대답할 자유가 바로 당신에게 있는 것이다. 어떻게 대답하든, 당신의 하나밖에 없는 인생 여정에서 당신의 정체성은 당신이 쟁취할 용기만 있다면, 그 어떤 별보다 찬란하게 반짝이는 별과 같을 수 있음을 기억하라.

15
나만의 창세기를 살펴보라

: 용서

수년 전, 그러니까 월스트리트에서 직장생활을 하기 전 의학연구에 몸담고 있을 때, 나는 의사의 진료를 받으러 온 사람들의 50퍼센트 이상이 물리적인 원인이 없는 증상을 겪고 있다는 내용의 논문을 본 적이 있다. 의학 전문가들에 따르면, 증상은 실제지만 진단은 내릴 수가 없다고 한다. 그들은 증상을 유발하고 있는 실제 원인이 스트레스라고 주장했다. 분노, 걱정, 두려움을 비롯해 어릴 때부터 환자들을 괴롭힌 다양한 감정들이 증상을 일으킨 것이다.

그러다 최근 데이브 클라크 박사의 《어디가 잘못됐는지 모르겠답니다!They Can't Find Anything Wrong!》라는 책에 대해 알게 되었다. 스트레스로 인한 질병을 연구해온 박사의 입장은, 뚜렷한 진단에 이르지 못한 증상의 경우 기억의 힘을 빌려 과거로 돌아가 어린 시절부터 스트레스를 유발해온 요인을 찾아야 한다는 것이다. 대부분의 경우 박사의 환자들은 완전히 회복되는 데, 그것은 육체적 증상이 오기 전에 먼저 정신적 고통이 있었음을 깨닫기 때문이라고 한다. 그러한 깨달음은 환자들이 처음 고통을 유발한 경험이나 사람을 용서하는 데까지 이어진다고 클라크 박사는 말한다.

여기서 우리가 알 수 있는 것은, 가시가 돋친 것이 뻔하지만 그 속에 황금을 품고 있는 '과거의 가르침'이 용서로 가는 길을 닦아줄 수 있다는 사실이다. 자기를 용서하는 것 또한 포함해서다. 물론 우리 모두가 과거에 받은 스트레스로 인해 육체적인 통증을 호소하고 있지는 않다. 그러나 우리가 짐처럼 이고 다니는 과거의 상처와 미움, 다양한 형태의 분노와 죄책감에 대해 어떻게든 대처하지 않으면 현재의 행복을 있는 그대로 경험하지 못한다는 것을 인정해야 한다.

또 다른 한편으로 부당한 대접을 받았다고 느껴질 때 용서라는 언덕은 오르기 힘들 수 있다. 그렇다면 어떻게 시작해야 할까? 나는 스스로 해답을 구하기 위해 반추하고, 묻고, 또 책을 읽었다. 내 어린 시절에 누가 가장 많은 상처와 스트레스를 주었느냐는 문제에 대해서는 폭력적인 양아버지 프레디였다고 망설이지 않고 말할 수 있다. 어린 나이에도 나는 어떻게 그같은 사람에 의해 내 어린 시절의 수많은 긍정적인 측면이 짓밟힐 수 있는지 궁금해 했다. 시간이 지나자 나는 이렇게 묻기 시작했다. 만약 우리 인생에 등장하는 모든 사람들이 우리에게 무언가를 가르쳐줄 수 있다면, 프레디와 같이 부정적인 세력이 거기 포함된다는 것이 어떻게 말이 되는가? 해답은 성경 안에, 에덴동산에서 기원한 인류의 이야기 속에 있었다.

많은 사람들이 교회 주일학교나 문학과 미술을 통해 다양한 해석으로 접했을 에덴동산 이야기를 다시 만나고나서 나는 눈이 번쩍 뜨였다. 처음으로 그 이야기를 나뿐 아니라 다른 이들에게도 개인적으로 의미 있을 수 있는 이야기로서 바라보게 된 것이다. 에덴동산의 이야기가 과연 인간의 조건, 그리고 타인과 자기를 용서할 수 있는 능력에 대해 무엇을 가르쳐줄 수 있을까?

이야기를 통해 우리는 아담과 이브와 만나는 동시에 에덴동산이라는 낙원으로 들어간다. 아담과 이브는 행복하기 위한 모든 조건을 풍부하게 갖고 있다. 하나님이 그들을 사랑하고 보호하고 인도하고 있으며, 목적 또한 부여해주셨다. 그것은 다름이 아니라 에덴동산을 즐기고, 일구고, 가꾸는 임무였다. 한 가지 규칙만 어기지 않으면, 그러니까 먹으면 죽는 선악과만 먹지 않으면 아담과 이브는 에덴동산에서 늙지도 않고 죽지도 않고 영원히 살 수 있었다. 그런데 낙원에는 부정한 세력이 함께 머물고 있었다. 그 존재는 이브로 하여금 규칙을 깨고 금지된 열매를 맛보라고 부추기고 유혹한다. 먹어도 죽지 않을 뿐 아니라 하나님과 같은 눈으로 볼 수 있는 힘을 주어 선과 악을 알게 된다고 이야기한다. 이브가 사과를 먹자 아담도 따라 먹는다. 불복종의 결과는 물론 심각하다.

하나님은 아담과 이브를 용서하지만 처벌을 면해주지는 않는다. 하나님은 자신의 죄를 덮으려고 했다가 다시 이브에게 뒤집어씌우려고 한 아담이 특히 마음에 들지 않았다. 부정한 세력의 역할이 드러나자 하나님은 그 존재에게 저주를 내려 영원히 뱀으로 살며 낮디 낮은 곳에서 배를 끌고 다니게 만든다. 더 나아가 그 뱀의 자손에게도 저주를 퍼부어 번성할 가능성조차 남겨두지 않는다. 그러나 하나님은 아담과 이브에게 저주를 내리거나 그들을 버리지 않는다. 하나님의 말씀에 복종하지 않고 유혹에 빠진 것에 대한 처벌은, 에덴동산에서 살며 생명나무의 열매를 먹고 불멸의 존재로 사는 대신 동산을 떠나는 것이었다. 그들은 에덴의 동쪽 어딘가로 추방당하는데, 오늘날 어떤 이들이 '최초의 마을'이라고 부르는 그 세상에서 그들은 척박하고 가시덤불로 뒤덮인 땅에 농사를 지어야 하고, 언젠가 죽게 된다. 필멸의 존재로서 고난을 겪어야 하는 것은 분명하지만, 그들은 선과 악, 옳고 그름을 판단할 수 있는 신적인 능력을 유지하게 된다. 그 앎을 어떻게 이용할 것인가에 대해서는 선택권, 즉 자유의지가 주어진다. 그것이 인간이 받은 선물이다.

그들의 아버지이자 조물주는 떠나지 않는다. 여전히 같은 자리에서 그들을 인도하고 사랑하며, 필요할 때마다 기적적인 도움을 준다. 그러나 그들은 스스로 자신의 길, 자신의 목적을 설정해 가능성을 실현할 방법을 찾아야 한다.

이 이야기에서, 그리고 우리의 이야기에서 뱀의 역할은 매우 흥미롭다. 용서에 대해 배워야 할 점은 바로 부정한 세력을 탓할 수는 없다는 것이다. 그렇게 되면 우리도 똑같은 수준으로 떨어진다. 당신이 자란 환경에도 당신을 끌어내릴 수 있는 부정적인 영향력을 행사하는 존재가 있었을 것이다. 그것은 당신으로 하여금 말초적 본능에 반응하도록 유혹했을지도 모른다. 그 존재는 인간이 아니라 당신이 자라난 환경과 방식에 내재되어 있었을 수도 있다.

창세기 속 뱀을 나의 양아버지와 연결시키는 것은 힘들지 않았다. 진화적인 관점에서 볼 때 그 사람은 확실히 인간 이하였다. 문맹에다 알코올중독이었고 폭력적이었으며 그 어떤 도덕의식도 없었다. 무력하다는 사실에 늘 화가 나고 두려웠던 나에게, 그의 분노에 분노로 맞서고자 하는, 그렇게 함으로써 그와 똑같이 되고자 하는 충동은 언제나 있었다. 그러나 자유의지라는 선물은 나로 하여금 다른 길을 선택하도록 해주었다. 시간이 흘러 나는 그가 내 삶에 들어온 이유가 하지 말아야 할 것을 가르쳐주기 위해서가 아니었을까 생각하게 되었다. 프레디처럼 되지 않겠다는 나의 결심은, 내가 그보다 낫다는 것을 보여주기 위한 것이었을까? 그 오랫동안 내가 쓸모없는 놈이라고 말해온 것에 대한 복수나 반박이었을까? 그건 아니다. 그랬다면 그 결심은 내 자신을 강화하겠다는 선택이 아니라 프레디에 대한 비난이었을 것이다.

같은 선상에서, 나는 나만의 창세기에 나의 아버지가 등장하지 않는 이유도 이해하게 되었다. 나는 대물림되는 악순환을 끊고 아버지와 다른 길을 택하기로 결심했다. 그렇다고 해서 아버지의 빈자리와 상처가 잊혀진 것은 아니지만, 궁극적으로 용서할 수 있게 되었다.

용서는 해도 잊지는 않겠다고 결심할 수 있기에, 나는 더 이상 상처와 분노라는 짐을 지고 다니지 않아도 된다. 성인이 된 지금 스트레스로 인한 질병이 없는 것 또한 감사할 일이다.

현재의 일이 계기가 되었지만 오래전에 벌어진 보다 큰 일과 관계

되어 있을지도 모르는 스트레스로 인해 고통받고 있다면, 나만의 창세기를 살펴보는 것이 여러 깨달음을 줄 것이다. 만약 어떤 어두운 존재의 영향력이 당신을 제한했다면, 그 영향력을 이해하는 것만으로도 짐을 덜 수 있다. 유혹에 이끌려 저지른 잘못이나 실수가 있거나, 스스로를 제한하고 말초적 본능에 몸을 맡겼던 기억이 있다면, 아담과 이브의 타락이 주는 교훈을 기억하라. 그것은 우리가 인간이며 신이 아니라는 것이다. 그럼에도 우리는 티끌만큼이나마 신의 능력을 간직하였으므로 타인을 용서하듯 우리 자신도 용서할 수 있다.

용서라는 행위에 덧붙여야 할 주의사항이 있다. 연습과 집중력이 필요하다는 것이다. 다시 강조하지만, 잊지 못해도 용서는 할 수 있다는 것이 요점이다. 둘은 별개의 행위다.

16

내 안에
누가 사는가

: 믿음

행복의 추구에 대해 헨리 포드가 남긴 명언이 있다. "어떤 일을 해낼 수 있다고 생각하든 해낼 수 없다고 생각하든, 옳은 생각이다. Whether you believe you can do a thing or not, you are right."

맞는 말이다. 어떤 목적을 추구하든 자신에 대한 믿음이 가장 중요한 요소임은 의심할 여지가 없다. 실제로 대부분의 질의응답 시간에 자신에 대한 믿음이 어디서 오는지, 자신의 가능성에 대한 확신을 키우는 법은 무엇인지, 그리고 자신감이 모두 사라진 듯한 때에 그것을 되찾는 방법은 무엇인지에 대한 질문은 곧잘 등장한다.

대단히 감사하게도 내 어머니가 내게 보낸 가장 중요한 메시지는 내가 '할 수 있다'는 것이었다. 내가 믿고 조언을 구한 여러 사람들과 스승들도 같은 이야기를 해주었다. 나를 사랑하고 내가 잘되기만을 원하는 사람들이라는 것을 알았기에 나는 그들을 믿고 나에 대한 그들의 믿음을 신뢰했다. 공식에서 빠질 수 없는 변수는 '믿음'이다.

'내 안에 누가 사는가?' 하는 물음은 어려운 시기를 극복하고, 좋은 시기에는 더 잘되기 위해 애쓰는 와중에 사적·공적 인간관계에서 생기는 다양한 신뢰의 문제를 조명하기 위한 것이다. 또한 과거의 인간관계가 앞으로의 우리 인생에 영향력을 행사할 수 있다는 사실을 경고하기 위함이다.

오리건 주에서 사인회가 있던 어느 날 밤, 사인회과 끝나고 내게 다가온 댄과 짐이라는 두 남자와 함께 이 주제에 대해 인상적인 대화를 나누었다. 두 사람은 같은 유통업체에서 관리직을 맡고 있었는데, 두 사람 다 영업점 폐쇄로 인해 해고 통지를 받은 상태였다. 새로운 직장을 구하는 데 있어 두 사람은 각기 다른 형태로 불신의 문제를 겪고 있었다.

댄은 자신이 새로운 직장에 적응할 능력이 충분하다고 굳게 믿고 있었다. 그러나 기회는 점점 줄어드는 듯하고, 그를 이끌어주고 문을 열어줄 믿을 만한 사람을 알고 있지 못했기 때문에 새 직장을 구할 가능성에 대해 비관적이었다. 반면 짐은 말만 하면 일자리를 구해줄 믿을 만한 친구들과 지인, 연줄이 있었다. 그러나 자신이 그들의 믿음에 부응할 수 있을지 확신이 서지 않았다. 짐의 마음속 깊은 곳에는 다른 직장에 적응할 수 없으리라는 불안감이 깔려 있었기 때문이다.

두 사람은 어떻게 그토록 상이한 형태로 불신의 문제를 겪게 된 걸까? 그들의 과거와 그들 안에 누가 살고 있느냐는 물음에 대한 대답에 단서가 있었다.

댄의 가장 중요한 인생 스승이었던 아버지는 댄이 고등학교를 졸업한 날 밤 돌아가셨다. 그때까지 댄은 자신이 사람들을 대체로 좋아하는 무난한 아이라고 여겼다. 그러나 아버지의 빈자리를 채워줄 또 다른 스승이나 지지자가 나타나지 않자 기댈 곳은 자기자신밖에 없다고 생각했다. 인간관계는 탄탄했고, 결혼생활 또한 행복했으며 자랑스러운 아버지였던 댄은 언제나 자신을 해결사라고 생각했고, 다른 이로부터 안정감을 느끼고자 하지 않았다. 사실 댄의 아버지도 그랬다. 자신의 이야기를 하면서 댄은 웃을 수 있었다.

"내 문제는, 내가 존경하는 사람들에게 도움이나 지도를 요청하지 않는다는 겁니다. 나는 늘 남들에게 도움을 주면서 말이죠."

이 말과 함께 그의 기분이 한결 나아지는 것을 볼 수 있었다.

짐은 자신의 어린 시절이 완벽에 가까웠다고 설명했다. 농구팀에서는 없어서는 안될 선수였으며, 학생회장이기도 했고, 유치원 때부터 늘 학교의 인기인이었다. 그의 내면에 누가 살았는지 살펴보자 여러 사람을 꼽을 수 있었는데, 부모님과 선생님, 친구들, 그리고 여자친구들은 모두 그가 큰 인물이 될 것이며 무엇을 하든 성공하리라는 메시지를 보냈다고 한다. 문은 늘 그를 향해 활짝 열려 있었다. 부탁할 일이 있거나 누군가에 의지해 연줄을 대야 할 때에도 아쉬운 경우가 없었다. 그러나 짐은 자신이 그런 찬사를 받을 자격이 있는지 확신할 수 없었다고 털어놓았다. 그는 이렇게 덧붙였.

"높은 기대에 부응해야 된다는 생각은 정말 사람을 힘들게 해요."

그는 성인이 되어 맺은 여자관계나 직장 내 인간관계를 끝낼 때마다 '나한테 너무 많은 걸 바라지 말아요'라고 말하거나 생각했다고 한다. 그의 문제는 댄의 문제와 달리 남들이 자신을 위해 기꺼이 해줄 수 있는 만큼 자신에게 해주지 못하는 데 있었다.

이처럼 우리가 오래전에 맺은 인간관계가 믿음의 문제에 결정적인 역할을 한다는 가르침을 현실에 적용하는 방법은 여러 가지다. 물론 가장 기본적인 방법은 과거를 뒤돌아보고 자신과 타인에 대한 나의 믿음을 형성한 사람, 내가 오늘날에도 지니고 다니는 나에 관한 메시지를 전달한 사람들이 누구였는지 기억해 보는 것이다.

그렇게 해보면 몇년 동안 생각조차 하지 않았던 사람들이 내 안에 머물고 있음을 발견할 수 있다. 내 경우도 그랬다. 그들을 떠올려보려고 해도 희미한 사진처럼 잘 보이지 않는다. 그러나 그들이 나에게 전달한 메시지에 대해 특정한 질문을 하다보면 그들을 좀 더 또렷하게 보여주는 기억이 떠오르기도 한다. 출판업에 종사하고 있는 동료가 흥미로운 사례 하나를 제공했다. 동료는 종종 체중 조절의 어려움을 토로하곤 했다.

"무슨 다이어트를 하든 끝을 보는 법이 없어."

이렇게 말하기도 했다.

"대대로 키 작고 통통한 집안인데 나라고 달라야 한다는 법 있어?"

그러다 마침내 내가 물었다.

"대체 누가 뭐래?"

동료는 머뭇거리더니 입을 다물고 깊은 생각에 빠졌다. 오랜 과거에 묻혀 있던 사건 하나가 생각났다. 동료가 10대의 나이일 때 사람들은 그의 작은 몸매와 예쁜 외모에 찬사를 보냈다고 한다. 그런데 부모님의 친구이기도 했던 어느 모델 에이전시 사장이 배우나 모델은 되지 말라며 이렇게 말했다는 것이다. "날씬하지도 않고 키가 크지도 않잖아."

그것으로도 부족해서 사장은 어깨를 으쓱하며 이렇게 예견했다고 한다. "넌 앞으로도 체중이 문제일 거야."

이 이야기를 듣고 나는 타인이 우리의 믿음 체계에 끼치는 막대한 영향력을 다시금 실감했다. 우리가 자라나는 데 중요한 역할을 한 사람도 아니고, 말이 되는 소리를 하는 것도 아니며, 우리가 아마도 믿어서는 안 되는 사람일 텐데도 말이다. 현재에 충실하면서도 과거의 사람에게 "당신이 뭔데 그 따위 말을 해?" 하고 물을 수 있다. 그리고 이렇게 결심할 수 있다. "체중이 문제가 안 되게 하면 되지 뭐." 자신의 판단력을 믿는다면 지금도 결코 늦지 않았다.

나는 내 과거의 일부를 형성하는 온갖 다양한 사람들을 기억하는 일이 가져다주는 순수한 기쁨을 좋아한다. 나는 과거의 인간관계를 탐구하는 과정을 통해, 그리고 내가 사랑했던, 미워했던, 그리워했던, 나중에 어떻게 되었는지 궁금하게 여겼던 사람들을 떠올리는 과정을 통해, 늦었지만 그들에 대한 섣부른 판단을 접고 그들이 내 경험을 충만하게 해준 사실에 감사할 뿐이다.

당신에게도 자신이나 남을 신뢰하지 못하는 문제가 있다면 과거를 반성하는 노력을 건너뛰지 말고, 어린 시절 집이나 학교, 주로 시간을 보냈던 곳에서 형성된 인간관계들을 살펴보기 바란다. 누구의 말이나 행동이 나에게 영향을 미쳤는지, 지금도 영향을 미치고 있는지 의식적으로 살펴본다면, 놀랍게도 당신의 과거가 담긴 영화 속 등장인물들이 생생하게 되살아나 당신에게 필요한 복습을 시켜줄 것이다.

믿음은 사랑과도 연관되어 있다. 그러니 '내 안에 누가 살았는지' 묻는 동시에, 이를 자신이 받은 사랑을 고맙게 생각하는 기회로 삼기 바란다. 비록 그 사랑이 내가 원하는 방식으로 표현되지 않았더라도 말이다. 나의 인생을 보다 풍부하게, 나의 여정을 보다 흥미롭게 만들어준 모든 사람들의 소중함을 느끼고 그들에게 사랑을 되돌려줄 수도 있다. 또한 다양한 사람들이 준 가르침을 새로운 눈으로 바라볼 수 있는 기회도 될 것이다. 그 가르침이 전부 다 마음에 들지 않았다고 해도, 그들이 바람직한 본보기였든, 하지 말아야 할 행동의 본보기였든, 눈엣가시 같은 사람이었든 말이다.

한 가지 덧붙이고 싶은 주의사항이 있다. 나를 지지해준 사람이든, 자극한 사람이든, 즐겁게 해준 사람이든, 나에게 귀감이 되었던 사람이든, 작은 역할로라도 내 과거에 관여한 사람에 대한 나의 고마움이 클수록 내가 그 사람의 삶에 영향을 주었을 가능성 또한 컸다고 봐도 좋다. 그것은 과거 속의 누군가에게 편지를 써야 할 때가 되었다는 의미이기도 하다. 그 편지가 뒤늦은 감사 편지이든, 사과 편지이든, 안부 편지이든 아무 이유가 없든 말이다.

17
빨간 자전거냐, 노란 자전거냐

: 동기부여

"당신의 '왜'는 무엇입니까?"

나는 다른 이들이 '무슨' 꿈을 이루었으며, 그것을 '어떻게' 이루었는지 자주 물어왔다. 그래서 '왜'라고 하는 본질을 파고드는 질문을 덧붙이는 행위가 얼마나 중요한지도 잘 알고 있다. 심지어 동료와 함께 참석한 비영리 단체의 기금마련 행사에서 소개받은 능력 있는 청년에게도 같은 질문을 했다. 나는 그와 이야기하면서 그가 최근 민간 자선재단의 운영권을 이어받았다는 사실을 알았다. 그는 그 일을 '꿈의 직업'이라고 표현했다.

내가 "당신의 '왜'는 무엇입니까?" 하고 물었을 때, 청년은 내 말 뜻을 이해하지 못했다. 나는 사람들이 꿈을 이루었다고 말할 때 애초에 어떤 동기로 그 꿈을 추구하게 되었는지가 궁금하다. 그래서 이렇게 물었다.

"왜 하필 자선사업이죠? 언제나 마음에 두고 있던 일인가요? 어렸을 때, 언젠가 세상에 변화를 가져오고 싶다고 생각했나요?"

청년은 웃으며 그런 생각은 해본 적이 없다고 고백했다. 그의 오랜 바람은 식구들 가운데 첫 번째로 대학에 가는 것이었다. 어릴 때부터 그는 자신이 남과 다르다고 생각했고, 자신이 세울 수 있는 가장 원대한 목표는 대학에 가는 것이었다고 한다. 꿈의 직업을 갖게 된 것은 '빨간 자전거냐, 노란 자전거냐'의 문제와 관련이 있다고 했다.

청년은 노동자 집안의 아들로 미 중서부의 시골 마을에서 자라났는데, 그곳에서는 대부분의 고등학교 졸업생들이 대학에 가지 않았다고 한다. 청년의 형제들도 마찬가지였다. 그가 고등학교 졸업반이 되어 진학 상담을 해주는 선생님에게 가까운 주립대에 지원하고 싶다는 마음을 내비쳤을 때 선생님은 깜짝 놀랐다고 한다. 선생님은 그가 '대학에 갈 재목'이 아니라며 대학에 가지 말고 기술을 배워야 한다고 했다고 한다.

청년은 내심 선생님의 말이 마음에 들지 않았다. 청년은 선생님의 말이 틀렸다는 것을 증명해 보이고 싶었다. 그래서 그후 그가 내린 모든 결정은 "누가 그러는데?" 하고 되묻는 식이었다. 그러나 그는 서두르지 않고 지금 그 자리를 출발점으로 삼아, 공부가 좋으니 전문기술학교에 등록해 전기기술자가 되는 것도 좋겠다고 생각했다. 2년 뒤 매우 만족스러운 수준의 기술을 얻게 된 그는 이렇게 묻지 않을 수 없었다. "전문기술을 배우는 게 이렇게 쉽다면 학사학위가 뭐 그리 어렵겠어?"

전기기술자로 시간제 근무를 하면서 청년은 가까운 주립대에서 공부할 학비를 마련할 수 있었다. 그러나 차를 살 돈이 없었다. 청년은 교통수단으로 튼튼한 중고 자전거를 구입하기로 결심했다. 신문에 난 매매 광고를 이리 저리 비교한 청년은 마침내 자전거 두 대를 두고 고민하게 되었다. 하나는 특별한 건 없지만 튼튼하게 잘 만들어진 빨간 자전거였고, 다른 하나는 빨간 자전거처럼 튼튼하게 잘 만들어진 것 같지는 않았지만 시선을 끄는 멋진 노란색이었으며 평범하지 않고 독특한 매력이 있었다. 무엇을 선택하는 것이 옳은 결정이었을까?

두 자전거를 묘사하는 청년의 말을 듣고 있던 나는 바로 알 수 있었다. 청년은 노란 자전거를 선택할 수밖에 없었다. 그것이 과감하고 색다른 선택이었다. 웃음을 줄 수 있는, 어떤 날씨에 자전거를 타더라도 행복할 수 있는 결정이었다.

다른 사람들에게 그것은 잘못된 결정이었을 수 있다. 빨간 자전거를 선택했다면 고장 나지 않았을 테고, 예정대로 캠퍼스와 떨어진 곳에서 살았을 것이다. 그러나 노란 자전거는 생각대로 얼마 가지 않아 고장이 났고, 청년은 캠퍼스 가까이 이사를 가야 했다. 당시 캠퍼스에 가까우면서도 값이 싼 방을 얻기는 하늘의 별 따기였다. 결국 고장 난 자전거 때문에 청년이 살 수 있는 유일한 곳은 외국인 기숙사에 있는 방 한 칸이었다. 그러나 그런 일이 없었다면 청년은 언어학에 관심을 갖지 않았을 것이다. 언어학과의 전공 공부는 청년에게 과감하고 색다른 도전이었고, 결국 석사학위까지 따게 되었다. 그뒤 청년은 서부 해안에 있는 대학의 언어학 박사 과정에 합격했다. 노란 자전거를 선택한 일이 그에게 끝없는 용기를 준 것이다.

스스로의 선택에 자신감을 갖게 된 청년은 언어학 박사 과정을 하는 동안 사회인류학 석사도 마쳤다. 그러나 취직은 쉽지 않았다.

"제가 아는 한두 가지 학위를 모두 활용할 수 있는 일자리는 없었어요."

그런데 그가 취업을 포기하고 좀 더 실용적인 학문을 고려할 즈음 또 다시 일련의 사건들이 반복되어 자선재단에 취직하게 된 것이다. 재단에서는 세계 곳곳에서 문화 발전과 의료 복지, 평화를 증진하기 위해 벌어지는 프로그램들에 대한 기금 지원을 가장 잘할 수 있는 사람을 찾고 있었다. 청년의 학위는 그 자리를 위한 맞춤 학위 같았다. 그는 이 모든 일이 노란색 자전거를 선택하지 않았다면 생기지 않았을 거라고 말했다.

그의 이야기 중에서 가장 감명 깊었던 것은 그가 꿈의 동기유발 기능, 즉 자신의 '왜'로부터 멀어지지 않았다는 점이다. 외부로부터의 온갖 압박이 우리 자신을 우리의 '왜'와 우리의 선택을 의심하게 만드는 청소년기와 성년이 된 초기에도 청년은 굳건했다.

유아기가 끝나고 성년기가 시작되기 전을 돌이켜보면 당시 우리의 '왜'가 무엇이었는지 식별할 수 있을 것이다. 우리는 그것이 우리의 직업, 인간관계, 학업, 생활방식 등과 같은 다양한 분야에서 우리의 선택에 어떻게 영향을 끼쳤는지 혹은 끼치지 않았는지 살펴볼 수 있다.

나는 이 과정을 통해 세계적인 경지에까지 오를 수 있는 분야를 찾기로 한 내 결심을 떠올렸다. 또한 당시를 되돌아봄으로써 그동안 별 생각 없었던 궁금증이 생겼다. 과연 나는 무슨 이유로 그토록 높이 이르고자 한 것일까? 장래에 종사하고 싶은 직종이 무엇인지, 어떤 사람이 될 운명인지 모르고 있던 당시 나의 주된 동기는 평범한 삶에 대한 마음속 깊은 거부감이었다. 나는 내면적으로, 그리고 밖으로 여행을 하고 싶었다. 나는 가능한 멀리 가고 싶었고, 가능한 많은 것을 하고, 알고, 보고, 경험하고 싶었다.

다시 말하지만, 나는 평범함을 거부하고 특별함을 추구한 실존하는 영웅들의 모험 같은 생애를 따라 나의 '왜'를 구체화했다. 그들을 개인적으로 알고 있던 것은 아니지만 그들이 제시한 본보기와 가능성이 귀감이 되었다. 마일스 데이비스가 음악적 경계를 허물었듯이, 무하마드 알리가 자신이 믿는 바를 행하기 위해 복싱계에 저항했듯이, 그리고 또 다른 이들이 자기 밖의 목적에 투신했듯이 나도 그렇게 하고 싶었다.

또한 '빨간 자전거냐, 노란 자전거냐'의 물음에서 비롯된 기억들은 보다 안전하고 예측가능하고 덜 흥미로운 선택에 비해, 과감한 선택지를 골랐을 때 더 복잡한 결과에 직면할 수 있다는 현실을 일깨워주기도 한다. 그럼에도 우리가 우리를 자극하는 진정한 동기를 무시한다면 (진정한 동기는 대개 안전한 선택에 연연하지 않는 어린 시절에 좀 더 명징하다.) 우리는 행복에 대해 자신만의 정의를 내리는 데 실패할 수도 있다. 우리가 우리의 '왜'를 찾아 그것을 따른다면, 설령 복잡한 결과를 낳는 선택을 하게 될지라도 우리는 우리가 따르도록 애초부터 운명 지워진 길을 찾을 수 있다.

선택의 기로에 서서 고민하다가, 혹은 심각한 결과를 낳을 수 있는 선택을 앞두고 고민하는 이들에게 조언을 하다가 느낀 점은, 장·단점이 뚜렷하지 않은 선택을 할 때는 지식보다는 느낌에 충실하라는 것이다. 그래야 자극이 오래 지속된다. 만약 노란 자전거가 좀 더 색다르고 과감하고 흥미롭지만 실용성이 떨어진다면 할 수 없다. 비지떡이면 비지떡인대로 맛있게 먹으면 되는 것이다.

만약 뭘 모르는 진학 상담사가 정해준 안전한 길만을 따라왔다면, 아직 늦지 않았으니 새로운 접근 방법을 시도해 보기 바란다. 그러는 와중에 어린 날의 전성기를 되새기며 당시 당신을 자극했던 동기가 무엇이었는지 생각해 보기 바란다. 무엇이 당신에게 가장 큰 기쁨을 주었는가? 당신 인생 속의 빨간 자전거와 노란 자전거는 무엇이었는가?

18
때로는 크리스마스를 포기해야 한다

: 독립

2006년 12월 어느 추운 날, 시카고 사무실을 나서는데 정장을 입은 세련된 여자 하나가 다가왔다. 내가 최근에 방송에 나왔던 것을 기억하고 나를 알아본 것이다. 여자는 자신을 대학 교수라고 소개하고는, 비록 나와는 다른 환경에서 자랐지만, 다시 말해 교외의 백인 가정에서 부유하게 자랐지만, 나와 공통점이 많다고 덧붙였다. 여자는 내 이야기 가운데 한 부분이 자신이 한 번도 알지 못했던 것을 깨닫게 해주었다고 했다. 나는 무엇을 깨달았느냐고 물었다.

"크리스마스를 빼앗긴 게 나만은 아니라는 사실이죠."

여자의 집안은 연말만 되면 언제나 최악의 꼴이 되었다고 했다. 반면 여자의 상상 속에서 여자의 집안을 제외한 세상 모든 가족들은 먹음직스럽게 장식한 속을 채운 거위요리를 놓고 그림처럼 완벽한 크리스마스를 보내고 있었다. 남편과 아이들과 함께 행복한 가정을 꾸리고 있는 지금까지도 여자는 과거의 기억이 행복했던 것처럼 가식을 부릴 일이 생기지 않도록 미연에 방지한다고 했다. 실제로 여자는 크리스마스와 새해 연휴마다 해외로 가족휴가를 계획하는데, 그렇게 함으로써 연말 파티에 초대된다고 해도 자연스럽게 거절할 수 있었다고 한다.

우리는 연말 연휴의 참뜻을 지키는 우리만의 방법을 찾았다는 점에서 비슷했다. 교회에 가거나 여유가 없어 연휴를 즐기지 못하는 사람들을 위한 지역 행사에 일조하는 것이 그 방법이었다. 그러나 우리의 과거 속에서 공포영화로 둔갑했던, 연하장에서나 볼 수 있을 법한 크리스마스 풍습을 지키는 것에 대해서는 우리 둘 다 같은 결론에 이르렀다. '때로는 크리스마스를 포기해야 한다'는 것이다.

"어쨌든 고맙다고 말하고 싶었어요."

여자는 웃는 얼굴로 말을 끝맺었다. 그리고 익숙한 말 한 마디를 덧붙였다. "저만 그런 줄 알았거든요."

나는 여자의 감사인사에 답하고 가던 길을 갔다. 그리고 나서 내 과거 속의 어느 크리스마스 날의 비참한 기억을 떠올리며 이제 잊을 때도 되지 않았나 생각했다. 지독하게 힘든 10대 후반의 날들이었지만, 그것으로 인해 집을 떠나 독립을 찾게 된 것이니 아주 득이 없었던 것은 아니다.

그럼에도 나로 하여금 크리스마스를 한 번도 제대로 즐길 수 없게 만든 그 고약하고 아픈 경험에 대해 이처럼 냉정한 시선만을 유지해도 될지 확신이 서지 않았다.

세월이 흐르고 보니 참 얄궂기도 한 것이, 나는 그날 연말마다 열리는 가족 모임에 가지 않은 것을 자축하고 있었다. 연말 모임은 늘 만취한 사람들의 욕설, 고함, 그리고 치고받는 싸움질로 이어지곤 했기 때문이다. 나는 가족 모임에 가는 대신 크리스마스를 기념해 뜨끈한 물에 여유 있게 목욕을 하고 여자친구와 데이트를 할 요량이었다. 양아버지 프레디가 내 맘대로 크리스마스를 즐기도록 내버려두지 않으리라는 걸 몰랐던 지지리 운도 없는 내가 바보였다. 허나 내가 어찌 알 수 있었겠는가? 프레디가 예정에도 없이 집으로 돌아와 사람 잡을 듯한 눈빛을 하고 욕실로 쳐들어올 줄을? 엽총까지 겨누고 날 집 밖으로 쫓아낼 줄을? 한겨울에, 그것도 대낮에 벌거벗은 채 대문 밖으로 쫓겨났는데(지나가다 나를 본 어떤 아이는 이 놀라운 광경에 우물쭈물 대다가 "메리 크리스마스"라고 말했다.) 나에게 갈림길이 보였다. 두 손 들고 이렇게 말해야 할 때가 온 것이다. "다시는 돌아오지 않아."

아마 당신도 갈림길에 직면해 다른 사람의 기대와는 반대로 인생을 바꾸겠다는 결심을 했던 기억이 있을 것이다. 그 결심을 하게 된 계기가 무엇인지보다 스스로 그러한 결심에 이르렀다는 사실이 더 중요하다. 만약 당신이 여기 해당된다면 갈림길에서 했던 선택을 돌이켜보고 현재에 적용할 수 있는 방법을 찾아보는 것도 가치 있는 일일 것이다. 특히 당신이 받고 싶은 선물 목록에 '개선된 삶'이 올라와 있다면.

나의 경우, 더 이상은 참을 수 없다는 생각이 독립을 결심하게 만들었다.

자립으로 가는 길은 우리가 생각하는 복 받은 삶에 대한 환상을 저버리는 것에서 시작하되, 거기서 그치지 않는다. 궁극적으로 자립이란 나에게 벌어지는 사건들에 대한 스스로의 반응을 자인하고 남을 탓하지 않는다는 의미다. 만약 나를 지배하는 엄격하고 폭력적인 권위 인물로부터 벗어나고 싶다면, 앞으로의 행위가 초래하는 결과들을 오로지 내 소관으로 해야 한다. 이것은 앞으로 올 기쁨과 승리뿐 아니라 실수와 실패, 실망, 상처, 그리고 수치도 포함한다. 독립의 대가는 영영 남의 탓을 하지 못하게 될 수 있다는 것이다.

당신이 막 성인이 되었을 때를 돌이켜 보고, 옳았든 옳지 않았든 당신 스스로 독립적으로 내린 결정을 기억하는 것이 도움이 될 것이다. 또한 그 결정이 당신으로 하여금 3A, 즉 권위authority, 진정성authenticity, 자치autonomy에 대해 어떤 가르침을 주었는지 기억해 보라. 3A는 독립과 함께 붙어 다니는 키워드로서 당신에게 가장 큰 힘이 되는 자원 중에 포함된다. 권위란 (1)자기 자신에 대해 스스로가 권위자임을 뜻하는 것이며, 진정성은 (2)참된 자신의 모습을 드러냄을 말하고, 자치란 (3)스스로 선택함을 뜻한다.

3A는 더 이상 참지 않겠다고 말해야 할 때를 비롯해 여러 경우에 나의 결정을 뒷받침해주기 위해 존재한다. 내가 만난 교수가 그랬듯이 크리스마스를 취소하든가, 자기만의 방식으로 보낼 권리가 당신에게도 있다.

독립이 주는 선물은 그 기억으로의 연결고리를 언제든 끊어버릴 수 있는 자유다. 우리는 그 기억을 재발견하거나 미화하거나 다른 사람들의 필요에 따라 더 예쁘게 다듬을 필요가 없다. 대신 엉망진창이었음을 인정하고, 포기하고, 그렇게 할 수 있는 우리 자신의 능력에 감사하면 된다.

우리는 또한 어느 12월 아침 잠에서 깨어나 다시금 크리스마스의 참뜻을 되새기고 자신만의 방법으로 연말 휴가를 보낼 준비가 되었다고 결심할 자유가 있다. 공항에서 탑승을 기다리다가 만난 한 남자는 그 방법에 대해 생각할 거리를 제공해주었다. 그는 열다섯 살 때, 폭력으로 물든 문제 가정으로부터 뛰쳐나와 먼 친척과 살게 되었다. 그들은 서서히, 그러나 확실히 사랑과 안정감을 주고 정상적인 삶을 살게 해주었다. 그랬음에도 크리스마스 아침에 잠을 깨보면, 친척들이 트리 아래 놓아둔 선물을 도저히 받을 수 없어 온 몸에 두드러기가 돋아나곤 했다고 한다.

그랬던 그는 성인이 되어 직장을 구해 대륙 반대편 끝으로 이사를 갔을 때 같은 아파트에 사는 친구들과 함께 '고아들의 크리스마스 잔치'를 기획했다고 한다. 이 잔치에 참석한 이들 중 일부는 가족과 떨어져 있고 함께 크리스마스 저녁을 먹을 친척이 없었다. 다른 이들은 과거와 인연을 끊었거나 남자와 크게 다르지 않은 경험을 한 사람들이었다. 모두가 일손을 거들었고 각자 먹을 것을 가져와 잔치를 벌였다. 차린 음식은 화려하지 않았고 나눠 가진 작은 선물도 값비싸지 않았지만 그 잔치는 남자에게 놀라우리만치 행복한 경험이었다. 어느새 한 가정의 가장이 되고 여유로워진 그가 말하기를, 첫 잔치가 있고 30년이 흘렀지만 지금도 한 해도 빠지지 않고 그때 모였던 친구들이, 일부는 아내와 아이들을 데리고 '고아들의 크리스마스 잔치'를 위해 모인다고 했다.

마지막으로 덧붙일 말은, 독립은 시간을 통해 우리의 마음을 변화시킨다는 것이다. 우리는 형편없는 어린 시절이나 고통스러운 기억을 거부하고 그것이 현재진행 중인 여정의 일부가 되지 않도록 의식적으로 선택할 수 있다. 또한 진정으로 원하는 방식으로 뜻 깊은 날을 즐기고 삶을 살아감으로써 기쁨과 우정과 공동체를 누릴 권리를 되찾을 수 있다.

19
이겨내고 나아가든가, 사로잡혀 좌절하든가

: 용기

어떻게 아들과 함께 길거리에 나앉게 되었냐는 질문을 받을 때마다 나는 긴 대답과 짧은 대답 가운데 짧은 대답을 주로 내놓곤 한다. 먼저 아이의 엄마와 헤어진 경위에서부터 시작한다. 주차위반으로 주교도소에서 열흘을 복역하게 되었는데(주차위반으로 감옥에 가다니 말이 되는가!) 나와서 보니 식구들도 살림살이도 흔적없이 사라진 것이다. 나는 아들을 찾으려는 절박함 속에 집세가 싼 하숙집에 들어가 살게 되었다. 갓 취직하여 주식중개인이 되기 위한 훈련 과정을 밟고 있었기 때문에 더 좋은 집을 얻을 방법은 없었다. 그러던 어느 날 밤 헤어진 아내가 아들을 데리고와 말했다. "자."

하숙집에서는 아이를 데리고 사는 것을 엄격히 금지하고 있었기 때문에 우리는 그 즉시 의심할 여지없이 집 없는 부자가 되었다. 그 시점부터 상황이 더욱 복잡하게 악화되었으나 이야기를 짧게 마무리 짓기 위해 나머지를 한 마디로 요약하곤 한다.

"사는 게 그렇죠, 뭐."

내가 받는 편지의 대부분은 '사는 게 그런 것'이 어떤 것인지 경험해 본 다양한 연령층의 사람들로부터 온다. 처지는 매우 다양하지만 우리 모두가 공통적으로 겪은 어려움은 갑자기 우리 앞에 그 무엇보다 어려운 시험이 주어지는 상황이다. 그 시험은 우리를 우리의 두려움과 대면시키고, 우리가 누군지 알게 하며, 가장 의심이 드는 순간에도 믿음 위에 설 용기를 갖고 있는지 드러낸다.

이러한 순간들을 우리 삶의 통과의례라고 할 수 있는데, 이 과정은 위태하고 불확실한 땅을 밟고 선 우리를 창공으로 안내해준다. 다음은 내가 뉴멕시코 주 앨버커키에서 사인회를 할 때 만난 한 여자의 경험담이다. 여자는 현재의 상황이 희망적이기는 하나 모든 면에서 자신을 시험하고 있다고 했다. 아이 둘을 홀로 키우는 어머니로서 여자는 사업가가 되어 '약속의 땅'에 이르는 것을 꿈으로 삼아 노력하는 중이었다. 단기적인 목표는 산타페에 식당을 열기 위한 자금을 모으는 것이었다. 그러다 우연히 뮤지컬 〈렌트〉에 나오는 등장인물 몇몇이 같은 꿈을 갖고 있으며 그 꿈에 대한 노래를 부른다는 것을 알게 됐다. 여자는 자신만의 주제곡이 생겼다며 좋아했다고 한다!

나도 비슷한 경험을 여자에게 이야기해주었다. 집도 없이 '약속의 땅'을 향한 여정에 올라 있을 때 나는 얄궂게도 〈캘리포니아 드림〉이라는 노래를 흥얼거리곤 했던 것이다.

여자는 상황이 닥쳐오기 전까지는 자신의 역량을 결코 알 수 없다는 사실을 깨달았다. 여자는 이렇게 말했다. "저는 바깥일을 할 생각이 없었어요. 집에서 아이를 키우고 싶었지요. 그게 제 꿈이었어요."

그러나 결혼생활이 순탄치 않자 여자는 갑자기 뒤통수를 맞은 듯한 기분이었다. "스물아홉에 혼자서 할 줄 아는 게 하나도 없었어요. 황무지에 버려진 느낌이었죠."

그러나 이를 통해 '사는 게 그런 것'임을 알게 된 여자는 자신의 역량을 확인했고, 믿음을 찾았으며, 가지고 있는 줄도 몰랐던 용기 또한 발견했다. 이제 여자는 산타페에 식당을 열 일만 남았다.

나는 여자의 이야기를 곱씹어보며 이런 생각을 했다. 많은 사람들은 어떤 이유에서든 인생의 전환점을 맞는데, 그때 같은 곳에 머물러 있는 것을 택하거나 혹은 우리가 결정하는 목적지로의 해방, 출발, 또는 탈출을 선택할 수 있다.

그러나 믿음이 시험대에 오르고 용기가 필요할 때마다 우리 어머니가 말씀하셨듯 "시험에 들어보지 않으면 증언도 할 수 없다." 이 말은 성경으로부터 따온 것이 분명하지만, 어머니 자신이 겪은 여러 가지 시련에 기초하고 있기도 하다. 어머니는 이 말을 언제나처럼 내가 알아듣고 쓸 수 있는 쉬운 말로 풀이해주었는데, 시험을 당해보지 않으면 할 말도 없고 대화에 그 어떤 가치를 더해주지도 못한다는 뜻이라고 했다.

따라서 산타페에서 새로운 삶을 시작하고자 하는 여자의 도전이 어떤 의미에서 믿음과 용기의 시험인지 나는 이해했다. 더불어 나는 이스라엘 백성이 이집트를 탈출한 기록이 담겨 있는 성경의 〈출애굽기〉를 좀 더 자세히 살펴보게 되었다.

노예의 몸으로 예속되었다가 하나님의 구원을 받아 속박에서 풀려난 뒤 40년간 걸어서 방황하다가 마침내 요르단 강을 건너 '약속의 땅' 가나안으로 가는 이스라엘 백성의 이야기가 담고 있는 함축적인 의미를 해석하는 방법은 여러 가지다. 예를 들어 미국 흑인들은 400년 넘게 지속된 노예 상태로부터의 구원을 여기 비유한다. 이스라엘인들이 파라오로부터 탈출했다면 흑인들은 노예주로부터 탈출했고, 북쪽 하늘의 별들을 따라 노예의 탈출을 돕던 비밀조직 언더그라운드 레일로드의 도움을 받으며 걸어서 자유를 향해 갔다. 우리들 가운데 마틴 루터 킹 Jr. 박사라는 현대의 모세가 나타나 경제적·정치적 평등을 향해 성큼 다가가게 해준 것은 그로부터 거의 1세기가 지난 후였다.

1968년 4월 3일 테네시 주 멤피스에서 킹 박사는 파업 중인 청소부들을 지지하는 연설에서 저편이 보이는 산꼭대기에 대해 이야기했으며 자신의 꿈에 대해 말했다. 우리도 같은 꿈을 갖고 그것을 위해 애쓸 수 있도록 말이다. 많은 사람들이 이 연설의 짤막한 일부분을 알고 있지만 연설을 둘러싼 정황에 대해 아는 사람은 많지 않다. 그날 아침 킹 박사가 타고 갈 조지아 주 애틀랜타발 비행기가 지체되었다. 폭탄 테러 협박으로 인해, 전날 밤 감시를 늦추지 않은 작은 비행기였음에도 탑승자들의 가방을 일일이 수색하지 않을 수 없었기 때문이다. 게다가 킹 박사는 얼마 전 멤피스의 시가행진에서 벌어진 폭력 사태에 대해 우려하고 있었다. 박사는 피곤하기도 했다. 그래서 메이슨 템플

교회에 연설하러 가지 않는 게 좋겠다고 결정했다. 그러나 킹 박사의 연설을 들으러 온 수많은 시민들은 교회를 채우고도 모자라 비바람이 몰아치는 와중에도 교회 밖 거리에 운집해 있었다. 지도자들은 혼란을 잠재우기 위해 킹 박사가 와주어야 한다고 설득했다.

킹 박사의 연설은 처우가 쓰레기와 다름없는 청소부들의 어려움에 대한 것으로 시작되었다. 인간으로서의 존엄성을 지키고 먹고살 수 있는 수준의 임금을 받기 위해 투쟁하던 청소부들은 희망을 잃어가고 있었다. 킹 박사는 그들에게 믿음을 갖지만 말고 믿음을 바탕으로 행동하라고 말했다. 자신의 권리를 위해 행진하고 두려워 말라고 했다. 경찰견과 물대포, 곤봉, 그리고 그보다 더한 것들에 의해 공격당했을지라도 말이다. 그는 당시가 모두를 괴롭히는 공포스러운 시대임을 인정했다.

(…) 세상은 엉망진창입니다. 나라는 병들었습니다. 이 땅은 골칫거리로 가득합니다. 사방이 혼란스럽습니다. (…) 그러나 나는 압니다. 어두워야 별이 보인다는 사실을. 그리고 하나님이 지금 일하고 계심을 봅니다. (…) 그리고 거기 우리 인간이 오묘한 방법으로 반응하고 있습니다. 이 세상에 무슨 일이 일어나고 있습니다. 사람들이 무리를 지어 일어서고 있습니다.

킹 박사는 성경구절을 인용하기도 하고 정의와 인간존중을 위해 집결하고 행진할 것을 촉구하며 연설을 계속했다. 그는 하나님께서 이미 우리를 얼마나 멀리 이끌어주셨는지 일깨웠고, 그 자리에 있는 모두로 하여금 하나님이 그들을 버리려고 거기까지 끌고오신 것은 아님을 확신하게 만들었다. 그리고 연설의 끄트머리에 가서야 자기 자신에 대해 이야기했다. 몇년 전 칼에 치명적인 상처를 입었지만 감사하게도 살아남은 일을 언급하며 부쩍 많아진 협박과 암살 시도에도 두려움을 갖지 않기로 결심했다고 덧붙였다. 그는 이렇게 끝맺었다.

이제 뭐가 어떻게 될지 모르겠습니다. 아마도 앞으로 힘든 날들이 이어질 것입니다. 그러나 저한테는 별 상관없습니다. 전 산꼭대기에 올라가봤으니까요. 전 괜찮습니다. 오래 살고 싶은 마음은 남들과 똑같습니다. 장수하는 것도 좋지요. 하지만 이제는 그런 걱정하지 않습니다. 다만 하나님의 뜻을 받들고 싶습니다. 하나님께서는 제가 산으로 올라가는 것을 허락하셨습니다. 저는 산꼭대기에서 산 저편을 보았고, 거기에는 약속의 땅이 있습니다. 저는 거기 여러분과 함께 갈 수 없을지도 모릅니다. 그러나 오늘 밤 여기 계신 여러분은 알아두십시오. 우리는 한 민족으로서 약속의 땅에 도달할 것입니다. 그래서 저는 오늘 밤 행복합니다. 아무 걱정도 없습니다. 누구도 두렵지 않습니다. 내 눈은 주님의 오신 영광을 보았습니다.

다음날, 마치 예견하기라도 한 듯 킹 박사는 테네시 주 멤피스에서 총에 맞아 숨졌다. 그러나 그가 한 말은 모세가 그를 따르는 백성들에게 한 말과 그 본질이 같다.

"나는 그대들과 함께 젖과 꿀이 흐르는 땅으로 갈 수는 없습니다만 그대들은 거기 도달할 것입니다. 내가 봤으니까요. 두려움이 아닌 믿음으로 나아가면 그곳으로 인도될 것입니다."

킹 박사는 자신의 여정이 그린 곡선과 자신의 역할을 이해하고 있었으며, 마지막으로 함께 분투하고 있는 사람들에게 그들이 흑인이든 백인이든, 어떤 종교적 배경을 갖고 있든, 용기를 가지고 앞으로 나아갈 것을, 그리고 믿음으로 여정을 끝마칠 것을 충고했다. 그것이 40년 전의 일이고, 우리는 장족의 발전을 했지만 킹 박사의 꿈이 이곳 미국과 세계 전역에서 실현되려면 아직 모두가 할 일이 많다.

그럼에도 우리는 우리를 여기까지 데려다준 믿음의 어깨 위에 서서 신이 우리를 버리지 않으셨다면 우리도 우리 스스로를 버릴 수 없음을 알아야 한다. 이것이 출애굽기에서 배울 또 다른 교훈이며 내가 어둠 속에서도 빛, 즉 궁극의 행복을 찾는 데 적용하고자 했던 가르침이다.

어둠 속에서 빛을 찾아 헤매는 동안 신이 포기하지 않은 나를 나 또한 포기하지 않았음을, 어린 아이를 등에 업고 1년간 길을 떠돈 나는 자신 있게 말할 수 있다. 이웃들의 선량함과 하나님의 손길은 때로는 뚜렷하게 때로는 미묘하게 드러났다. 글라이드 메모리얼 교회에 있는 모든 이들은 우리에게 영적 양식을 주었고, 우리가 배가 고플 때는 아무 편견 없이 영혼을 위로하는 진짜 음식도 주었다.

마지막에 이르러서 내 속까지 어둠이 스며들었을 때, 나를 이끌고 나를 불지펴주었던 믿음이 가장 혹독한 시험에 들었을 때, 나는 가지고 있는 줄조차 몰랐던 자원을 발견했고 오늘날에도 매일같이 그 자원을 활용한다.

연일 궁지에 몰리고 있던 때에는 물론 우리만의 집을 구하는 목표에 가까워진 때에도 나는 다른 사람들의 본보기로부터 용기를 얻었다. 식료품점이나 거리에서 빠르게 커가는 두 살배기와 서류가방, 빨랫감, 식품이 든 봉지를 감당하지 못해 앞으로 어떻게 살아갈 것인가 고민하고 있으면 서류가방만한 핸드백과 빨랫감, 식품이 든 봉지, 아이 둘까지 짊어진 여자가 지나간다! 그것이 용기다. 그 상황에서 내가 할 수 있었던 말은 '저 여성이 할 수 있다면, 나도 할 수 있다'였다.

시련은 우리의 유전자 속에 있다. 우리가 이 땅에 태어난 이유는 선택을 통해 한 자리에서 더 나은 자리로 여행을 떠나기 위해서다. 시련은 나 혹은 당신 혼자만을 위해, 그 누구만을 위해 고안된 것이 아니다. 우리 모두는 시련을 이겨내고 나아가든가, 두려움에 사로잡혀 좌절할 뿐이다.

용기가 있으면 우리는 우리만의 출애굽기라는 시험을 통과할 수 있으며, 공포를 이기고 우리에게 증언할 힘을 주는 믿음을 찾을 수 있다. 그건 그렇고, 믿음을 불러일으키는 것이 꼭 종교적인 주체여야 한다는 필요조건은 없다. 당신은 남이 믿는 신이 아닌 당신만의 신을 믿으면 된다.

당신이 두려움을 극복하고 계속 전진하는 데 필요한 것을 찾게 해주기만 한다면 누구를 믿든 상관없다. 심지어 당신의 믿음이, 나를 약속의 땅에 데려다줄 내 두 다리의 힘보다 더 기적적인 무언가가 아니라도 좋다. 당신만의 출애굽기가 무엇이었는지 돌이켜보는 동안, 당신이 얼마나 멀리 걸어왔는지 또한 돌이켜보고 용기를 갖기 바란다. 이제 당신이 당신 자신의 모세가 되어 인도하기를 바란다.

Part 3

성공과 가까워지는 유일한 길

: 가진 힘을 다해 '모루' 때리기

내가 피나는 노력의 가치를 배운 것은 피나는 노력을 통해서입니다.
— 마가렛 미드(인류학자, 작가, 연설가)

Start Where You Are

　　　　　　누군가 나에게 '성공의 비밀'을 묻기 오래전부터 나는 그런 것이 존재하지 않는다는 꽤나 단순한 결론에 이르러 있었다. 먼저 성공을 보증하는 지식이나 도구, 기술이 그렇게 알기 힘든 비밀이라면, 우리 가운데 가장 뛰어난 사람들만 성공하고 나머지는 실패할 것이 뻔하다는 말 아닌가? 그런데 그렇지 않다. 반대로 생각하면, 비밀을 폭로하기 좋아하는 대부분의 사람들의 성향을 생각해 볼 때 지금쯤 모두가 그 비밀을 알고 있을 것 아닌가?

　그러니까 성공의 수단을 찾으러 떠나보면 기가 막힐 정도로 많은 방법과 만나게 된다는 것이다. 그렇다면 어디서 시작하면 좋을까? 우리는 다른 사람들의 성공으로부터 이미 알려진 것들을 가져올 수 있는데, 그런 것들은 도처에서 거저 얻을 수 있다. 또한 우리 자신의 경험이나, 목표를 달성하기 위해 대장장이처럼 모루를 때리는 과정에서 얻은 삶의 가르침을 통해 알게 된 것들을 이용할 수도 있다.

　나는 이렇게 믿는다. 우리가 위대한 성공을 이루기 위해 알아야 할 모든 것은 우리 이마에서 흐른 땀, 그리고 시장으로부터 얻을 수 있는 핵심적인 가르침 속에 전부 다 들어 있다고. 이것은 어찌 보면 당연한 상식인데, 우리 대부분은 부모로부터 독립하기 오래전부터 수요와 공급의 법칙, 구매와 판매의 법칙, 그리고 다양한 형태의 마케팅 전략에 노출되기 때문이다. 그보다 더 중요한 것은 우리 대부분이 청소년기부터 다양한 아르바이트를 해왔고 성인이 되어서도 깨어 있는 대부분의 시간을 직장에서 보내게 된다는 점이다. 물론 그렇게 하는 이유는 돈을 벌어야 하기 때문이고, 우리가 급여를 받고 (혹은 스스로에게 급여를 주고) 생산하게 되어 있는 것이 무엇이든 그것을 생산해내야 하기 때문이다. 그러나 넓고 아름다운 직업 세계는 교육, 즉 OTJ 트레이닝(on-the-job training, 직장 내 연수)의 연장이기도 하며, 우리가 성장함에 따라 계속해 그 의미가 진화하는 교훈들이 있는 곳이다.

　OTJ 트레이닝의 가치에 대한 믿음은 수년 전 어린 시절 머리에 각인된 대장장이의 이미지로부터 나왔다. 전통적인 방법으로 쇠를 다루는 지혜로운 대장장이는 내 머릿속에서 최고를 추구하는 장인이었으며, 작업장에서 언제나 새로운 것을 배우고 거기 적응하며 기술을 갈고 닦는 사람으로서 늘 가진 힘을 다해 모루를 때렸다. 흥미로운 것은 나이가 꽤 먹을 때까지도 나는 대장장이가 직업인 사람을 실제로 본 적이 없었다는 점이다. 펜실베이니아 주에 사는 랄프 피글로우라는 사람을 알게 되기까지 말이다. 그는 스탠더드브레드 종의 챔피언 경주마를 키우고 훈련시키며 편자와 다양한 마구를 만들기도 하는, 손님들로 북적이는 대장간의 주인이었다. 대장장이로서 랄프는 자신의 능력을 한층 더 성숙시켜 금속으로 인간 형상의 예술품을 빚고 있었다.(나는 바로 이런 작품들을 통해 랄프에 대해 알게 되었다.) 그는 또한 각각의 작품에 철학적인 의견이나 시구를 지어 달았다. 내가 어릴 때부터 우러러보았던 열심히 일하는 고귀한 대장장이의 이미지를 랄프 피글로우가 체현하고 있었던 것이다. 게다가 그는 보통 걸출한 인물이 아니었다.

전형적인 대장장이의 이미지는 내가 C-5 공식, 즉 목표를 추구함에 있어 명확하고, 간결하고, 절실하고, 충실하고, 일관적이어야 한다는 원칙을 세우는 데에도 도움을 주었다. 이는 목표에 충실하고 일관적으로 나아가야만이 성공할 수 있다는 사실을 다시금 일깨워준다. 성공은 열심히 모루를 때리는 것에서 온다는 것은 누구나 아는 사실이다. 그러나 모루를 때리는 것은 일을 마칠 때까지가 아니라 할 수 있는 한 모든 정성을 기울여 최고의 결과를 얻었을 때까지 계속되어야 한다. 그 과정에서 당신은 내가 깨달았던 바와 같이, 남을 우러러본다고 해서 행복이 오는 것은 아니고, 보상만을 바라고 일하는 것 또한 방법이 아니며, 실천하는 것 자체에 행복이 있음을 알게 될 것이다. 자신의 모든 것을 쏟아 붓고 있다는 생각, 가진 모든 것을 모루에 바친다는 생각, 가진 힘을 모두 모으고 없는 힘까지 동원해 모루를 때리고 있다는 생각에서 오는 성취감은 가장 순수하고 티 없는 기쁨이다.

너무나 뻔한 사실에 어리둥절한가? 만약 성공하기 위해 우리에게 필요한 모든 지식이 우리 경험 속에 있고 수천 년간 쌓여온 시장의 법칙 속에 있다면, 왜 우리들은 성공이 그토록 어렵다고 생각하는가? 지난 1000간 반복되어온 교묘한 홍보활동과 여론조작이 그러한 심리를 부추겼다는 것이 내 추측이다. 더 나은 삶을 얻는 길이 우리 밖에 있다는 말에 귀 기울이는 한, 특별한 지식을 갖고 있다고 주장하는 사람들은 그 상태를 유지하고자 할 것이다.

행복과 성공을 쟁취하는 데 필요한 지식이 전부 내 안에 있음을 믿는 게 어려운 이유에 대한 두 번째 가설은, 우리가 행복과 성공이라는 말을 스스로 정의 내려본 적이 없기 때문이라는 것이다. 이것은 쉬운 일이 아니다. 역사를 봐도 그렇다. 약 235년 전 토머스 제퍼슨을 비롯해 미국 독립선언문의 공동 저자들은 서문에서 다음과 같은 사실을 자명한 진리라고 적었다. 즉, 우리는 모두 동등하게 태어났으며 조물주에 의해 "양도할 수 없는 권리"가 주어졌는데, 이 가운데 "삶과 자유의 권리" 그리고 "행복할 권리"가 있다는 것이다. 딱 봐도 삶과 자유는 특별히 정의 내릴 필요가 없다. 그러나 세 번째 개념, 즉 행복의 추구가 정확히 무엇을 의미하느냐에 대해서는 심각한, 심지어 법적인 공방이 이어지고 있다.

행복의 추구가, 혹자가 말하는 것처럼 재산과 지위, 부를 획득하고자 벌이는 탐험일까? 아니면 노동의 열매를 따먹기 위해 원하는 만큼 열심히 혹은 창의적으로 일할 시민의 권리 보장을 뜻하는 것일까? 그 노동의 열매가 정신적이거나 지적 또는 경제적 의미에서의 열매든, 그 모든 의미를 다 포함하고 있든 말이다.

아메리칸 드림에 대한 나의 이해에 따르면(그나저나 아메리칸 드림 개념은 어느새 전 세계로 퍼져 이제는 글로벌 드림이라고 함이 마땅하다.), 양도할 수 없는 권리인 '행복 추구권'은 우리에게 우리가 할 수 있고, 원하고, 행동하는 대로 우리 자신과 우리 삶을 만들어갈 선택권을 준다. 독립선언문이 작성된 1776년도에는 배경에 상관없이 누구나 성공한 삶을 누릴 수 있다고 말하는 것이 지나치게 급진적인 제안이었다. 오늘날에는 '성공'이라는 말이 진부하게까지 느껴지지만 말이다.

사람들이 '성공'이라는 단어나 그것이 상징하는 것을 기꺼이 받아들이지 않는 이유는 아마도 타인에게 질투심이나 불안감을 안기고 싶지 않아서일 것이다. 그게 아니라면 성공의 부속물과 연관된 화려함과 사치스러움을 꺼리기 때문일지도 모른다. 성공의 핵심인 정신적인 면을 놔두고 물질적인 면만을 강조하는 풍조 때문에 성공을 향한 노력에 대해 냉소적인 시선을 보내게 되었다는 설명도 가능하다. 어쩌면 이것은 성공을 정의하는 데 그 어떤 금전적인 잣대도 포함시키지 말아야 한다는 의미일 수도 있다. 대신 우리가 어떤 거래나 상황에 기여한 평화의 양에 따라 성공을 정의하는 것은 어떨까? 선의가 얼마만큼 있느냐를 기준으로 성공을 따질 수도 있고, 우리 자신과 남들을 비물질적인 방법으로 풍요롭게 하는 또 다른 재화를 기준으로 따질 수도 있을 것이다.

성공, 그리고 그것을 측정하는 방법을 정의하는 것은 당신에게 맡기겠지만 지금 확실하게 말할 수 있는 것은, 내 경험에 비추어볼 때, 물질적인 부속물은 아무 상관없다는 것이다. 대신 나에게 도움이 되었던 성공의 정의를 고려해 보는 것도 좋겠다. 간단하게 말하면, 성공은 내가 배운 것을 생산적이고 실용적인 방법으로 적용했을 때 나오는 결과다. 좀 더 강하게 말하자면, 성공은 열정을 갖고 추구하고 있는 목적에 대해 습득된 지식을 전략적이고 체계적으로 적용함으로써 나오는 결과다. 이와 같은 성공의 정의는 성공한 것으로 보이는 사람들에게 질문을 던짐으로써 흥미로운 결과를 얻을 수도 있을 것이다. 이렇게 물어볼 수도 있겠다. "무슨 일을 하십니까?" 그리고 "어떻게 하면 그 일을 할 수 있습니까?" 나는 이 두 가지 질문을 던지며 나의 여정을 시작했고, 종종 같은 질문을 받곤 한다.

다른 이들이 성공에 대해 어떤 생각을 갖고 있는지 알아나설 때마다 나는 그 폭넓은 견해 차이에 매번 놀라곤 한다. 알렉스라는 남자로부터 받은 이메일도 좋은 예다. 알렉스는 자신과 식구들에게 더 나은 삶을 주기 위해 미국으로 건너온 이민자다.

운 좋게 동유럽에서 미국으로 오게 된 후, 나는 하루에 스무 시간 청소부, 택시기사, 접시닦이로 일했습니다. 굶지는 않았지만 딸들을 위해서라면 굶어도 좋았습니다. 얼마 후 나는 내가 일하는 여러 사업체에서 회계장부를 제대로 관리하고 있지 않은 것을 보고 도움을 주겠다고 자청했습니다. 얼마 가지 않아 회계 일로 너무 바빠진 나는 조수를 고용해야 할 정도가 되었습니다. 내 회사는 그렇게 시작해서 성장했습니다. 나는 이후 기술회사와 합작해 다양한 사업 관리용 소프트웨어를 개발하게 되었습니다.

그의 성공의 비밀에 대해 묻자 그는 '노력'이라고 답했다. 또한 성공을 밑바닥부터 시작하는 사람들에게 기회의 문을 열어줄 능력이라고 정의하기도 했다.

아칸소 주 시골 출신의 스물네 살 먹은 로스쿨 졸업생 매디슨으로부터 온 편지도 있다. 식구들 중 처음으로 대학을 간 이 여성은 언제나 자신을 의욕적이고 끈질기다고 생각해왔다. 그러나 어려움에 맞서 싸우면서 비로소 자신의 진정한 자질을 발견하고는 평범한 직장에 들어가는 대신 세계적인 변호사가 되고자 하는 깊은 욕망을 깨닫게 되었다고 한다.

지금과 같은 경제 상황에 직장을 찾는 것이 얼마나 어려운지 쓸 필요는 없다고 생각됩니다. 그러나 저만의 '행복을 찾아서' 떠나온 지금 느낀 것은, 목표를 뚜렷이 정의하고 자기 자신을 믿으면 지치지 않을 수 있다는 것입니다. 2년 동안 취업을 위해 노력해온 끝에 저는 시간제 계약직원으로 일자리를 얻었습니다. 저는 그곳이 마치 저의 꿈의 직장인 듯 열심히 일했습니다. 덕분에 더 오래 일하게 되었고, 더 많은 기회가 주어졌습니다. 이제 곧 그곳에서 상근하며 반 정규직으로 계약을 하게 될 것 같습니다. 최고의 조건은 아니지만, 저는 제 자신이 이토록 자랑스러웠던 적이 없습니다! 이제부터 제게 한계는 없다고 느껴집니다.

매디슨에게 지금까지의 비결은 모루 앞을 떠나지 않는 것이었다고 한다. 또한 친척들 중 어린 여성들에게 꿈을 높게 가지도록 귀감이 되고자 하는 바람도 매디슨을 자극했다. 매디슨의 숨길 수 없는 의욕은 시장에서 언제나 장점으로 작용할 것이다.

두 아이의 아버지인 서른네 살의 대럴은 성공에 대해 인상적인 정의를 내렸다. 그는 시 교육청에서 아이들의 무단결석과 폭력집단 가입을 방지하는 일을 맡고 있는데, 교육청이 요구하는 업무 외에도 다음과 같은 활동을 펼치고 있었다.

저는 규칙을 어기는 사람이라고 할 수 있겠습니다. 아이들을 위해서라면 언제든 규칙을 어길 준비가 되어 있으니까요. 작년까지만 해도 저는 제가 무얼 해야 할지 잘 몰랐습니다. 그러나 이제 압니다. 소년원과 위탁 가정에 있는 아이들부터 시작해서 성폭력 피해를 입은 아이들, 구타당하고 언어폭력에 시달린 아이들, 집에 가는 것이 두려운 아이들, 집이 없는 아이들, 배고픈 아이들, 그보다 더한 상황에 처한 아이들과 함께 일하면서 깨달았습니다. (…) 저는 동료 두 명과 함께 아이디어를 짜냈습니다. 자금이 자체 충당되는 의류 제품들을 만들어 대부분의 제품을 아이들에게 공짜로 줄 수 있도록 한 것입니다. 우리를 따르는 어린 아이들이 생겼고 우리는 그 아이들에게 무의식적으로 가르침을 주고 도움을 주었습니다. 본능적으로 그리고 순수한 선의에 의해서 말입니다. 덕분에 우리는 방향과 목적이 생겼습니다. 우리는 돈을 벌 생각은 없지만 목숨을 살릴 생각은 있습니다. 동시에 둘 다 할 수 있다면 그렇게 할 것입니다!

대럴과 그의 동료들이 벌인 사업은 '아직' 크게 알려진 것은 아니지만 그들의 지역사회, 나아가 우리 모두의 사회에 대한 기여도 측면에서는 이미 최고 수준에 올라 있었다. 그것이 성공이다.

알렉스와 매디슨, 대럴은 동일한 목표를 나눠 갖고 있지도 않고 출신이 비슷하지도 않지만 각자 자기만의 방법으로 20~29강에서 살펴볼 시장의 교훈들을 혼합해 최대한 활용했다. 간단하게 요약해 보면 다음과 같다.

제20강 세 사람은 모두 노력의 법칙을 잘 이해하고 있고, 자발적 행동의 효용가치를 중요하게 여기고 있다.

제21강 세 사람들과 같이 우리도 자신감의 힘을 빌릴 수 있다. 이것은 배움을 통해 습득하거나 이미 우리의 일부인 핵심 자질의 가치를 인정할 때 가능하다.

제22강 알렉스, 매디슨, 대럴과 같이 자신의 목표를 높게 잡을 용기가 있는 사람들은 전환가능한 기량을 성공적으로 활용함으로써 변화를 도모할 수 있다.

제23강 우리가 요동치는 시장으로부터 배울 수 있듯, 빠져서는 안 되는 재료가 있다면 바로 탄력성이다. 탄력성이라는 자원을 찾아 활용하는 방법이 담겨 있는 23강을 필독하기 바란다.

제24강 24강에서는 어떤 목표를 추구하든 거기 얼마나 가까이 왔든 상관없이 누구나 마케팅의 덕을 볼 수 있다는 점을 역설하고자 한다.

제25강 우리가 흔히 보지 못하고 지나치는 진정성이라는 자원에 대해 이야기하는 25강은 위의 세 사람뿐만 아니라 경쟁에서 앞서 나가고자 하는 우리들 모두에게 도움이 될 것이다.

제26강 알렉스, 매디슨, 대럴은 노력을 통해 자제력과 품성을 닦을 수 있음을 보여주는 좋은 본보기이다. 26강은 언제든 돌아와 다시 읽어볼 가치가 있을 것이다.

제27강 위 세 사람이 어떻게 네트워킹의 용도를 확장하는지 보고 우리 또한 네트워킹이 왜 시장 속의 마르지 않는 자원인지 상기할 수 있다.

제28강 우리는 언제나 집중력의 중요성에 대해 재차 배울 필요가 있다.

제29강 우리 대부분이 그렇듯 알렉스, 매디슨, 대럴 역시 성공을 이용해 지역사회에 기여하고자 하는 바람을 드러낸다.

앞으로 배울 가르침들이 강조할 테지만, 의미 있는 성공은 스스로 쟁취한 성공이다. 당신은 내 말이 무슨 뜻인지 알고 있으며 이미 모루를 족히 때려보았을 수도 있다. 그렇다면 앞으로 나올 교훈들은 그것들을 이미 오래전에 익힌 사람에게는 매우 쉽게 느껴질지도 모른다. 그러나 기초를 다시 닦기에 너무 늦은 시기란 없다.

20
노력하면 성공한다

: 자발적 행동

1980년대 초, 나는 굳게 믿고 있었다. 어디선가 누군가가 소수에게만 허락된 정보에 자물쇠를 달아놓았으며, 그 속에는 내가 월스트리트에서 성공할 수 있는 열쇠가 들어 있다고 말이다. 다시 말하자면 나는 '비밀'을 찾고 있었다.

2년 후, 내 손에는 말 그대로 열쇠가 들려 있었다. 그 정상에 이르기 위해 나는 두 직업을 가져야 했다. 의료기기 판매상으로 일하며 생활비를 버는 동시에 주식중개인으로 일하기 위한 기회를 찾아 뛰어다녔다. 그러는 과정에서 나는 샌프란시스코 베이 에어리어에 있는 모든 주식중개소의 모든 지점을 찾아다니며 생판 모르는 사람을 만나고, 접수대의 직원들을 제치고, 온갖 수치들로부터 의미를 유추하는 법을 집중 훈련했다. 나는 족히 1년은 '안 된다'는 말만 들었다. 그러다가 마침내 첫 번째 기회를 낚았다.

딘 위터 앤 컴퍼니에 훈련생으로 들어감으로써 주식중개업에 겨우 발을 디딘 나는 훈련 기간을 끝내고 중개업 면허를 따기 위해 맹렬히 공부했다. 그때 나는 홀로 아이를 키우고 있었으며 곧 집도 잃을 처지였다. 실패할 여유가 없던 나는 판매 전화를 매일 적어도 200통씩 하기로 결심했다. 그러는 동시에 어디서 잠을 잘지, 무슨 돈으로 시설 좋은 놀이방에 아이를 맡길지, 어떻게 내 자신과 걸음마하는 아들을 먹이고 입힐지, 그 와중에 어떻게 돈을 남겨 집을 구하는 데 쓸 것인지에 관한 세부 계획을 마련하는 또 다른 OTJ 트레이닝에 임했다.

당신도 살면서 위와 비슷한 노력을 몇 가지, 심지어는 모두 해본 적이 있을 것이다. 혹은 미래에 하게 될 수도 있겠다. 이미 알고 있겠지만, 다양한 노력을 한꺼번에 감당해내야 하는 것은 나뿐만이 아니다. 그것이 신입사원으로 일하는 것이든, 새 직장을 찾는 것이든, 머물 곳을 찾는 일이든, 교통수단을 선택하는 일이든, 우리 자신과 사랑하는 식구들을 위해 허리띠를 졸라매는 일이든 말이다. 그러나 다른 사람들도 비슷한 곤경을 겪었음을 상기한다고 해서 내 상황이 바뀌는 것은 아니다. 포기하지 않도록 이끌어줄 수는 있어도 말이다. 그래서 자발적 행동이라는 가장 핵심 자원에 대해 강조하고 싶다. 그것은 공구함에서 가장 먼저 꺼내야 하는 공구에 속한다. 그것이 없으면 공구함을 열지조차 못할 수도 있기 때문이다.

누구든 자발적인 태도를 가질 수 있다. 어느 학교에 다녔든 새로운 일을 시작할 때 연줄이 있든 없든 말이다.

일자리를 찾기까지 1년이 더 걸리고, 또 다시 1년 간 모루를 때려야 했지만 자발적인 태도와 끈기 덕분에 나는 초보자다운 실수들을 극복하고 기초에 통달할 수 있었다. 그때 비로소 나는 마침내 고개를 들었고 나에게 고객 '명단'이 생겼음을 알았다. 그것은 내가 노력했음을 입증하는 성공의 증거였을 뿐만 아니라 냉혹한 경제 현실의 언어로 말하자면, 마침내 방을 구할 수 있는 돈이 생겼다는 의미이기도 했다. 1년을 집 없이 보낸 뒤 처음으로 얻은 방은 오클랜드에 있는 어느 주택 지하였다. 그 집을 지나다가 집 앞에 장미가 피어 있는 것을 본 터였다. 빈민가에 장미라니! 드디어 내 집을 찾은 것 같았다.

그것은 여정의 끝이 아니라 시작일뿐이었다. 그러나 그 집에서 첫 날밤을 보내고 크리스토퍼 주니어와 함께 집을 나서는 나에게 집주인이 준 작은 금속 열쇠는 마치 내가 지구상에서 가장 큰 부자이며, 가장 어려운 숙제를 끝낸 것 같은 느낌을 주었다. 그 뒤로 그만한 성취감은 느껴본 적이 없다. 그날 나는 1년 만에 처음으로 집에 물건을 두고 나왔는데, 퇴근 후 놀이방에서 크리스 주니어를 데리고 돌아와도 물건이 여전히 같은 자리에 있으리라는 생각에 마음이 편안했다.

손에 묵직한 열쇠를 든 기분은 영원히 잊지 못할 것이다. 그 느낌은 내가 옛날부터 잘 알고 있던 삶의 교훈이며 시장의 처음이자 마지막 원칙, 즉 "노력하면 성공한다는 법칙은 비결 아닌 비결이다"를 입증해주었다.

이것을 지워지지 않는 먹물로 팔에 새겨도 좋고 두개골 안쪽에 새겨도 좋다. 이 원칙은 당신을 실망시키지 않을 것이다. 당신이 현재 혹은 미래에 무엇을 시도하든, 당신 자신과 당신의 삶을 원하는 대로 빚어가겠다는 자발적인 태도를 취하고 '노력'으로 뒷받침하면, 그것이 곧 시장에서 성공하는 특별한 비법을 획득한 것이다.

물론 시장을 쥐고 흔들기 위해서는 또 다른 원칙과 조건들을 배워야 한다. 그러나 나에게 이 교훈은 매 단계에서 가장 중요한 역할을 해주었다. 실로 노력을 대신할 만한 것은 아무것도 없다.

노력이 가장 중요하다는 당연한 사실을 이처럼 지나치게 강조하는 이유는 무거운 초석을 들어다놓는 힘겨운 과정을 생략하고 즉시 큰물에서 놀기 위해 어떤 방식으로든 꼼수를 쓰려는 사람들의 질문을 종종 받기 때문이다. 그런 태도는 요행을 바라거나 나에게는 없는 특별한 공식을 누군가가 갖고 있다는 생각으로 이어질 수 있다. 물론 남들에게 유용했던 전략을 고려해 봄으로써 힘을 얻을 수는 있다. 그것이 스스로의 일을 하는 데 방해가 되지 않는다면 말이다.

그러나 기회를 최대한 활용하는 가장 좋은 방법은 남의 레퍼토리에 있는 것이 아니라 우리 내부에 있다. 때로는 기계적인 반복과 시행착오, 참호 속에서의 지루한 기다림을 겪어야 비로소 개개인에게 효과적인 방법이 따로 있음을 깨닫게 된다.

나도 램프 속의 요정처럼 손가락 하나로 모든 이들에게 묘책을 줄 수 있다면 좋겠다. 나도 그런 걸 원했으니까! 그러나 묘책은 결국 이번 강의에서 제시하는 교훈을 적용하는 데 있었다. 노력은 시작할 때뿐만 아니라 다음 단계로 올라설 때에도 필요했다. 다시 시작하고 스스로를 재발견해야 할 때도 비슷한 방법으로 적용 가능했다. 또한 한

참 뒤 내 한계를 극복하고 새로운 분야를 개척하고자 할 때 역시 의미가 있었다. 나의 직업적인 성장 과정에서 노력이 필수적이지 않은 때는 없었다.

서브프라임 모기지 사태가 시작될 무렵 한 부동산 회사의 연례회의에서 열린 질의응답 시간에 잘 차려 입은 50대 미남 신사가 자리에서 일어나 물었다.

"이 경제 난국에 이직을 고려하고 있다면 어떤 방법으로 좋은 기회가 오도록 유도할 수 있을까요?"

솔직히 말해 난 미소를 지을 수밖에 없었다. '맨땅에 헤딩'이라는 말이 진부하게 들릴지라도 실제로는 효과가 있다! 적절한 방법으로 기회를 유도하는 것이 나쁘다는 소리는 아니다. 그러나 가능성을 능동적으로 추구하지 않으면 세월만 흐를 수 있다. 내가 해줄 수 있는 최고의 조언은 그가 부동산 업계에 종사하면서 일찍이 배웠을 사실, 즉 발품을 팔고, 남보다 조금 더 뛰고, 꾸준하게 하라는 것이었다. 그러면 기회를 유도하기보다 운전석에 앉아 기회를 자발적으로 찾아 나서게 되는 것이다. 자발적으로!

한 걸음 더 나아가 자발적인 태도를 주 메뉴로 정해도 좋다. 자발적인 태도는 목적의 추구와 사촌간이다. 저녁에도 점심에도 아침에도 자발적인 태도를 섭취하라. 자발적인 태도는 곧 밥이다. 그러니 재고가 없다면 당장 확보하라! 우리 앞에는 공과금과 세금과 죽음과 고난만이 도사리고 있으니 말이다. 일단 재고부터 확보해놓고 그 다음에 어떻게 요리할 것인지 결정하면 된다.

우리가 스스로 하고자 해서 한 일에 몰두하면 재미있는 현상이 벌어지는데, 그것은 일이 별로 힘들지 않다는 것이다. 만약 취업이나 재취업이라는 위압적인 미래 상황에 직면해 과거처럼 자연스럽고 손쉽게 자발적인 행동을 취할 수 있다면 얼마나 좋겠는가? 난 가능하다고 생각한다. 크게 성공하는 이들은 그렇게 한다. 그럼에도 우리들은 종종 자발적인 행동에 앞서 망설인다.

문제의 일부분은 두려움이다. 언제든 짜증을 부릴 수 있는 사람들에게 전화를 돌리는 것을 즐기는 사람이 어디 있겠는가? 현재로서는 채용계획이 없다는 말을 듣고 싶어하는 사람이 어디 있겠는가? 게다가 우리는 스스로를 팔려고 내놓은 상품이라고 생각하는 데 대한 거부감이 있으며 시장 자체에 대한 불안감이 있다. 취업활동은 스트레스를 가장 많이 유발하는 요인 가운데 하나라고 한다. 여러 가지 이유로 일을 중단했다가 다시 취직하려는 사람들이나 중년에(요즘은 중년의 정의가 많이 변하고는 있지만) 직업을 갈아타려는 이들에게는 특히 힘겨운 경험일 수 있다.

편안하게 느끼는 영역에서 벗어나 삶의 현장으로 나아갈 때 누구나 미지의 것에 대한 두려움을 겪는다. 삶의 현장에서는 누군가가 우리를 평가하고 비판하고 어쩌면 퇴짜 놓을 수도 있으며 궁극적인 결과에 영향을 미칠 수많은 변수를 우리가 어떻게 제어할 수 없다. 이를 깨닫고 난 뒤, 매우 심각한 공황장애에 속하는 광장공포증agoraphobia이, 직역하면 '시장에 대한 공포'가 되는 이유를 알았다. 내 능력 밖에 있는 것에 대한 두려움, 불행이나 예상치 못한 사건을 피하거나 거기서 살아남을 수 없다는 것에 대한 불안감을 극복하는 것이 어떤 이들에게는 매우 어렵게 느껴질 수 있다. 그런 사람들은 집을 떠나지 않거나 사람들이 많이 모이는 곳을 피하곤 한다.

이와 같은 극도의 혐오감을 갖고 있지는 않더라도 저 험한 세상에 나가 모자를 벗어 쥐고 무언가를 부탁하는 것은 몹시 긴장되는 일이다. 만약 준비를 단단히 했고 영업에 필요한 도구를 제대로 갖추었는지 확인했다면(이력서는 최근에 수정한 것인지, 보기에는 편한지, 웹사이트와 홍보자료는 최신판인지), 또 언제나 명함과 볼펜을 몸에 지니고 있다면, 두려움이 덜할 수도 있다. 나는 무인도에 벌거벗고 있어도 명함과 볼펜은 어딘가에 지니고 있다! 늘 만반의 준비를 하라.

영업에 필요한 이 모든 도구들은 당신의 도전을 한결 순조롭게 만들어줄 것이다. 작업 도구를 존중하는 마음은 자기 자신을 얼마나 존중하는지에 대한 단서가 된다. 직업 세계는 장비가 철저하게 갖춰져 있고 짜임새 있게 체계가 잡힌 사람들에게 민감하게 반응한다.

시장이 당신의 친구가 아니라는 것은 냉혹하지만 진실이다. 시장은 따뜻하고 친절한 존재로서 고안되지 않았다. 시장은 나 하나쯤은 거들떠보지도 않는다. 이것을 또 하나의 법칙으로 알고 기억하기 바란다. 당신이 당신의 창작품이나 아이디어, 능력, 꿈, 혹은 열망을 선보이기 위해 과감하게 창피함을 무릅쓸 때 상대방이 버선발로 마중을 나오는 일은 드물 것이다. 내가 무얼 주고 싶어하거나 받고 싶어하든, 그것이 일자리든 사랑이든 대의를 위한 기여이든, 시장은 관심이 없다. 다른 사람에게 가치가 있거나 흥미로울 만한 무언가가 내게 있지 않다면 말이다.

노력과 자발적인 행동은 시선을 끌 수 있다. 채용 담당자와 이야기를 나누고 싶어한 사람이 세 번이나 다녀간다면 접수대에 있는 안내원은 반복적으로 방문하는 그 사람의 이야기를 대화의 주제로 삼을지 모른다. 또한 노력과 자발적인 행동이라는 자산은 당신의 긴장을 풀어주고 마침내 접수대를 지나 안으로 들어가게 해줄 것이다. 노력의 모루를 때리는 것에서부터 오는 경험은 또한 당신을 미래의 고용주들이 관심을 가질 만한 지식으로 이끌어줄 가능성도 있다.

딘 위터 앤 컴퍼니에 막 들어갔을 때 나는 자발적인 행동을 실천하고 창의적인 방법으로 모루를 때림으로써 효과를 보았다. 다시 말해 밑바닥부터 시작하여 '웃으며 번호 누르기'를 계속했다. 나는 생판 남에게 전화를 거는 괴로운 일을 그렇게 불렀다. 모루를 어찌나 부지런히 때렸는지 내 오른손 집게손가락은 아직도 굽어 있다.

최근에 샌프란시스코로 출장을 갔다가 금융 지구에서 길을 건너려고 하는데 어느 젊은 여성이 내 이름을 불렀다. 여자는 주식중개업에 막 발을 들여놓은 참이라며 한 가지만 대답해달라고 했다.

"왜 하필 200이죠?"

나는 여자의 질문을 정확히 이해했다. 시계가 다섯 시 반을 치기 전까지 최소한 200통을 돌려야겠다고 결심하고 그렇게 실행에 옮겼는데, 여자는 왜 하필 200이라는 숫자를 택했는지 궁금했던 것이다. 내가 진짜 이유를 말했다.

"배가 고팠거든요."

나는 성공할 가능성을 높이기 위해 내가 할 수 있는 최고의 목표를 잡아야 했고, 그것이 200통이었다. 나는 목표를 달성하기 위해 스스로에게 엄격해야 했으며, 말과 움직임을 절제하고 C-5 공식을(1강 참조) 이용해 나의 도구들을 갈고 닦아야 했다. 커피를 줄이고 화장실 갈 시간조차 아까워하며 쓸데없는 수다를 삼간 결과 나는 회사에서 가장 초보적인 일을 가장 잘하는 사람이 되었다.

이것이 내가 생각하는 노력이다. 무엇을 하든 온 힘을 다하는 것. 너무 당연한 사실이라 별 것 아닌 것처럼 느껴질지 모르겠다. 그러나 나와 똑같은 것을 원하는 수천 명도 넘는 사람들과 앞을 다투는 경쟁적인 환경 속에서 주목받기 위해서는 가장 당연한 자질로 이목을 끌어야 한다.

나는 자발적인 행동을 통해 개리 시마노의 시선을 끌었다. 그는 내가 월스트리트 초년생일 때 나의 가장 중요한 스승이자 친구였다. 사업과 골프에 통달한 시마노 그룹의 CEO인 개리 시마노는 내가 그를 만난 1980년 중반, 샌프란시스코에 위치한 베어 스턴스 앤 컴퍼니의 공동대표이자 전무이사였다. 나는 그를 내가 일하던 딘 위터 앤 컴퍼니의 객장에서 자주 볼 수 있었는데, 그가 우리 회사에 있던 한 여사원을 종종 찾아왔기 때문이다. 나는 그 여사원이 그의 주식중개인인 줄 알았는데 실은 여자친구였다. 어느 날 개리는 자신을 소개하고는 내게 명함을 하나 주었다. 내가 그에게 연락을 하자 그는 나의 자발적인 태도에 감탄했다고 말했다. 그는 내가 제일 먼저 출근하고 제일 늦게 퇴근하는 데다 거물급 중개인들을 관찰하며 그들이 어떻게 그 자리에 올랐는지 배우려 한다는 소문을 들었다고 했다. 나는 물론 윌 로저스의 가르침을 따른 것뿐이다. 윌 로저스는 자신과 이야기를 나눈 모든 사람들을 자신과 같은 학교 출신으로 둔갑시키곤 했다.

개리는 나의 일하는 태도에 주목하는 것에 그치지 않고 그것을 높이 평가해 나를 그의 회사로 부르기까지 했다. 그리고 내가 있는 회사에서는 나를 적절히 채찍질하는 법을 모르고 있다고 숨김없이 말했다. 내가 개리의 제안을 받아들이자 그는 신입사원인 나를 직접 가르치기 시작했다. 그는 내 안에 엄청난 잠재력이 보인다고 하며 나 또한 그것을 볼 수 있어야 한다고 했고, 그러려면 할 일이 많다고 했다. 그럼에도 나라면 높은 데 오를 수 있을 거라고 설득했다.

"크리스 가드너, 이제부터 자네가 빛을 발할 순간이네. 자네가 빛을 받을 순간이야."

개리도 인정하겠지만 물건을 판매하기 가장 쉬운 경우는 상대방도 영업사원일 경우이다. 개리가 나에게 초봉을 제안해 보라고 했을 때 나는 당시 상상할 수 있었던 가장 큰 금액을 댔다. 월급 5000달러였다. 개리가 단번에 동의한 것으로 보아 더 부르지 않은 것이 아쉬웠다. 그럼에도 나는 기뻐 하늘을 날 지경이었다. 나는 크리스 주니어와 함께 샌프란시스코의 그림 같은 아파트로 이사했다. 근처에는 훌륭한 놀이방이 있었고 회사와도 버스 몇 정거장 거리였다. 놀랍게도 버스 정류장은 바로 아파트 입구에 있었다.

개리가 이후 고백하기를, 나에게 투자하는 것이 득이 될 것임을 마샬 겔러를 포함한 베어 스턴스의 여러 중역들에게 납득시키는 것이 쉽지 않았다고 했다. 그러나 일단 동의하고 나자, 마샬 겔러도 내게 좋은 스승이 되어주었다. 방식이 전혀 딴판인 마샬과 개리는 당시 나의 성장에 결정적인 역할을 했고 지금도 여전히 나를 이끌어주고 있다.

노력과 자발적인 행동이 특별히 목표하지 않았던 기회를 잡게 해준 기억이 당신에게도 있기를 바란다. 그랬던 경우 당신도 나와 비슷한 가르침을 얻었을 것이다. *아주 가끔씩 기회가 제 발로 걸어온다는*

사실 말이다. 물론 그런 일은 준비가 되었을 때만 일어난다. 또한 모루를 때리는 일이 허망하게 느껴질 만큼 아무 효과가 없다면 접근 방식을 바꿔야 할지도 모른다. 나아가 우리 모두는 이미 알고 있는 것들을 융통성 있게 이용해 더 큰 효율을 추구해야 한다.

새로운 회사에 들어간 나의 도전심리를 자극한 것은 숫자놀이의 승률을 올리기 위해 자발적인 행동은 물론이고 효율, 연구개발, 네트워킹, 혁신의 요소를 더하는 접근방식이었다. 베어 스턴스의 표어는 이러했다. "더 열심히 일하지 말라, 더 똑똑하게 일하라."

내가 처음으로 기회를 얻은 곳이며 단순하고 전통적인 업무환경에서 주식중개의 기초를 배운 곳인 딘 위터를 떠나 베어 스턴스로의 비약적인 이동을 했을 때, 그곳에는 매우 다른 위계질서가 있었으며 모두가 최고의 기량을 발휘하고 있는 듯했다. 개리 시마노는 나 또한 그렇게 해야 할 것이라며 첫날부터 말했다.

"여긴 민주주의가 없네. 성과주의밖에 없어."

그리고 이렇게 덧붙였다.

"자네는 미숙한 상태로 프로 풋볼 선수가 된 것이나 다름없네. 그러니 정신 똑바로 차리게."

당신 역시 자신이 빛을 받을 기회, 빛을 발할 기회를 자발적으로 찾아 나서야 한다. 그러면 당신도 정신 똑바로 차릴 수 있고, 최고를 향해 스스로를 채찍질할 수 있다. 그렇게 해야 한다.

21
모루 위에서
두드려 만들기

: 자신감

    자발적인 행동을 취한 직후 공구함에서 꺼낼 준비가 되어 있어야 하는 도구, 어떤 상황에든 사용할 수 있도록 연마해두어야 하는 도구는 바로 자신감이다. 시장을 효과적으로 항해하기 위해 자신감은 필수 자원이다.

    이력서에 명시된 능력이나 경력 사항으로 예측할 수 있는 것보다 훨씬 더 먼 곳까지 개인을 데려다줄 수 있는 무형의 자질이 있다면, 그건 바로 자신감이다. 큰 성공을 이룬 사람들에게 어떻게 사람들을 설득해 기회를 낚아챘는지 물어보면 종종 면접이나 오디션을 망치고도 승승장구했다는 이야기를 밝히곤 한다. 특별한 무언가를, 즉 다른 단점을 보완하는 핵심 자질을 남들이 알아봐준 것이다.

나는 다양한 분야에서 비슷한 자신감을 가진 사람들을 본다. 그들은 아직 꿈을 이루지는 못했지만 내부에서 자기 확신이 뿜어져 나온다. 눈은 초롱초롱하며 호기심 어린 얼굴은 더 많이 알고 배우고 싶어 한다. 서슴지 않고 질문을 하고 대답에 귀를 기울이며 나이나 경험에 어울리지 않는 침착한 태도를 유지한다.

반대로 기회가 올 때마다 놓치는 통에 분통이 터질 듯한 사람들의 이야기도 듣는다. 자신감이 부족해 기회를 놓친 것이 여러 번이라며 술술 나열하는 사람들이다. 그들은 어떤 말과 어떤 행동이 잘못되었는지, 어떤 말과 행동을 미처 하지 못해서 좋은 인상을 심어주지 못했는지 잘 기억한다. 그러나 또 다시 예측할 수 없는 상황이 벌어지게 되면 (그것이 면접이든 소개를 받아서 하는 데이트든, 잠재적 고객을 대상으로 하는 발표든, 심지어 사교 모임이든) 자신감이 없는 것을 지나치게 걱정하다가 일을 더 그르쳐버린다.

그렇다면 자신감이라고 하는 무형의 자질은 과연 어디서 오는 걸까? 자신의 분야에서 세계적 경지에 올랐다고 인정받는 사람들(심장외과의, 지휘자, 그리고 세계경제를 좌지우지하는 것이 일상인 국제적 금융인 등)을 관찰하면서 내가 가장 궁금했던 것도 이것이다.

이러한 사람들을 관찰하면 그들의 자신감이 종종 초대형 규모임을, 평범한 사람을 훨씬 뛰어넘는 수준임을 볼 수 있다. 그들은 또한 보통 사람들이 할 수 있는 것 이상으로 깊이 몰두한다. 그들은 자신의 분야에서뿐만 아니라 일상생활에서도, 그러니까 거리를 걷거나 식료품을 사거나 택시를 잡을 때도 남다른 존재감과 권위를 발산한다. 그들이 방으로 걸어 들어오면 시선을 보내지 않을 수 없다. 그들은 마치 호랑이처럼 사냥감을 덮칠 기세다. 한 마디 하지 않아도 공간을 평정하는 듯하다.

나는 한때 이와 같이 자신감 철철 넘치는 사람들은 태어날 때부터 남보다 자아가 뚜렷하고 자기확신이 강하다고 생각했다. 그러나 최고의 경지에 이른 사람들과의 대화를 통해 그 추측이 틀렸다는 것을 알게 되었다. 핵심 자질은 평범한 모루 위에서 두드려 만들 수 있다. 자신감도 후천적으로 획득되는 자원이라는 것이다.

그렇다면 대체 어떻게 획득하는가? 기초적인 상식과 관찰을 통해 깨달은 바에 따르면, 자신감을 얻기 위해서는 연습과 전문지식을 습득하는 것이 필요하며, '자신감 있고자 하는 분야에서의 노력'이라는 모루 두드리기가 필수다. 내가 편안하게 여기는 영역으로부터 벗어났을 때, 스스로 그럴 자격이 있음을 인정함으로써 자신감을 쌓을 수 있다. 예를 들어 남의 집 문을 두드리며 다녀야 할 경우, 그럴 자격이 있음을 결정짓는 것은 바로 자신이다. 당신도 겪어봐서 알겠지만, 시장은 모두에게 붉은 양탄자를 펼쳐주지 않는다. 따라서 스스로 특별한 것을 제공할 수 있다고 믿어야 한다. 그러면 인정받을 가능성이 남보다 못하지 않을 것이며, 때로 더 나을 수도 있다.

자기 자신에게 자격을 부여할 필요성은 우리 어머니가 나에게 제일 처음 깨우쳐준 것이기도 하다. 어머니는 나의 가치가 내 혈통이나 학벌, 공식 기록과 결부되어 있지 않다고, 나라는 인간의 알맹이에 뿌리 박혀 있다고 끈질기게 주장했다. 이번에도 역시 나는 어머니를 관찰함으로써 배웠다. 어머니가 있는 공간에 퍼지는 은근한 힘과 존재감은 종이조각에 불과한 그 어떤 자격 증명서들보다 훨씬 더 놀라운 것이었다. 그와 같은 자신감을 발산하던 또 다른 사람은 나의 사랑하는 헨리 가드너 삼촌이었다. 어머니의 남자 형제들 가운데 가장 막내였던 헨리 삼촌은 내가 여덟 살 때 배에서 일어난 사고로 세상을 떠났다.

헨리 삼촌의 존재감은 권위라는 말로는 부족하다. 헨리 삼촌은 천하를 호령했다! 단순히 강인한 것에서 그치지 않고 대담무쌍했으며, 내가 보기에 삼촌에게 평범한 구석이란 없었다. 아버지가 없어 슬픈 아이였던 나는 헨리 삼촌을 아버지상에 가장 가까운 인물로 여겼다. 나는 그가 가진 장점들을 존경하고 귀감으로 삼았다. 외모를 단정하게 가꿀 줄 아는 능력과 멋진 옷매무새부터 온갖 구경거리와 지역들을 찾아 세계를 여행하도록 이끈 모험심까지. 여자들이 삼촌을 만나기 위해 늘 줄을 섰다는 사실과 나에게 마일스 데이비스의 음악을 소개해준 사람이라는 것을 굳이 언급하지 않아도 헨리 가드너 삼촌은 진정 멋의 왕이었다.

삼촌이 너무 젊은 나이에 세상을 떠나자 나는 삼촌의 뜻을 기리고 집안의 전통을 잇기 위해 내 능력이 허용하는 한 한껏 멋을 부리며 살기로 했다. 당시 여덟 살이었던 나의 주사위는 던져진 것이었다. 삼촌을 따라 하느라 잔뜩 까다로워진 값비싼 취향을 유지하려면 꽤 많은 돈을 벌어야 할 것이 분명했다. 물론 누구든 무슨 목적을 추구하든 옷부터 빼입어야 한다는 뜻은 아니다. 그러나 내가 존경하는 또 다른 인물이기도 한 J. F. 케네디의 신조를 따르기 위해서라도 내게는 말쑥한 옷차림이 필수조건이 되었다. 케네디는 잘하는 것도 중요하지만 잘 보이는 것도 중요하다는 의미의 말을 한 적이 있다.

세계무대에서 세련된 모습을 보이는 것은 내가 가진 구상과 공적이 이목을 받게 하는 방법 중 하나다. 시장에서 세련된 모습을 보이는 것은 자신감을 끌어 올리는 방법이기도 하다. 그런 걸 좋아한다면 말이다.

당신이 장점이라고 미처 생각하지 못한 핵심 자질을 올바르게 인식하는 또 하나의 효과적인 방법은 3A, 즉 권위, 진정성, 자치(169쪽 참조)를 활용하는 방법이다. 즉, 자신을 알고, 자기답게 행동하고, 스스로 결정하는 것이다. 나는 주식중개인으로 성장하는 매 단계마다, 내게 익숙한 업무 영역에서 벗어난 기회를 잡고자 할 때마다 3A로부터 도움을 받아 자신감을 얻었고, 그로써 미래의 고용주와 상사, 고객을 안심시켰다. 몇 번은 내가 알고 있는 것보다 더 많은 것을 아는 척 한 적도 있었는데, 그럴 때마다 낭패를 보았다. 시간이 갈수록 나는 이렇게 말하는 것이 더 낫다는 것을 깨닫게 되었다.

"지금으로서는 드릴 수 있는 답변이 없습니다만, 제가 가장 잘하는 것이 연구조사이며 중요한 질문에 대해 충실한 답변을 제공할 수 있는 전문가를 찾는 일입니다."

그러나 어느 분야에서든 초심자라면, 현란한 성과를 보여야만 주목을 받는다고 생각하기 쉽다. 물론 자신의 능력만으로 눈부신 활약을 펼칠 수 있다면 그 방법은 효과적일 수 있다. 그러나 지나치게 애쓴다는 인상을 줄 수도 있다. 게다가 일에 필요한 자질이 있음을 증명해 보이는 과정에서 오히려 약점을 드러낼 가능성도 있다. 카드놀이를 좀 해본 사람이라면 알겠지만, 불확실한 상황에서는 높은 카드를 먼저 내는 것이 유리하다. 즉, 손에 든 카드 중에서 가장 좋은 카드를 먼저 내놓으라는 것이다.

자신이 쥔 카드의 가치를 판단하는 데 역시 3A를 이용하는 것이 좋다. 자신을 알고, 자신의 진면모를 자연스럽게 내비치고, 남들이 요구하지 않았던 자산과 관심사와 심지어 취미까지 드러내기로 스스로 선택한다면 불리한 상황을 유리하게 뒤바꾸어놓을 수 있다. 구인광고나 승진하고픈 직책의 업무 내용에 나만의 독특한 장점이 없을지라도 자신의 능력에 대한 자신감을 갖고 나타난다면 사람들의 마음을 돌려놓을 수도 있다.

종류가 다양한 여러 평범한 모루 위에 핵심 자질을 올려놓고 두드려야 한다는 이번 교훈을 실생활에 적용할 때, 당신에게 즐거움을 주는 시장 밖의 목적 추구에 대해서도 잊어서는 안 된다. 당신이 규칙적으로 즐겨왔던 활동이나 취미, 열정이 있는지 생각해 보라. 패션에 대한 나의 관심과 마찬가지로 생업과 아무 관련이 없을 수도 있지만 그것은 당신의 전체적인 자신감을 더욱 키워주는 역할을 할 것이다. 독서광이어도 좋고 편지를 아름답게 쓰는 능력도 좋다. 당신의 유머감각이나 깔끔함, 어머니와 어머니가 만들어준 사과파이에 대한 애정이어도 좋고, 스타트렉 시리즈에 대한 소소한 관심도 좋다.

자신감을 쌓는 방법은 우리를 만족시키는 다양한 여가활동에서 온다. 엔도르핀을 발생시키고 행복감을 느끼게 해주는 흔한 방법은 운동을 하는 것이다. 요가는 안정감과 자신감을 키우는 데 효과적이라고 한다. 배를 타고 낚시를 하러 가거나 숲에서 산책하는 것에서 힘을 얻을 수도 있다. 세차를 하고 난 뒤 드라이브를 하면 기분이 날 듯이 상쾌하지 않은가? 탱고를 추는지? 골프나 테니스광인지? 주말에 집안 청소를 하면 나만의 천국에 온 기분인지? 나는 쇼핑요법도 잘 듣는다.

어떤 이들은 이것을 단순한 취미활동이라고 생각하지만 자유시간을 보내는 자신만의 방법에 대한 열정을 갖고 있고 그로부터 자신감을 얻는 우리 같은 사람들에게 그런 말은 말라. 자신을 기쁘게 해주는 활동은 힘든 하루를 보내고 휴식을 취하기 위한 방편만은 아니다. 내가 아는 많은 사람들에게 이것은 일종의 명상이다. 나만의 모루를 갖고 나만의 작업실에 들어가 창의력을 발산하는 길이다. 재계나 정부, 의학계, 법조계 등 굳이 예술적인 능력이 요구되지 않는 여러 분야의 가장 높은 위치에서 일하는, 누구보다 바쁘고 욕심 많은 나의 동료들 중에는 요리에 죽고 못 사는 사람들이 많다! 그들은 수준급 요리사에 비견할 만찬을 차려낼 수 있다. 대부분은 집에서 설거지를 하고 레인지를 벅벅 닦으며 기초를 다졌다.

자신감은 전환가능한 자질이다.

내 기분이 날아갈 듯하다면, 무엇을 해서 그렇게 되었는지와 상관없이 시장은 긍정적으로 반응한다. 1980년대 중반 뉴욕으로 거처를 옮긴 뒤 꾸준히 해오던 일이 있는데, 바로 업무적인 만남을 하러 갈 때마다 구두닦이에게 가는 것이다. 나는 발끝부터 머리끝까지 반짝인다는 기분이 들면 자신감이 폭발한다. 나처럼 구두에 집착할 필요까지는 없다. 나처럼 그날 닦은 구두만 신는다는 철칙을 고집할 필요도 없다.

뉴욕으로 이사하고 구두닦이를 찾아가는 습관을 들인 지 얼마 되지 않아 나는 최고의 구두닦이를 찾아다녔고, 55번 스트리트와 7번 애비뉴가 만나는 지점에서 최고 중의 최고를 발견했다. 나는 몇년 간 이것을 나만 아는 비밀이라고 생각했는데, 2002년의 어느 아름다운 가을 날, 구두닦이 앞에 앉아 있는 내 옆자리에 누가 앉았는지 아는가? 바로 지구상에서 가장 세련된 멋의 황제 토니 베넷이 있었다.

당시 70대 중반이었던 토니 베넷은 1950년대와 60년대 초반 그를 동경의 대상으로 만들었던 잘생긴 외모와 카리스마, 그리고 재능을 조금도 잃지 않고 있었다. 대중들은 60년대 후반에서 시작해 7, 80년대에 지속됐던 록앤롤의 강세로 인해 그가 세월과 함께 사라진 것으로 알고 있다. 그러나 많은 사람들이 모르고 있는 사실은 그가 결혼문제와 돈문제로 시작된 긴 추락을 겪었으며, 1979년에는 코카인 과다 복용으로 죽을 뻔했다는 것이다. 그러나 그는 무엇보다 놀라운 모습으로 복귀했다. 그는 모루 앞으로 돌아가 무슨 노래든 자기 것으로 만들 수 있게 한 그만의 개성과 열정, 음악성 등의 핵심 자질을 두드린 것이다. 두 아들이 음반을 각각 기획하고 제작하는 것을 도와 그는 보란 듯이 순위권에 들었고, 음악상을 석권하며 진정한 스타임을 과시했다.

나는 그와 무슨 말이든 하고 싶었다. 어느새 나의 구두는 그 순간만큼 찬란하게 빛을 발했고, 나는 문 밖을 나서기 전에 뒤돌아 토니에게 물었다.

"선생님은 대체 언제까지 이렇게 쉬지도 않고 뛰실 거예요?"

토니 베넷은 조금도 망설이지 않고 웃으며 대답했다.

"뭐하러 쉬어요?"

이게 바로 자신감이다!

22
마법사도 처음엔 대장장이였다

: 전환가능한 기량

모루라니? 대장장이라니?

당신은 내 친구들과 똑같은 질문을 하고 싶을 것이다. 그들은 이렇게 묻곤 한다.

"크리스, 모루를 때리는 이야기는 왜 그렇게 자주 하는 거야? 언제부터 대장장이에 그렇게 심취했어?"

나는 철강산업으로 유명한 밀워키에서 어린 시절을 보낸 내가 대장장이에 심취하는 게 그다지 놀라운 일은 아니라고 설명한다. 사방에는 늘 공장의 소음이 윙윙댔고, 제재소와 주조소, 그밖에 철강 관련 공장에 물을 대기 위한 수로가 흔했다. 내 머릿속에서 대장장이는 주변 사람들의(철강업계에 종사하든 그렇지 않든) 근면 성실함이 투영된 평범한 남녀였다. 그들의 태도는 단지 '도전하라!'가 아니라 '도전하고 즐겨라! 그리고 잘하라!'였다.

이런 분위기에서 자라면서 나는 상업에 종사하는 사람들, 그리고 다양한 수준의 기능직 노동자들을 존중하게 되었다. 그리고 기술을 계발하기 위해 얼마나 많은 단계를 거쳐야 하는지도 알게 되었다. 제재소에만 해당되는 이야기가 아니다. 모든 지역 산업, 즉 벽돌 공장, 양조 공장, 가죽 공장, 육류 가공 공장, 그리고 자동차 공장 등에도 해당된다. 각각의 공장은 나름대로의 체계와 제조 공정이 있다. 그러나 나중에 어떤 전문적인 기술을 습득하게 되든 처음에는 누구나 밑바닥부터 시작해야 한다. 기본적인 원리, 즉 원재료를 완성된 제품으로 만드는 과정을 터득해야 하기 때문이다. 시간이 흐르면 처음 맡았던 업무에, 혹은 특정 분야에 숙달되게 된다. 그 자리를 자신이 오를 수 있는 최고의 자리로 여기고 머물 수도 있지만, 기술을 다양화하거나 새로운 기술을 도입하는 방법을 발견해 더 높이 올라가 궁극적으로 장인의 수준에 다다를 수도 있다.

대장장이의 일이 무엇인지 알기 오래 전에, 다양한 지역 산업을 관찰하던 나는 분야에 상관 없이 장인의 수준에 이르는 일반적인 단계를 깨우치게 되었다. 그리고 결국 그 단계를 밟고 오르는 데 필요한 화폐가 무엇인지 알게 되었다. 바로 전환가능한 기량이다. 나는 전환가능한 기량이라는 말을 알기 이전에도 일상생활에서 그러한 기량을 이미 활용하고 있었다.

업무에서뿐만 아니라 일반적인 성장 단계에 걸쳐 지식과 기량이 어떻게 전환가능한지 깨우쳐가는 도중 나는 대장장이의 기술과 관련해 장인의 수준에 도달하기까지의 기술습득 과정에 대해 공부해야 되겠다고 결심했다. 제일 처음 알게 된 것은, 대장장이 일을 하기 위해서는 세 가지 도구를 다룰 줄 알아야 한다는 사실이었다. (1)먼저 모양을 잡을 철이나 검은 금속을 달굴 아궁이나 화덕을 다뤄야 한다.(대장장이blacksmith라는 말은 검은 금속black meta을 다룬다는 데서 왔다.) (2)철을 원하는 모양으로 만들기 위해 밑에 받치는 모루, (3)금속을 두드리기 위한 망치와 같은 도구를 다룰 줄 알아야 한다.

이것으로 끝이 아니다. 원재료를 어디서 어떻게 확보해야 하는지 알아야 하며, 야금술과 합금에 대해서도 공부해야 한다. 재료의 성분도 분석해야 하고, 금속의 분자 구조를 변형시키는 적절한 온도에 대해서도 알아야 한다. 망치의 크기와 힘, 속도가 미치는 물리적 영향도 계산해야 한다. 이 모든 과정이 대장장이가 자신의 제품을 판매하거나 기량을 홍보하는 것에 앞선다.

나는 나의 관심사에 보다 잘 상응하는 또 다른 사실도 배웠다. 20세기 이전까지만 해도 대장장이는 마을에서 가장 중요한 기술자로 그 어떤 상인보다 시장에 필수적이었다. 그가 모루 위에 놓고 때린 검은 금속으로 만든 제품이 없었다면 모든 형태의 교통, 건설, 상거래가 멈추었을 것이다. 지역 대장장이가 '행운의' 편자를 달아주지 않으면 말도 쓸모가 없었다. 대부분의 경우 마을 광장에 펼쳐진 시장의 중심에 대장간이 있던 것도 우연이 아니다. 모든 판매자와 구매자, 여행자, 상인, 귀족, 평민들은 대장간으로 모여들어 필요한 것을 사거나 소문, 세상 돌아가는 이야기, 혹은 날씨 이야기를 주고받았다.

이 모든 것을 알게 된 나는 대장장이와 모루에 대해 더 큰 존경심이 생겼다. 더 깊이 생각해 보니 대장장이의 이미지를 처음 접한 것은 어렸을 때 푹 빠졌던 그리스 로마 신화 속에서였던 것 같다. 내 기억 은행 어딘가에 처박힌 정보에 의하면, 신화 속 대장장이는 신들에게 필요한 물건을 만들어주는 장인이었으며, 말을 관리하고 마법의 힘까지 갖추고 있었다. 《바위에 박힌 검 The Sword in the Stone》을 비롯해 아더 왕과 원탁의 기사들에 관한 이야기 속에서 마법사 멀린은 대장장이인 동시에 마법사였다. 금속 덩어리를 강력한 검으로 만들고자 하는 마법사 지망생들은 도제로서 오랜 시간을 힘들게 노동해야 했다. 모루를 때리며 기초를 닦는 데 시간을 보내지 않고서는 장인의 경지에 이를 수 없었다.

직관적으로는 알고 있었음에도 나는 이 교훈의 중요성을 실감하지 못했다. 전환가능한 기량의 가치에 대해서도 마찬가지였다. 그러나 그것은 나를 가르쳐준 월스트리트의 마법사들(실제로 1980년대에 그들은 '우주의 지배자'라고 불렸다.) 아래 도제로 일하면서 바뀌었다. 그들은 때때로 나에게 새로운 것을 시작하기 전에 내가 이미 알고 있는 것들을 따져보라고 했다. 예를 들어, 내가 은퇴 이후를 위한 장기적 투자전략을 갖고 고객에게 다가갈 예정이었을 때, 내게 미리 그럴 자격을 확보하라고 했다. 나는 요양원에서 일하며 노인들을 돌보고 걱정하는 가족들의 모습을 가까이서 지켜보았던 경험을 떠올렸다. 당시 나는 다양한 직업을 전전한 내 과거를 돌이켜보고 처음으로 감사했다. 월스트리트에서 성공하기 위해 발버둥 치던 나에게 폭넓은 경험은 매우 쓸모 있었기 때문이다.

　이와 같은 발견은 나로 하여금 전통적인 이력서에 대한 대안을 마련하게 이끌었다. 전통적인 이력서에는 고용주, 직책, 업무만이 기재되어 있지만 나는 타 분야와 직책에도 적용 가능한 실용적인 지식, 시장 관련 능력, 삶의 교훈을 목록으로 만들어보라고 권하고 싶다. 내가 직접 써본 방법이기도 하고 새로운 분야에서 배울 게 많은 사람들에게도 추천했다. 전환가능한 기량 목록은 취업을 하는 입장이든 고용을 하는 입장이든 면접을 준비하기 위한 도구로서(미래의 고용주에게 제출하는 용도가 아니다.) 유용하며, 자칫 잊고 넘어가기 쉬운 자신만의 강점을 일깨워주는 훌륭한 기능도 한다.

　당신이 풍부하게 갖고 있는 전환가능한 기량을 확인해 보고 싶거나 그래야 할 필요가 있다면, 내가 만든 개인용 이력서를 참고하기 바란다. 내가 월스트리트로 가기 전 가졌던 직업이 나열되어 있으며, 장담하건대 내가 내 분야에서 성장하기까지, 그러니까 모루를 때리는 것에서 시작해 기본기에 통달하여 장인의 경지로 가는 길을 닦기까지 다음 이력서의 모든 항목이 유효한 도움을 주었다.

분야와 직책	업무와 보수	삶의 교훈	전환가능한 기량
외식업계 접시닦이	식기세척기와 사투하기: 최저임금.	시작은 밑바닥부터. 그만둘 생각이면 융통성 있게 하라. 잘못하면 마지막 달 월급을 못 받는 수가 있다.	남이 알아주지 않는 일을 하는 사람들을 늘 존경하라.
요양원 간호사	환자용 변기 비우기, 노인 돌보기: 최저임금보다 약간 많음.	친절하고 따뜻한 마음씨, 존경심을 원하는 사람들은 어디에나 있다.	최고로부터 배우면 최고가 된다. 병원 운영과 내부 절차.
인랜드 제철 철강 노동자	하역장 관리: 신입사원 월급과 보험혜택.	최고의 방식은 모두가 승자가 되는 방식이다.	모루 두드리기. 노사관계. 산업 기준.
미 해군 의무병	해상 훈련, 의무실과 병원 업무(상처치료, 환자이송, 수술지원, 직장병학). 해군 월급과 보험혜택.	자발적인 행동과 탁월성은 내가 기여할 수 있는 것에 대한 수요를 증가시킨다. 또한 "해군에 입대해 세계를 누비세요"가 의미하는 세계는 노스캐롤라이나 주일 수 있다.	시간관리 능력, 위계질서와 규칙에 대한 존중, 요구가 지나친 상사에 대한 적응력. 의학, 과학절차. 생과 사의 시점에서 유머 감각 발휘하기.
운송업 야간 경비	수명이 끝난 해군함정 경비. 최고 시급. 재향군인 병원에서 근무할 당시 시간제로 근무.	쥐가 있는 곳에서 치즈를 거래하지 말라.	자기한계 알기.
재향군인 병원 연구실 총 책임자	실험실 내 연구개발, 과학실험 감독: 인력관리: 학술지 용도 데이터 분석. 연구기금에서 보수 지급.	내게 필요한 모든 자신감은 내가 하고 있는 일에 대해 잘 아는 것에서 온다. 시장은 여기에 높은 가치를 부여할 것이다.	이끄는 동시에 따르는 법. 병원, 의학, 과학 분야의 내부 구조와 원리. 기초적인 논문 작성과 출판.
의료/과학 기구 유통 영업사원	외부 영업. 월급과 커미션.	현재의 일을 사랑하거나 사랑할 수 있는 다른 일을 구하라.	영업용 도구의 중요성, 수요와 공급 이론의 기초.

새로운 분야에서 일자리를 얻기 위해서 뿐만 아니라 자기 분야에서 위로 오르기 위한 목적으로 이와 같은 목록을 만들면, 꿈에 얼마나 가까이 도달했는지 알려주는 유용한 길잡이가 된다. 스스로를 다그쳐 다음 단계로 올라서야 할 때인가? 더 습득해야 할 기술이 있는가? 너무 서두르고 있지는 않은가? 마지막 질문은 속도 조절이 필요함을 강조하고 있는데, 너무 서두르면 같은 실수를 반복하거나 배웠던 교훈을 또 배워야 한다는 의미일 수 있기 때문이다. 이것은 금전적인 측면뿐 아니라 기회의 측면에서도 낭비이며 무엇보다 시간 낭비다. 돈은 언제든 더 벌 수 있지만 시간을 더 내기는 힘들며 기회는 결코 다시 만들 수 없다.

자신을 다그쳐 다음 단계로 올라서겠다고 결심했지만 겁이 나거나 어떤 능력이 부족한지 불확실하다면 내가 베어 스턴스에 들어간 지 얼마 되지 않아 개리 시마노로부터 배운 지혜를 전해주겠다. 개리는 나에게 많은 것을 가르쳐주었지만, 그 가운데서도 힘 있고 중요한 사람들에게 연락할 때 두려움을 떨치는 방법은 그 어떤 기량보다 더 활용도가 높았다. 그에 따르면 나보다 큰 사람에게 전화하는 것을 두려워할 필요는 없다. 상대방의 관심을 끌 만한 무언가를 갖고 있는 한 말이다.

이것은 내가 텍사스의 넬슨 헌트 씨와 통화하려고 애쓰는 와중에 개리가 내게 해준 조언이다. 내 목표는 헌트 씨와 이후 사업 관계로 발돋움할 수 있을 정도의 대화를 나누는 것이었다. 들리는 바에 따르면 헌트 집안은 세계 은 시장을 매점하려 하고 있었는데, 나의 목표는 그 엄청난 중개수수료의 일부를 위해 경쟁하는 것이었다. 이것은 나쁜 아니라 주식중개인이라면 누구나 알고 있는 사실이었다. 헌트 집안이 은을 사들이고 있다는 것은 공공연한 사실이었다. 그러나 같은 것을 향해 뛰던 우리들은 계속해서 같은 지점에 도착했다. 제자리였다.

그러던 어느 날, 아무 이유 없이 나는 헌트 씨 앞으로 홀리 슈거라는 설탕 회사와 관련된 메시지를 남겨놓았다. 별다른 기대도 없이 말이다. 그날 오후 판매회의에 참석 중이던 나를 내 사무보조가 불러내더니 헌트 씨와 전화 연결이 되었다고 했다!

바람같이 달려가 전화를 받자 헌트 씨가 진한 텍사스 사투리로 맨 처음 한 말은 이러했다.

"크리스 가드너 씨세요? 설탕인지 뭔지 관련해서 전화하셨었죠?"

우리는 충분한 대화를 나누었다. 비록 헌트 씨와 일할 기회는 얻지 못했지만 나는 개리의 조언을 실행에 옮겼고 결과는 성공이었다. 다른 사람들은 찾아내지 못한, 그가 관심을 가질 만한 무언가를 찾아낸 것이다. 난 횡재한 것 같았다.

그 이후부터 다른 모든 사람들도 쫓고 있는 거물들을 섭외하는 데 불안감이 느껴질 때마다 철저한 조사를 통해 다른 사람이 발견하지 못했을 관심거리를 찾아내려고 애썼다. 따라서 전화 연결이 불가능하다고 여겨지는 인사들과 소통할 수 있는 나의 능력은 오늘날까지 내가 활용하는 전환가능한 기량이다. 실제로 헌트 씨와의 통화가 성사된 직후, 나는 또 다른 텍사스의 석유 거부 J. R.과 연락이 닿았는데, 그는 내가 다른 사람이라고 생각하고 실수로 내 전화를 받은 것이었다. 나와 통화하던 도중 그는 "뭔지는 몰라도 당신이 나에게 권하고 있는 그 주식" 5만 주를 무조건 매수했다. 주당 50센트의 커미션을 받게 된 나에게 그것은 총 2만 5000달러의 소득을 의미했다. 그때까지 내가 성사시킨 거래 중에서 가장 컸으며, 회사에서 내 위치가 상당히 상승했음은 말할 것도 없다.

'마법사도 처음에는 대장장이였다'는 교훈은 다음 단계로 올라설 준비가 된 자신을 다그치는 데 적용할 수 있을 뿐만 아니라 속도를 늦출 때가 되었음을 아는 데도 유용하다. 금세 꼭대기로 치솟을 각오로 의기양양 뉴욕에 도착한 나는 몇 번의 무자비한 깨우침을 통해 먼저 기초부터 닦아야 함을 깨달았다.

전환가능한 기량을 활용할 때, 장인의 경지에 이르는 긴 여정에서 자신의 위치가 어디쯤인지 여러 시점에서 주저하지 말고 묻기 바란다. 이제 막 시작이라면 대장장이로서 보내는 시간이 머지않아, 그리고 나중까지 보상받을 것임을 잊지 말기 바란다. 그리고 무슨 분야에서든 이미 마법사의 경지에 올랐다면, 처음에 배운 기초를 잊지 말기 바란다. 이것이 바로 비결인지 모른다.

23
기본으로 돌아갈 용기가 있는가

: 탄력성

최근 심한 금융난과 경제난을 목격하고 있지만, 그럼에도 나는 시장의 탄력성을 굳게 믿고 있는 사람이다. 더 나아가 나는 우리 모두가 원한다면 탄력성을 가질 수 있다고 굳게 믿고 있다.

얼마 전 금융계에 있는 동료와 친구들이 참석한 어느 사교 행사에 갔다. 그들은 전에 경험하지 못한 다양한 개인적·업무적 어려움에 직면해 있었는데, 어떤 이들은 그러한 현재를 최고의 순간으로, 어떤 이들은 최악의 순간으로 여기고 있다는 점이 흥미로웠다. 어떤 이들은 새롭고 흥분되는 앞날을 위해 축배를 들고 있었고, 어떤 이들은 슬픔에 빠져 허우적대고 있었다.

먼저 짚고 넘어가야 할 점은 내가 술을 마시지 않는다는 것이다. 나는 어릴 때부터 술을 마시지 않기로 결심했다. 크면서 양아버지를 통해, 그리고 내가 살던 동네 사람들을 통해 술의 악영향을 목격했기 때문이다. 모두에게 금주를 권하고자 한 것은 아니지만 나만은 술을 마시지 않기로 한 내 선택은 때로 지키기 어렵기도 했지만 대부분의 경우 여러 가지 이익을 가져왔다. 만남이나 거래가 술자리에서 곧잘 이루어지는 비즈니스 세계에서 끝까지 맑은 정신을 유지하는 유일한 사람으로 남는 것은 내게 유리하게 작용했다. 또한 남의 말을 경청하는 능력도 향상되었는데, 이 능력은 언제든 유용하지 않을 때가 없다.

어쨌든 친구들과의 칵테일파티에서 유일하게 술을 마시지 않고 있던 나는 생판 남으로부터 재미있는 불평을 들어야 했는데, 그는 나 때문에 '행복을 찾아' 일자리를 그만두게 된 것이 여간 억울하지 않은 모양이었다!

금융업계가 변화하기 시작하자 그는 거기 남는 대신 스스로를 재창조해 '대의를 위한' 일을 하기로 마음먹었다고 한다. 문제는 그 일이 그동안 해온 그 어느 일보다 힘들었다는 점이다. 다람쥐 쳇바퀴 돌리듯 달리던 호시절 그는 전국적인 회계법인에서 회계사로 일하며 꽤 많은 돈을 벌었다. 그러나 지금은 개업해서 비영리 단체의 회계를 돕고 있었고, 가난과 낮은 학력으로 고전하는 사람들을 돕는 직업훈련 프로그램의 기금을 마련하기 위한 사업도 시작했다. 그는 끊임없이 그를 가로막는 장애물에 어이가 없었다. 그는 이렇게 물었다.

"그런데 뭐가 문제인지 알아요?"

내가 대답도 하기 전에 그가 말하기를, 어디서 읽은 바에 따르면 남들을 도우면 더 행복해진다고 하는데 지금까지는 철저한 회계감사를 받는 것보다 남을 돕는 일이 더 괴롭게 느껴진다고 했다.

"그러면 다시 회계사가 되고 싶으세요?"

나는 그가 단지 신세한탄을 하고 싶은 것인지 내 조언을 원하는 것인지 알 수가 없어 물었다.

"에이, 그럼 꿈을 포기해야 하게요?"

그가 웃으며 대답했다. 그리고 얼큰하게 취한 채 날 껴안더니 고맙다고 했다.

알고 보니 아무리 힘들게 일하고, 아무리 월급이 적고, 아무리 바빠도, 자신만의 이상을 펼칠 수 있는 자유가 이전에 했던 그 무엇보다 더 큰 만족을 주었던 것이다. 그의 불만은 일리 있는 불만이기는 하나 사업가로서 홀로서기로 결심하는 순간 과거 무심코 지나쳤던 기초를 처음부터 다시 쌓아야 한다는 데서 온 것이었다.

이제 내가 고마워할 차례다. 그의 사연을 듣고 나는 사회생활을 시작한 이후 가장 중요한 시장의 가르침을 깨닫게 되었다. 이 가르침에는 변화, 혹은 새로운 성장궤도를 고려하고 있을 때마다 자문할 수 있는 언제나 유용한 질문이 수반된다. "기본으로 돌아갈 용기가 있는가?"

개인 사업이나 큰 일을 시작하기에 앞서 의미 있는 조언을 구하고자 다양한 사람들이 날마다 내게 연락을 해온다. 그들이 가장 자주 묻는 질문은 다음과 같다. (1)어떻게 자기 사업을 시작하기로 결심했는지? (2)1만 달러의 자금을 갖고 집에서 시작한 일을 수백만 달러 규모의 기업으로 키우는 데 일조한 한 가지가 있다면? (3)성공하리라는 것을 알기까지 얼마나 걸렸는지?

어떻게 사업을 시작하기로 결심했는지에 대한 첫 번째 질문에 답변하기 위해서는 샌프란시스코를 떠나 뉴욕으로 간 순간으로 돌아가야 한다. 그 순간 나는 처음으로 주식거래소를 찾은 날과 비견될 정도의 황홀하고 폭발적인 에너지를 경험했다. 나는 더 이상 '여기가 내가 오고 싶던 곳이야!'라고 생각하지 않았다. 나는 곧장 우주의 지배자들로부터 가르침을 받는 데 온 신경을 집중하기 시작했다. 우주의 지배자들은 1980년대 불같은 기세로 월스트리트를 호령한 사람들이었는데, 나는 그들로부터 얻은 지식을 언젠가 내 사업에 응용하고자 했다. 초심자 시절 나의 백일몽 어딘가에는 문에 내 이름이 새겨진 나만의 회사를 차리는 꿈도 있었을 것이다. 그러나 현실적인 이유로 그것은 한참 뒤에나 이루어질 꿈이라는 것을 나는 알고 있었.

내게 발끝을 적셔볼 준비가 되어 있었냐고? 물론 없었다. 그러나 그것은 내가 해고를 당하는 충격적인 일이 벌어지기 전의 이야기다.

어쩌면 예견된 일이었지만, 나는 전혀 예상치 못했다. 베어 스턴스의 뜨는 별로서 꾸준히 승진을 거듭하던 나는 내가 판매하도록 정해져 있던 패키지 상품을 홍보함으로써 회사 규정을 지키는 대신 더 원대한 생각을 갖고 있었다. 독립적으로 활동하는 자산관리인들과 중개인들은 자산관리 분야와 연기금 마련을 위한 기관투자 전략 분야를 독차지하고 있었다. 주식중개인으로서 내가 그러한 자산관리인들과의 경쟁을 통해 기관 고객들과 거래하지 못할 이유가 없었다. 그러나 그건 내 생각이었다. 이제 와서 돌이켜보니 월스트리트의 관례를 뒤엎고 명령체계도 무시한 채 회사 방침에서 벗어나려고 하는 나를 내 고용주가 달갑게 볼 리 없다는 것을 미처 몰랐다. 그래서 내 직속 상사가 나를 규정 위반으로 해고했을 때 이렇게 쏘아붙였다.

"해고라니요? 이건 회장님과 이야기해야겠습니다."

월스트리트의 이단아이자 당시 월스트리트에서 가장 많은 수익을 내고 있던 업체인 베어 스턴스의 회장이자 전설적인 경영자였던 에이스 그린버그를 만나는 일은 하나님을 만나는 것과 비슷했다. 그는 객장에서 일반 사원들에게 둘러싸인 채 일을 보는 것으로 잘 알려져 있었는데, 그날도 거기서 그를 만날 수 있었다. 그는 그의 개인 사무실로 나를 데리고 들어가 내 말을 들어주었다. 그는 나의 구상에 호의적인 태도를 넘어 심지어 열정을 보여주었다. 그러나 결국 중간 간부들의 편을 들어주었다. 그의 근본적인 주장은 '주인이 둘일 수는 없다'는 것이었다. 그게 그의 원칙이었다. 그러나 문 밖으로 나를 안내한 에이스 그린버그 회장은 내 뒤로 문을 끝까지 닫아버리지는 않았다. 그가 내게 한 마지막 말은 이러했다.

"길은 여기서 끝이 아니라네."

당시 나는 내 집으로 여겼던 유일한 곳으로부터 추방당하는 것 같은 느낌이 들었고, 나중에야 그것이 얼마나 큰 선물이었는지 깨달았다. 오늘날 나는 에이스 그린버그 회장이, 모루 두드리기를 멈추지 않는 떠돌이 대장장이인 동시에 진정한 마법사이기도 한 전형적인 인물이라고 생각한다. 실제로 그가 여가시간을 할애해 아마추어 마술사가 되기 위해 실력을 키우고 있다는 것은 잘 알려져 있다.

현실을 그럴 듯하게 포장하고 넘어가지 않기 위해 말하자면 1987

년 당시 해고된다는 것은 정말 재미없는 일이었다.(해고당하는 것은 언제나 재미없는 일이다.) 그러나 해고는 가면을 쓴 축복일 수 있다. 나는 해고를 당함으로써 내 회사를 차리기에 앞서 계속된 감자 캐기(6강)를 그만두게 되었을 뿐만 아니라 탄력성에 대한 추가적이고 필수적인 가르침도 얻게 되었다.

당신 역시 언젠가 스스로 이 값진 자원을 캐냈을 수 있다. 자신의 회복 속도가 얼마나 빠른지 보고 놀란 이도 있을 것이다. 아니면 훨씬 전에 배웠던 가르침으로 돌아가는 것이 생각보다 수월해서 놀란 이도 있을 것이다. 탄력성의 스펙트럼에서 반대쪽 끄트머리에 있는 사람이라면 다시 시작해야 하거나 스스로를 재창조해야 하거나 생활방식을 바꿔야 하는 사태를 맞고 격렬하게 반응한 일이 있을 것이다. 반응이 어떠했든 대부분의 경우 당신은 다음으로 갈 길을 택하지 않을 수 없었을 것이다. 당신은 꿋꿋이 털고 일어나 가던 길을 갔을 수도 있다. 아니면 완전히 새로운 길에 도전했을 수도 있다.

잊을 수 없는 자기 탐색의 시간 끝에 나는 좀 더 대담하고 더 불확실한 변화의 길을 택했다. 다른 회사에 들어가 그 회사 규정을 따를 수도 있었겠지만 나는 홀로서기로 결심했다.

이 지점에서 두 번째 질문에 대한 답변을 하는 것이 적절하겠다. 두 번째 질문은 1만 달러의 초기 자금만을 가지고 어떻게 경쟁이 극심한 시카고의 월스트리트에 회사를 차릴 생각을 했느냐는 것이다. 무엇보다도 나는 그것이 불가능한 일인 줄 몰랐다. 모르는 것이 약이라고 했던가. 더 나아가 나는 거의 1년 가까이 집도 없이 홀로 아이를 키우는 동시에 새 직장에서 일을 시작하면서 얻은 자원을 이용했다. 그 과정에서 얻은 많은 삶의 교훈과 경험은 앞으로의 생활이 넉넉하지 못할 가능성에 대해 나를 단련시켜놓은 상태였으며, 내 회사가 초기에 생존하는 데 핵심적인 역할을 했다.

그럼에도 나는 개업을 생각하고 있는 개인 사업자들(위에서 이야기했던, 생각지도 못한 장애물에 대해 술에 취해 불평했던 남자와 같은 분들)에게 주의사항을 덧붙이지 않을 수 없다. 나는 그토록 철저한 훈련에도 불구하고 역사상 최악의 날, 욕을 퍼붓고 싶을 정도로 안 좋은 날에 개업을 하게 된 것이다. 내가 처음으로 내 사업을 시작한 날은 1987년 10월 19일, 일명 검은 월요일이었다. 이날 다우지수는 508포인트나 폭락했고 전 세계의 금융시장이 이 청천벽력 같은 추락으로 인해 요동쳤다.

아무리 아픈 만큼 성숙한다고 해도 이 상황은 좋은 징조가 아니었다. 그러나 나는 거기 처해 있었다. 따라서 명함 더미와 전화를 이용해 모루 두드리기를 시작한 나는 날마다 과거의 가르침, 즉 기병대는 오지 않는다는 사실(3강)과 걸음마라도 괜찮다(5강)는 가르침을 되새겼다. 후하기 그지없는 나의 스승이 제공해준 초기 자금은 아껴 쓰고 또 아껴 썼지만 금방 바닥을 드러냈다. 또 한 사람의 잠재적인 투자자를 찾아야 할 때가 온 것이다. 투자자를 만나기로 한 날, 어떤 이유에서인지는 기억이 안 나지만, 나는 시간을 엄수하라는 시장의 가장 기본적인 원칙을 어겼다. 참 얄궂은 것이, 그것은 내가 1년 전 숙달한 원칙으로, 평소에는 너무 일찍 약속장소에 도착하는 적도 있었다는 것이다.

나는 망연자실한 상태로 20분 늦게 잠재적 투자자의 사무실에 도착했고, 투자자 역시 매우 낙담한 상태였다. 그는 내 제안을 거절했고,

내가 그의 입장이었어도 그렇게 했을 것이다. 그는 이렇게 말했다.

"이보게, 자네가 약속시간도 지킬 줄 모른다면 어떻게 내 돈을 갖고 시기적절한 투자를 하겠나."

그날 이후 나는 양쪽 손목에 시계를 찬다. 시간을 깜빡하지 않기 위해서는 물론 일을 시작할 때만큼 지금도 여전히 중요한 기본적 가치들을 잊지 않기 위해서다.

그뿐 아니라 나는 약속이 있을 때면 과하게 일찍 도착하는 습관을 들였다. 적어도 15분 전에 가 있는다. 많은 사람들이, 가능하다면, 약속시간보다 일찍 가도 만나준다. 이 방법으로 얼마나 많은 덕을 봤는지 요즘에는 약속시간보다 30분 먼저 도착하려고 생각한다.

내가 투자자와의 잊을 수 없는 만남에 지각했을 때, 이 모든 것은 내 머릿속에 없었다. 당시 나는 생존을 위해 몸부림 치고 있었다. 내가 집에 회사를 차린 동안 다섯 살 먹은 아들과 아직 아기였던 딸은 친척과 머물고 있었기 때문에, 나는 새로운 사업을 성공시켜 아이들과 재회할 뚜렷한 동기가 있었다. 실패는 고려할 수조차 없었다. 허리띠를 졸라매야 한다면 그렇게 할 수 있었다. 오트밀 죽만 먹고 살아야 한다면 그럴 수 있었다. 빻은 귀리와 물이 있는데 무엇이 더 필요한가? 그러나 일이 진전되려고 하던 찰나 닷새 안에 월세를 내지 않으면 퇴거대상이 된다는 월세 독촉장이 대문에 나붙었다.

자금 흐름에 문제가 생긴 것이 처음은 아니었기 때문에 나는 걱정하지 않았다. 그러나 누군가에게 전화를 걸어 상황을 조정하고 시간을 벌기도 전에 전화가 끊겼다. 종합해 보자면 문에는 월세 독촉장이 붙어 있었고, 음식도 잠도 모자랐으며, 오트밀 죽조차 떨어져가고 있던 상황에 빌어먹을 전화까지 끊긴 것이다!

내가 곧잘 하는 말로 '재빨리 머리를 굴릴 때'가 온 것이다. 주식중개인이 전화가 끊기면? 어떻게 되는 거지? 아무것도 안 되는 거지! 재빨리 머리를 굴려대며 나는 머릿속에 있는 내 자료도서관을 뒤져 내가 이전에 실천했거나 배운 것, 혹은 남이 했다고 들은 대담무쌍한 행동에 대한 기억을 모두 꺼내보았다.

그 과정에서 나는 딘 위터에 있을 때 들었던 이야기가 떠올랐다. 개리 에이브러햄스라는 명망 있는 주식중개인으로부터 명쾌한 가르침을 받고 있던 시절이었다. 대담함의 대명사였던 개리가 방안으로 들어오자마자 말 한마디도 없이 이목을 끄는 모습은 내게 자극이 되었다. 그는 단지 상대방을 누그러뜨리는 미소와 날카로운 눈빛, 흠 잡을 데 없이 완벽하고 세련된 옷차림과 외모로 시선을 붙잡았다.

딘 위터에서 좋은 실적을 올린 개리는 1970년대 후반 라스베이거스 지역으로 파견되어 영업을 하게 되었다. 사무실을 차리고 고객이 찾아오기를 기다리거나 혹은 다른 중개소와 이미 거래하고 있는 다른 고객들을 공략하는 대신 개리는 훨씬 더 대담한 방법을 택했다. 개리와 같이 능력 있는 중개인은 물론이거니와 대부분의 중개인들이 이런 방법을 택한 경우는 드물었다. 개리는 라스베이거스 근교에 수백만 달러짜리 저택이 지어지고 있는 것을 보았다. 당시 그것은 엄청난 금액이었다. 그래서 집집이 돌아다니며 저택의 주인들을 만나보기로 한 것이다. 경쟁사의 고위직 중개인들 가운데 집집이 돌아다니는 사람은 없었지만 개리 에이브러햄스는 그렇게 했다.

그것을 신입사원이나 할 일이라고, 자신에게 어울리지 않는 일이라고 생각하는 대신 개리는 가장 아끼는 파란 신사복을 입고 수백만 달러 이상을 들인 듯한 차림새를 갖추고 문을 두드리며 갓 이사 온 집주인들을 만나는 방식으로 모루를 두드렸다. 나는 이 이야기를 한 번도 잊어본 적이 없다. 개리는 집주인들과 악수를 한 뒤 명함을 내밀고는 이렇게 말했다고 한다.

"안녕하세요, 저는 딘 위터 앤 컴퍼니에서 나왔습니다. 제가 도움이 될지는 모르겠지만 혹시 모르니 명함을 갖고 계시고, 제가 어떤 방법으로든 도울 수 있다면 연락 주시면 감사하겠습니다."

개리는 이로써 네바다 주에서 놀랄 만한 양의 거래를 성사시켰다.

몇년 전 들은 이야기를 되새겨보고 있자니 전화가 끊긴 상황을 어떻게 극복해야 할지에 대해 두 번 생각할 필요가 없었다. 나는 개리 에이브러햄스의 본보기를 따라 가능한 최고로 대담한 행동을 취해야 했다. 먼저 하나밖에 없는 근사한 파란 정장을 입고 밖으로 나가 문을 두드린 것이다. 시카고에서, 그것도 겨울에 말이다. 사전 약속도 하지 않았다. 나는 내 목록에 있는 모든 가능한 연락 대상을 직접 찾아갔다. 거의 모두가 날 반겨주었다. 나는 어느 기금 관리 담당자의 사무실에서 은퇴 후를 위한 투자계획에 대해 설명했고, 대기업 본부 여러 곳에서 연기금 관리 담당자들과 함께 연기금 수익률을 증가시킬 수 있는 방안에 대해 이야기했으며, 끝에 가서는 열린 마음으로 내가 가진 전문지식의 도움을 받고자 했던 시카고 시의 학교 교장들을 만나기도 했다. 모든 만남이 생산적이었으며 끝날 때는 모두가 고개를 끄덕이며 조속히 연락을 달라고 했다. 전화가 끊겼다는 사실을 들키는 수치를 당하는 대신 잠재적 고객과 얼굴을 맞대고 이야기함으로써 가능성을 더 높은 것이다. 내가 직접 나타나 문을 두드렸다고 해서 이상하다거나 내 지위에 어울리지 않는다고 생각한 사람은 없었다. 월스트리트에서 그렇게 하는 사람은 없었기 때문에 적어도 나는 남들보다 앞서 있었다.

하루 만에 대담함과 기본적인 원칙은 효과를 보았다. 나는 전화를 다시 연결하기 위한 시간을 벌었다. 사업은 천천히 굴러가기 시작했고 얼마 가지 않아 내달리기 시작했다. 신속한 회복력, 즉 탄력성이 빛을 발한 것이다.

시장이 대담한 사람을 외면하는 일은 드물다. 또한 가장 달콤한 성공은 우리가 가졌다고 생각하는 것보다 더 많은 것을 우리로부터 요구하는 성공이다. 이것과 관련해 드디어 세 번째 질문에 대한 답변을 해야겠다. 내가 언제쯤 안도의 한숨을 내쉬었으며, 언제쯤 내 사업이 장기적으로 성공할 것이라고 생각했는지가 세 번째 질문이었다.

가장 신나는 사건은 내가 사업을 시작한 지 2년 만에 벌어졌는데, 바로 난생 처음으로 팩스 기계를 산 일이었다. 당시 팩스는 없어서는 안될 영업도구로 자리를 잡아가고 있었으며, 사람들은 이미 팩스라는 단어를 동사로 쓰고 있었다. 이런 말을 듣는 일이 점점 더 많아졌다.

"그 계약서 팩스해줄래?"
"제 정보를 팩스해드릴게요."

나는 언제까지나 남의 사무실에 있는 팩스를 쓸 수만은 없다고 생각했다.

팩스 기계를 구입한 후, 전자신호음이 울릴 때마다 나는 환호했다. 사원들이 많아지자 사원 모두가 환호했다. 내가 그 중에서도 가장 크게 환호했다. 크고 작은 승리에 똑같이 환호하는 것, 그것이 성공한 내 사업의 버팀줄이었다.

당신에게 팩스 기계와 같은 물건이 있다면 어떤 것인가? 내가 발전하고 있음을 상징하는 이정표는 무엇인가? 곧바로 떠오르지 않는다면 과거 환호와 함께 맞이했던 이정표가 있었는지 되새겨보라. 얼마전 나는 한 남자로부터 편지를 받고 난 뒤 팩스 기계의 힘을 떠올리고 기뻐했다. 그는 전국 유가증권 중개인협회에 있을 때 나를 만난 것을 기억한다고 했다. 그는 우리 회사의 회계감사(신생 업체에게 회계감사는 또 하나의 이정표였다.) 때 자리에 있었다는데, 사방에는 "장부와 기록물이 켜켜이 쌓여 있었고" 팩스 기계가 신호를 울릴 때마다 내가 그와 그의 동료들을 향해 이렇게 말했다는 것이다.

"들리세요? 저게 돈 들어오는 소립니다!"

나로 하여금 환하게 너털웃음을 짓게 만든 것은, 그가 그날 밤 집에 가서 아내에게 한 말이었다. 그는 내가 잘 나가고 있음이 분명하니 우리 회사로 들어가야겠다고 했다는 것이다.

이와 같이 이정표는 나에게뿐만 아니라 다른 사람들에게도 성공을 알리는 힘이 있다. 이정표는 래퍼 쿨 모 디가 하듯 모든 사람들에게 "나 지금 어때요?" 하고 말할 수 있게끔 하는 어떤 것이다. 나만의 방식으로 "할렐루야!"를 외치는 것이다.

탄력성을 발휘하는 데 있어 주의사항이 있다. 3A 가운데 자치 능력, 즉 스스로 알아서 선택할 능력을 이용하라는 것이다. 선택지가 주어졌을 때 나의 목적은 단순했다. 내가 진정으로 좋아하는 분야에서 내 사업을 꾸려가는 것이었다. 너무 좋아서 돈을 받지 않고도 하고 싶은 일이었다.(실제로 한동안 그렇게 했다.) "사비를 털어 직원들 월급을 주어보기 전까지는 진정한 사업가가 아니다"라고 말한 사람이 누군지 몰라도 나는 여기에 동의한다.

지금 어디에 있든, 기본 원칙으로 돌아갈 용기가 있고 탄력성을 발휘할 수 있다면, 아마도 당신은 한 번도 가보지 못한 곳에 몸을 내맡길 준비가 되어 있을 것이다. 당신이 만약 발길이 드문 길로 자진해 들어서고자 한다면 이런 충고를 덧붙이고 싶다. 내 마음대로, 나만의 방식대로 한다는 것은 손해 보는 것 또한 나라는 인식을 필요로 한다는 점이다. 금전적인 손해라기보다 에너지, 열정, 기쁨, 꿈, 욕망의 손해 말이다. 그래도 장기적인 안목을 가지고 그렇게 할 준비가 되어 있는가? 성공은 오락가락하고, 돈은 있다가도 없는 것이며, 오르막길이 있으면 내리막길이 있다는 것을 납득할 수 있는가? 밀물과 썰물이 교차되는 상황에서 자신만의 '대양과 같은 끈기로' 꾸준히 나아갈 자신이 있는가? 불어났다가 줄어들고, 들어왔다가 밀려나고, 앞으로 나갔다가 뒤로 빠지고, 또 나갔다가 다시 빠지는 조류 그 자체가 될 수 있겠는가? 그럴 용기가 있는가?

24
수요와 공급의 법칙은 우주과학이 아니다

: 마케팅

사람들은 누구나 무언가를 팔고 있다.

이것은 또 하나의 부인할 수 없는 시장의 법칙이다. 당신은 아마도 이 진실을 익히 알고 있겠지만 그래도 되새겨보는 것이 중요하다. 새로운 사업을 추진 중이라면 특히 그렇고 새로운 마음가짐을 갖기로 결심했을 뿐이라고 해도 그렇다. 거리에서 배운 게 많은 사람일수록 이 법칙을 자기 손바닥처럼 잘 안다. 내가 어린 시절을 보낸 우리 동네 골목길에서도, 대도시의 한결 냉정한 보도 위에서도, 월스트리트에서도, 뉴욕의 5번가에서도, 파리의 샹젤리제에서도 수요와 공급의 법칙은 다르지 않았다. 모두가 나름대로 한몫을 잡으려고 한다. 물건을 속여 판다거나 바가지를 씌운다는 의미가 아니다. 다만 자신이 정당하게 소지하고 있는 것, 즉 상품, 서비스, 매력, 위협, 종교, 정치, 정보, 희망, 동기, 도전의 기회와 같은 것들을 제공하기 위해 공급의 측면에서 애쓴다는 말이다.

수요와 공급의 법칙은 그다지 어려운 것이 아니다. 요람에서 무덤까지 적용 가능한 교훈이며, 시장에서 자리 잡는 법에 대해 당신이 가지고 있을 수많은 질문에 답변을 제공한다.

당신이 팔고 있는 것은 고귀하고 혁신적이며 독특한 것일 수 있다. 그것이 아이디어이든 자신만의 구상이든 꿈이든, 혹은 긴박한 문제에 대해 변화를 가져올 수 있는 실용적인 대책이든 말이다. 심지어 빈자와 병자, 집 없는 자를 치유하고 격려하는 데 평생을 바친 천사 같은 테레사 수녀조차 자신보다 훨씬 큰 대의를 위해 기금을 마련하고 인식을 확산시키기 위해 놀라운 세일즈우먼이 되어야 했다. 최고의 파란 정장을 입고 집집이 돌아다니며 그들이 왜 수녀의 목적에 기여해야 하며, 또 그렇게 하고 싶을 것인지 상대방을 설득해야 했던 것이다.

내가 테레사 수녀의 이야기에 주목하게 된 것은, 테레사 수녀의 여정이 젊은 시절 알바니아에서 선교사로 하나님을 모시기로 선택한 순간 시작되었다는 이야기를 듣고부터다. 수녀는 스스로 '소명 속의 소명'이라고 말하던 것을 찾기 위해 수천 마일을 여행하며 캘커타에 정착하기 전에도 여러 곳에 머물렀고, 1년 동안 거처 없이 떠돌기도 했다. 그 과정을 통해 바티칸으로부터 스스로 선교회를 꾸릴 허락을 받아냈다. 그렇게 테레사 수녀는 자신의 수녀회 수녀 열세 명과 함께 인도에서 선교를 시작하게 된 것이다.

1950년에 인가를 받은 이 선교회는 세계적인 자선단체로 성장해 학교, 고아원, 호스피스 병원을 운영하는 600곳의 선교단체를 거느리고 전 세계의 가난한 시민들을 돕고 있다. 이를 현실로 만들기 위해 테레사 수녀는 사업가가 되어야 했다.

기금을 마련하기 위해 테레사 수녀는 자신이 팔고자 하는 것이 정확히 무엇인지 알아야 했다. 그래야 명확하고 간결한 방법으로 잠재적 기부자들의 이목을 끌 수 있을 터였다. 무엇보다도 잠재적 기부자들이 매력을 느낄 만한 무언가를 찾아야 했다. 가난한 이들의 절박한 상황을 강조하거나 기부자들이 왜 수녀를 도와야 하는지 논리를 펼쳐야 했을 것이다. 그러기 위해 모든 성공적인 마케팅 전략에서 그러하듯 수녀는 청중에 대해 알아야 했다. 이것은 어떤 목적을 추구하든 우리 모두가 익혀야 하는 것이다. 그리고 모든 목적은 홍보되어야 한다. 그 대상이 자신일지라도 말이다. 너도 팔고 나도 판다. 나의 스승 마샬 겔러가 말했듯 무언가를 팔고 있지 않으면 벤치 신세다!

그런데 수요와 공급의 법칙에 의해 누구나 무언가를 팔고 있다면, 누구나 사고 있다는 뜻도 된다. 그러지 않으면 인생은 끝날 것이고 세상은 멈추어 돌아가지 않을 것이다. 따라서 깨달아야 할 것은 판매자인 동시에 구매자가 되기를 버릇할수록 양쪽 능력을 다 갈고 닦을 수 있다는 것이다. 짧게 말해, 구매를 잘할수록 판매도 잘한다. 구매자로서의 자신에게 무엇이 매력 있는지 알수록 판매자로서 어떤 것을 제공해야 하는지, 고객의 기대가 무엇인지 알게 되기 때문이다.

생판 남에게 전화를 돌리던 옛 시절 내가 가장 먼저 배운 것은 상대방이 갖고 싶어하지 않는 것은 팔려고 하지 않는다는 원칙이었다. 대신 나는 잠재적 고객이 이미 무엇을 사고 있는지 연구조사를 했다. '고객이 사들이고 있는 것을 팔라'는 단순한 원칙을 따르자 수요와 공급의 법칙에 의해 판매율을 높일 수 있었다.

내가 가진 물건이 얼마나 훌륭한지 사람들에게 알리기 위해 아무리 공을 굴리고 재주를 넘어도, 사람들이 사려는 것은 사과인데 내가 파는 것이 오렌지라면 소용없다. 그러니 사과를 구하면 장사가 될 것이다. 그런데 이제 사람들이 다른 판매자로부터 사과를 산다면? 고객이 경쟁자의 사과가 아닌 내 사과를 사야 할 이유를 생각해 보아야 한다. 내가 가진 자원과 자산의 샘으로 가서 공급의 측면에서 제공할 수 있는 것을 찾은 다음 경쟁자의 시장점유율을 빼앗아올 수 있기를 기대해야 한다. 조 삼촌의 앞선 가르침은 여기서도 해당된다. 친구가 필요하기 전에 친구를 만들어놓았다면 그들이 제일 먼저 내 사과를 살 것이다.

이게 다가 아니다. 남아 있는 오렌지를 어떻게 처치할 것이냐에 대한 답 역시 수요와 공급의 법칙으로부터 얻을 수 있다. 이제 '누가 이미 오렌지를 사들이고 있느냐'를 질문해야 한다. 답을 찾은 뒤에는 오렌지를 사들이는 사람들이 어디에 있는지 알아야 한다. 이것이 살짝 비틀어 본 수요와 공급의 법칙이다. 수요가 있는 곳으로 가야 한다는 것이다. 자리를 털고 일어나 내가 가진 물건을 사려는 사람들이 있는 곳으로 가야 한다.

이와 같이 수요와 공급의 법칙은 로켓을 우주로 쏘아 보내는 일처럼 어려운 게 아니다. 그러나 이제 이 가르침을 현장에 적용하는 법을 배워야 할 때가 왔다. 사업을 막 시작했을 무렵 수요와 공급의 법칙을 적용하는 방법은 그다지 명쾌해 보이지 않았다. 우리 회사보다 훨씬 널리 알려진 탄탄한 이름과 브랜드를 상대해야 했기 때문이다. 그러니 마케팅 측면에서 과연 무엇을 해야 내 이름을 한 번도 들어보지 못한 사람들의 귀가 솔깃할 것인지 생각해야 했다. 나는 손 안에 있는 것, 즉 내 이름으로부터 시작했다. 그리고 거기에 호소력 있는 가짜 이름까지 더했다. 사실은 내가 존경하는 사업가 마크 리치의 성을 더한 것이다. 그와는 아무 상관이 없었지만 어쨌든 우리 회사의 이름은 가드너 리치 앤 컴퍼니가 되었다! 전통 있고 탄탄한 중개소의 이미지를 풍기는 동시에 젊고 세련된 이름이었다. 다행히 아무도 나의 동업자 리치 씨를 찾지 않았다.

공급과 수요 측면에서 보다 심각한 문제는 가드너 리치 앤 컴퍼니, 즉 내가 소외된 개인과 단체의 부를 키우고자 하는 말도 안 되는 계획을 갖고 있었다는 점이다. 소외된 개인과 단체라고 함은 흑인 개인 투자가나 소수인종이 소유하거나 운영하는 사업, 교육자, 노조원, 공무원 등을 의미했다. 방법은 수요를 창출할 시장을 먼저 가꾸는 일이었다. 기관의 의사결정권을 쥐고 있는 이들에게 그들이 거래하고 있는 여러 업체와 더불어 우리 회사가 필요한 이유를 설명하는 것이 관건이었다. 당시 연기금 등을 관리하는 이들, 즉 지갑을 쥐고 있는 이들은 자산관리인을 매개로 해 주식중개인이나 투자분석가를 상대했다. 나는 주주들이 자산관리인을 건너뛰고 나처럼 직접 주식거래를 하는 사람들로부터 주식을 사는 것이 이득이라고 생각했다. 거기에는 여러 가지 이유가 있었다. 첫 번째 이유는 나의 전문성이었고, 그보다 중요한 두 번째 이유는 내가 그들 편이라는 점이었다. 교사와 노조원, 소수인종, 그리고 커뮤니티 오거나이저(29쪽 참조)와의 개인적인 교감은 내가 자라온 배경에서 왔다. 나의 행동과 소통방식을 보고 그들은 그들과의 거래가 내게 얼마나 중요한지 이해했다.

당신도 비슷한 상황에 맞닥뜨린 경험이 있을지도 모르겠다. 같은 물건을 판매하거나 일자리나 기회를 얻고자 할 때 대략 동등한 상대들과 경쟁해야 했던 경험 말이다. 동일한 기량을 갖고 있다면 당신을 경쟁자보다 우위에 놓을 수 있는 것은 무엇인가? 다양한 산업에 걸쳐 특정한 지위에 있는 사람들은 대부분 실력이 있고 평판도 좋다. 언제나 그런 것은 아니지만 대부분의 경우 승리는 잠재적 고객이나 해당 업계에 더 많은 관심을 갖고 있는 사람에게 돌아간다. 그렇다면 누가 가장 많은 관심을 갖고 있는지 어떻게 알까? 바로 마케팅이다! 나는 시카고에서 집집이 문을 두드리고 다니기 위해 '소개받아 온 것이 아니면 아무도 오지 말라'는 시선을 극복해야 했다.

다행히도 자산관리인을 건너뛰는 방안은 내 잠재 고객들의 마음에 들었다. 물론 실행에 옮기는 일은 매우 힘난했다. 내가 뒤따를 본보기도 없었고, 참고할 지도도, 따라갈 길도 없었다. 나에게는 한 가지 방법밖에 없었다. 장애물을 베어버리고 나만의 길을 닦는 것, 그리고 절대 뒤돌아보지 않는 것이었다. 나는 첫 번째 언덕에만 빨리 도달할 수 있다면 성공하리라는 것을 알았다. 소문이 나면 다른 이들이 나를 뒤따를 터였기 때문이다. 남을 따라하기 좋아하는 사람들이 고객이 있는 곳으로 몰려들어 내가 효과를 본 방식을 따라할 터였다. 중요한 것은 그들이 도착하기 전에 전세를 바꿔놓는 것이다.

다른 모든 경쟁자들이 고개를 돌려 우리 회사가 벌이는 일을 보았을 때 나는 이미 두 기관 고객을 확보해놓고 있었다. 회원이 300만 명인 전국교육연합과 150만 명인 캘리포니아 퇴직공무원 조직이었다.

다들 기가 막힌다는 반응이었다. 어떻게 그런 일이 가능했냐고? 설명해줄 수 있다. 로켓을 우주로 쏘아 보내는 것처럼 어려운 것이 아니다. '네 상대를 알라'는 마케팅의 기초 덕분이었다.

시장에서 수요와 공급의 법칙을 나에게 유리하게 적용하는 나만의 방법이 무엇이든, 내 상품의 가치를 판단하게 해줄 가장 좋은 상대는 나 자신이라는 사실을 잊지 말기 바란다. 만약 내 자신이 주식이라면, 나에게 얼마나 투자하겠는가? 내가 고용주라면, 무엇을 가지고 나의 이목을 끌 것인가?

내가 팔려고 하는 것에 시장이 전혀 관심을 보이지 않는다고 생각된다면 구매자가 되어 쇼핑을 해보라. 아무것도 사지 않아도 된다. 다만 시장에 어떤 것이 나와 있는지 살펴보는 과정에서 무엇이 어디로 움직이고 있는지 보는 것이 도움이 될지 모른다. 시장은 결코 정지 상태로 있지 않는다. 그러니 당신도 바뀌어야 한다!

25
진실은 반드시 히트를 친다

: 진정성

    가끔가다 전통적인 상식에 위배되는 시장의 교훈이 나타나 모든 다른 원칙과 법칙을 뒤집어놓는 경우가 있다. 나는 대중을 상대로 강연하는 와중에 이를 경험했다. 먼저 내가 아는 수요와 공급의 법칙에 의하면, 강연 시장은 포화 상태였고 연사가 모자란다고 거리로 뛰쳐나와 외치는 사람은 없었다. 게다가 강연 섭외 전문 회사의 거물들은 강연을 하러 길을 나서기 전에 연기 전문가, 언론 전문가, 연설 작가, 심지어 의상 전문가와의 상담이 필요할 것이라고 했다.

    나는 그런 데 조금도 관심이 없었다. 그러나 강연하는 일이 좋았고, 계속 하고 싶었다. 연구조사를 하는 과정에서 전문가들의 말을 들어보기로 결심했다. 그들의 조언은 유익한 것이었으나 더 생각하면 할수록 불편해졌다. 틀에 박힌 혹은 기계적이거나 포장된 연사로 비춰지는 것이 끔찍했다. 그러다가 앨라배마 전 주지사 조지 월러스의 명언을 기억하고 그것을 시작점으로 삼기로 했다. 그가 효과적인 소통에 대해 한 말은 대충 이렇다. 염소가 알아들을 만큼 쉽게 낮추어 이야기해야 한다는 것이다. 말하자면 최소공약수를 확보해야 한다는 것이다.

나는 또한 가스펠 가수이자 연기자인 동시에 목사인, 놀라운 재능을 가진 비비 위넌스로부터 멋진 조언을 들었다. 그는 대중을 상대로 하는 발표를 할 때는 진심에서 우러나오는 말을 하고, 자신이 진정으로 열정을 가진 것에 대해 이야기한다면 다른 것은 필요 없다고 했다. 더 나아가 관객이 내가 하는 이야기를 처음으로 듣는다는 사실을 기억하라고 했다. 그는 이렇게 말했다.

"기억해요, 관객들에겐 정말 새로운 사실이에요."

전혀 다른 두 사람으로부터 얻은 지혜와 더불어 나는 3A 가운데 하나인 진정성을 적용시키기로 했다. 나의 진정한 모습을 드러내기로 했으며, 청중의 꿈을 키워주는 연설가는 어떠해야 한다는 시장이 만들어낸 인위적인 이미지에 맞추려는 부담을 떨쳐버리기로 했다. 3년이 지난 지금, 나는 기쁜 마음으로 이렇게 말할 수 있게 되었다. "진실은 반드시 히트를 친다."

이 교훈을 처음으로 내게 준 스승이자, 직접 말한 사람은 모타운 레코드사의 설립자인 전설적 인물 베리 고디다. 그는 내가 처음 회사를 차렸을 때 본보기로 삼은 사람 가운데 하나인데, 그 이유는 그가 직접 증명해 보인 다음의 명제 때문이다. 시장에서 물건을 팔 때 "중요한 것은 '흑인이냐 백인이냐'가 아니라 '녹색이냐 아니냐'이다." 수요와 공급의 법칙에 의해 백인 시장의 구매자들은 흑인 음악가들이 만든 앨범을 사지 않을 것이라는 믿음을 음악 산업에 뛰어들자마자 처음으로 반박했던 사람이 베리 고디다.

고디가 회고록 《사랑받는 기분: 모타운의 음악과 마법, 그리고 추억To Be Loved: The Music, the Magic, and the Memories of Motown》을 펴냈을 때 나는 즉시 비행기를 타고 전국 순회 사인회의 출발점인 디트로이트로 날아갔다. 책에 사인을 받기 위해서라면 아무리 오래 기다려도 좋았다. 나는 필히 그의 손을 흔들고 "감사합니다" 하고 말해야 했다.

1959년 독립음악 산업이 여전히 신생아 단계이던 시절, 베리 고디는 가족이 속해 있던 투자저축조합으로부터 800달러를 빌려 첫 음반을 제작했다. 단 3년 만에 베리 고디의 신생 회사는 도움닫기를 했고, 회사에서 제작한 음반들은 유례없이 인기순위 꼭대기를 차지했다. 스모키 로빈슨, 스티비 원더, 마빈 게이, 그리고 템테이션스부터 시작해 다이애나 로스와 서프림스까지 이어지는 동안 모타운은 당시의 문화를 지배했고, 여러 미국인들에게 모타운의 음악은 인생의 배경 음악이 되었다.

오로지 마케팅 관점에서만 봤을 때, 어떻게 이런 일이 가능했을까? 그들은 어떻게 해냈을까? 베리 고디가 적은 바에 따르면, 낮은 가능성에 굴하지 않고 성공할 수 있었던 여러 가지 방법 가운데 하나는 레코드 제작의 각 분야에서 일인자를 데려와 팀을 꾸린 것이다. 다양한 민족적 배경을 가진 이 전문가들은 "쥐와 바퀴벌레, 영혼, 용기, 사랑"이

뒤범벅된 가운데 나온 열정으로 뭉쳤다. 그들은 또한 고디식 삶의 지표 덕분에 기대 밖의 성공을 할 수 있었는데, 그것은 진정성, 즉 나를 나이게 하는 모든 것은 청중이 기꺼이 듣고 받아들인다는 주장이었다. 진실은 반드시 히트를 치기 때문이었다.

그는 여러 가지 의미에서 이 말을 했다. 부분적으로는 '있는 그대로 말하라'는 것과 같은 맥락이다. 예를 들어 모타운이 처음 설립되어 고전을 면치 못할 때 고디는 남들이 늘 같은 지루한 사랑타령만 한다고 불평했다. 왜 색다른 걸 하지 않는지 궁금했다. 그래서 자기 머릿속에 들어차 있던 진실에서부터 시작하기로 했다. 그에게 필요한 것은, 커가는 회사와 가족을 지탱하기 위한 현금자금과 히트곡이었다. 이 생각은 1960년 1위를 차지한 배럿 스트롱의 〈돈(내가 원하는 그것) Money(That's What I Want)〉으로 이어졌다.

당시 사랑보다 돈을 원한다는 말을 그토록 노골적으로 한다는 것은 파격적이었다. 그러나 유머와 진실이 담겨 있었던 만큼 이 곡은 상황을 역전시킨 대 히트곡이 되었다.

베리 고디는 모든 단계에서 작품에 진정성을 담을 것을 강조했다. 만약 비닐 레코드의 파인 홈, 즉 그루브 사이에서 진정하고 진실한 소리가 들려온다면 대중은 그 진실에 공감하고 그것을 받아들일 것이라고 주장했다. 가수를 발굴하는 역할을 맡은 A&R 사업부의 표어는 "히트곡은 그루브에 있다"였다.

베리 고디는 또한 정직과 청렴이라는 의미에서 진실은 사업적으로도 의미 있는 도움이 된다는 믿음을 몸소 실천했다. 이 믿음이 옳다는 것을 나도 여러 번 경험했다. 그의 회고록에서 가장 인상적인 것은 회고록의 제목을, 그가 모타운을 설립하기 전 작곡가로 활동하면서 초기에 히트시킨 곡 〈사랑받는 기분To Be Loved〉(1958년, 재키 윌슨 노래)에서 따왔다는 것이었다. 이 제목은 어마어마한 성공을 이루기 이전의 베리 고디의 본심을 나타내며, 그가 음악을 만들고자 한 가장 진정한 이유를 드러내고 있다. "사랑받는 기분, 사랑받는 기분, 오 사랑받는 기분이란!"

사실 진정성에 대한 교훈은 많은 사람들이 어느 정도 당연하다고 여기는 내용이다. 누구나 살면서 여러 번 자기답게 행동하라는 말을 듣지만, 너무 모호해서 무시해버렸을지도 모르는 충고다. 만약 그랬다면 다시 한 번 생각해 보기 바란다. 내 마음과 영혼, 진실에서 우러나오는 말을 해야 한다는 것을 기억한다면, 당신은 긴장이 풀리는 것으로 모자라 히트를 칠 것이다!

만약 자기답게 행동하는 것이 여전히 너무 단순하거나 과대평가된 것으로 보인다면 이것을 명심하라. 많은 사람들이 친숙하지 않은 환경에 둘러싸이면 본능적으로 마치 다른 사람인양 행동하며 어울리려고 애쓴다. 우리가 원하는 모습을 마치 만화 속 등장인물처럼 과장되게 연기하는 것이다. 모범생으로만 살았던 우주과학자들이 인기 래퍼처럼 행동하는가 하면, 힙합계의 작은 거물이 갑자기 니체를 인용하고 싶어하기도 한다. 또한 주변 남자들보다 두 배는 똑똑한 여성이 그렇지 않게 보이려고 애쓰는 경우도 있다. 말도 안 된다.

그것이 아무리 진심 어리고 순수한 것일지라도 내가 팔고자 하는 것에 대한 수요가 조금도 없다면 어떻게 하느냐는 질문도 종종 받는다. 어느 시점에서 포기를 선언하고 내 물건이 시장이 필요로 하거나 원하는 것이 아님을 인정해야 하는가?

내 대답은, 시장은 아무것도 모른다는 것이다. 예를 들어 볼까? 단 두 단어로 족하다. '애완 돌.'

애완 돌을 필요로 하는 사람이 있을까? 그럼에도 애완 돌의 창시자이자 마케터인 광고회사 사장 개리 달은 독창성과 진정성만으로 애완 돌 아이디어를 실행에 옮겼다. 그리고 크리스마스까지 이어진 6개월의 판매기간에 번 돈으로 백만장자가 되었다.

루빅스 큐브는 어떤가? 나는 교묘한 짜임새로 도전심리를 부추기는 루빅스 큐브에 개인적으로 애정을 갖고 있다. 그러나 30년 전에는 세상 그 누구도 머리가 깨질 것처럼 어렵고 해법이 수십억 가지가 넘는(실제로 조사해 보니 2500억 가지) 퍼즐을 사려고 다투는 사람은 없었다. 그러나 루빅스 큐브를 만든 헝가리 태생 조각가이자 건축가, 대학교수 에르노 루빅은 주저하지 않았다. 에르노 루빅의 진정성이 담긴 루빅스 큐브는 이후 10년간 대 히트를 쳐 1억 개 이상이 팔렸으며, 그 이후로도 몇배 더 많이 팔렸다.

불행히도 루빅은 자산을 제대로 보호하지 못했고, 루빅스 큐브로부터 단 한 푼도 벌지 못했다. 물론 이것은 또 다른 교훈이다. 그런 의미에서 짚고 넘어가야 할 것이 있다. 만약 당신이 당신 자신과 브랜드의 정수를 담고 있는 무언가를 발명한다면, 말이 좀 과격하기는 하지만, 개처럼 그 위에 오줌을 싸두지 않는 것은 바보짓이다. 루빅은 자신의 창작물을 자신의 소유로 만들어주는 저작권을 설정하지 않았기 때문에 이득을 조금도 얻지 못했다.

그래도 시장의 교훈은 변함없다. 진실은 꼭 이긴다.

26
밧줄 다루기부터 터득하라
: 자제력과 품성

고용주가 찾는 것은 무엇일까? 이것은 여러 상황에서 만날 수 있는 대화 주제이다.

고용주들이 가장 많이 이야기하는 자질은 열정이다. 그것이 그들의 세계에서 통용되는 화폐다. 열정이 있는지 없는지는 쉽게 알 수 있다. 열정은 사람 자체에서 나오며, 사거나 팔거나 가르치거나 배울 수 없다. 눈동자 색깔과 같다고 생각하면 된다. 열정 다음으로 고용주들이 높이 평가하는 여러 가지 자질이 있다. 내가 열정 다음으로 중요하게 여기는 것은 자제력과 품성이다. 추천서나 학력이 내재된 자제력이

나 품성을 말해주기는 하지만 좀 더 뚜렷한 그림을 얻기 위해 나는 미래의 직원이 내게 묻는 질문에 귀를 기울인다. 그러면 그 사람의 호기심이라든가, 업무 훈련으로부터 최대한 많은 것을 끌어낼 수 있는 능력, 기본적인 요령을 터득하려는 의지에 대해 많은 것을 알 수 있다.

예를 들어보겠다. 2004년에 나는 가드너 리치 앤 컴퍼니에 생긴 빈자리 두 개를 메우기 위해 지원자 세 명의 면접을 진행했다. 첫 번째 지원자는 아이비리그 대학에서 학사학위를 땄고, 학교성적과 시험성적도 훌륭했으며, 투자 분야에서의 직접적인 경험은 없었으나 관련 분야 사람들의 강력한 추천이 있었다. 두 번째 지원자는 대학에 가지 않았고 경력도 없었으나 가족이 운영하는 소매업체에서 일한 경험이 있었으며, 대학 등록금을 모으기 위해 실제로 주식투자를 해본 일이 있었다. 세 번째 지원자는 서류상으로는 완벽했다. 유수의 경영 대학원을 나왔으며 경력도 화려했는데, 일류 중개회사에서 일한 경험도 포함되어 있었다. 게다가 내 사업 동료의 아들이었다.

면접 과정에서 첫 번째 지원자는 업무에 전화 통화가 얼마나 많이 포함되어 있는지 물었다. 전화하는 것을 썩 좋아하지 않는 것이 분명했다. 그때 눈치 챘어야 했다. 그럼에도 나는 추천서를 믿고 그를 고용했지만, 그는 전화를 받거나 거는 데 대한 두려움을 떨치지 못했다. 내가 요령을 가르쳐주겠다고 제안했지만 그는 불안감을 극복하지 못했다. 미래에 연구원으로는 성장할 수 있을지 몰라도 우리가 사업하는 분야에서는 어려웠다. 내가 그를 해고하기도 전에 그는 자진해서 그만두었다.

세 번째 지원자는 수줍음이라고는 찾아볼 수 없는 사람이었다. 내가 무엇을 묻든 바로 답변을 내놓았다. 그런데 그의 질문을 들어보니, 자신이 업계의 유명인사들과 친분이 있다는 것을 과시하기 위한 방편에 불과했다. 내가, 나도 그 가운데 몇 사람을 안다고 하자, 그제야 그들과 아무 친분이 없었다는 것이 들통 났다. 또한 회사에서 제공하는 혜택과 출장, 단적으로 말해, 구석에 위치한 개인 집무실을 얻으려면 얼마나 걸리는지에 더 관심이 있었다.

세 명 가운데 나이가 가장 어렸던 두 번째 지원자는 면접 당시 내 마음을 빼앗았다. 신문에 난 새로운 기술주에 대해 들어봤느냐고 질문했던 것이다. 그리고 내가 질문했을 때 곧바로 답변할 수 없을 경우에는 질문을 좀 더 자세히 설명해달라고 부탁했다. 나는 그를 곧바로 채용했다. 그가 샐(샐버도어 게레로)이었는데, 그는 그때 이후 죽 우리 회사에서 일했다. 그는 밑바닥에서부터 기본 요령을 배울 끈기와 자제력이 있었을 뿐만 아니라 내가 무엇을 설명하는 즉시 달려 나가 내가 하라고 하기도 전에 실행에 옮겼다. 그의 자제력 있는 행동은 언제나 그의 뛰어난 품성을 드러내곤 했다. 우리가 그에게 대학 학비와 경영 대학원 학비를 대주겠다고 제안했을 때 그는 심각하게 고민하다가 회사에서도 대학에서와 마찬가지로 좋은 배움을 얻을 수 있다는 결론에 이르렀다.

자제력과 품성을 귀중히 여기게 된 것은 이러한 자질을 우선으로 여기지만은 않던 시절이 있었기 때문이다. 다른 모든 사람들과 마찬가지로, 처음 업계에 발 디딘 나의 눈은 업계의 거물들에게 꽂혀 있었고, 그들이 있는 위치에 가능한 빨리 가는 것이 목적이었다. 다행스럽게도 시장의 구조는 내가 그렇게 할 수 있도록 놔두지 않았다. 다음 단계로 오르기 위해서는 습득해야 할 지식이 있었기 때문이다. 흥미로운 것은 이 구조가 아주 오래전, 범선으로 항해하던 시절로 거슬러 올라간다는 사실이다. 선장들은 새로 들어온 선원들에게 어떻게 다양한 매듭을 짓는지, 어떤 밧줄이 어떤 돛을 펼치는지 철저히 훈련시켜야 했다. 밧줄을 다루는 요령에는 정확한 절차가 있었고, 순서대로 따르지 않으면 배는 바다로 나갈 수조차 없었다.

그런 의미에서 개인의 직업 생애가 뭍에 좌초하거나 물 위에 뜨는 원인을 파악하고자 한다면 어떤 중요한 단계를 건너뛰거나 무시했는지 살펴보면 된다. 돌이켜 보면, 나의 스승들은 나에게 속도조절을 할 것, 학교를 그만두지 말 것, 개인 집무실을 갖기 위해 지름길을 찾지 말 것을 충고해주었다. 나는 그들을 매우 고맙게 여기고 있다. 나는 또한 재능 있고 미래가 밝은 사람들이 하루아침에 성공하려다가 가라앉는 것을 지켜봄으로써 좋은 것을 배웠다. 특히 1980년대의 무절제한 분위기 속에서 많은 사람들이 배 밖으로 떨어져 나갔다. 물에 빠지지 않은 이들은 자제력이 있거나 단지 운이 좋은 사람들이었다.

사람의 실수로 벌어진 여러 산업재해의 경우 역시 개인 혹은 단체가 지름길로 가려다가 생긴 일이라고 감히 말해 본다. 금융계의 경우, 상승세가 갑작스러운 폭락으로 이어졌을 때는 하루아침에 부자로 만들어준다는 수법의 결과일 경우가 많은데, 똑똑한 사람들조차 이러한 수법이 필수적인 단계를 생략하고 있음을 눈치 채지 못하곤 한다. 1980년대 말 엔론 사태나, 닷컴 회사들의 줄도산, 그리고 오늘날 세계 경제 붕괴에 기여한 여러 요인 중 하나인 서브프라임 모기지 사태도 여기 포함된다. 결과를 생각해 보지 않고 제멋대로 군 월스트리트는

'금융의 HIV'를 확산시켰고, 이제 세계경제의 중추신경계가 감염된 것이다.

언제가 재앙으로 찾아올, 공짜만 밝히는 세태에 모두가 동참한 것은 아니다. 좀 더 냉정한 견지를 유지한 이들도 있었다. 우리와 같은 소규모 금융 서비스업체나 지역은행, 그리고 자립적인 업체들이다. 자신의 일에 성실하게 임하며 악성 채무를 멀리한 것이다. 우리는 우리가 아는 대로 계속해 사업의 모루를 두드렸으며, 하루아침에 부자가 되라는 유혹을 떨칠 자제력을 갖고 있었다. 거대 시장 속의 월스트리트 금융 기업들은 그렇게 하지 않았다. 그곳에서는 탐욕과 무절제가 냉정한 판단을 저해했다. 직설적으로 말하자면, 그들은 돼지 같았다. 어떤 면에서 그러했냐고? 왜 그랬냐고? 간단하다. 경쟁자가 고위험 상품을 팔아 점유율을 높이고 어마어마한 돈을 버는 것을 목격하면 나도 같은 물에 뛰어들게 된다. 그리고 동일한, 또는 더 좋은 상품을 고객들에게 제공하지 않으면 전략적으로 불리한 위치에 놓이게 될 거라고 합리화한다. "고맙지만 거절하겠어. 나는 계속해서 모루를 두드리겠어"라고 말하고, 고위험 상품을 통해 재미를 보고 싶어하는 고객들을 잃게 되는 결과를 감수해내려면 자제력과 품성이 필요하다. 밑바닥에서부터 요령을 배우고 어렵게 올라온 사람이라면 어떤 함정이 도사리고 있는지 알기가 쉽다. 실제로 함정은 있었다. 청구서가 날아왔고 치러야 할 대가는 끔찍했다.

물론 모든 분야에는 단계를 건너뛰고 싶어하는 야심만만한 사람들이 있다. 그들은 긴 줄의 끝에 서 있고 싶어하지 않고, 대가를 치르거나 노력해서 진급하기 원하지 않으며, 지름길로 갈 권리가 있다고 생각한다.

시장에서 족벌 경영이 사라지지 않은 것은 사실이지만, 내가 본 사람 가운데는 회사를 물려받고도 밧줄 다루는 법을 배우지 않아 몰락한 사람들도 있다. 당신이 아는 사람 가운데도 직책에 따라오는 혜택은 원하지만 책임은 지고 싶어하지 않는 사람이 있을 것이다. 부모 잘 만나 본 것도 많고 전문용어며 정책도 귀에 익숙하니 알아야 할 모든 것을 알았다고 생각하는 사람들도 있을 것이다. 바다에 맞설 자격이 있음을 증명하지 않고 배를 맡은 선장들은 국가라는 범선을 침몰시키고 사업을 파산으로 이끄는 법이다.

물론 무엇을 하든 넘치는 의욕과 카리스마, 꺾이지 않는 성공에 대한 의지를 갖고 초고속으로 올라가는 수재들을 만나보지 못한 사람은 없을 것이다. 그들은 굉장히 놀랍고 매력 있지만, 앞서 나가는 방법에 더불어 자신의 가치관과 의미를 배우는 데 시간을 보내지 않을 경우 위태로워진다. 재능은 눈부신 것이다. 그러나 자제력과 품성이 바탕이 되지 않으면 그들의 여정은 짧게 끝날 것이다. 우리는 이것의 극단적인 사례를 스포츠 업계에서 볼 수 있다. 구단은 신인과 어마어마한 액수의 계약을 맺은 뒤, 그들이 성장하는 데 필요한 모든 것을 배울 시간을 주지 않는다. 남들의 조언을 듣는 것도 막는다. 그 모든 이목과 자유, 돈과 명성과 함께 오는 부담은 감당하기 힘들 수 있으며, 선수가 경기장에 발을 딛기도 전에 선수를 압박하기도 한다.

로마를 정복하러 가기 전에 밧줄을 다루는 법부터 배우는 것이 왜 중요한지, 이 교훈을 스스로에게 적용하는 것이 중요하다. 우리는 종종 이런 말을 듣는다. 중요한 것은 얼마나 자주 넘어지는가가 아니라 얼마나 재빨리 일어서는가이다. 나는 이렇게 생각한다. 얼마나 빨리 꼭대기에 오르는가가 아니라, 가는 길에 얼마나 많은 지혜를 얻는가가 중요하다. 자제력과 올바른 품성이 있으면 당신도 진정한 성공의 열매를 맛볼 수 있다.

내 범선의 항해를 책임지고 있는 사업가로서 내가 자제력과 품성에 대한 교훈을 특히 좋아하는 이유는, 우리의 크고 작은 승리가 배에 탄 모든 선원들에게 속한다는 사실, 즉 샐과 같은 친구에게도 속한다는 사실을 일깨워주기 때문이다. 나에게 속하는 것은 오직 내 실수와 잘못이다. 나는 그것에 대한 책임을 진다. 인정하고 그로부터 배운다. 그런 뒤 그것들을 자유롭게 놓아준다. 더 멀리, 높이, 빠르게 항해하기 위해서다. 마야 안젤루 박사의 말을 빌자면, "아직도 나는 상승한다."

27
내 세력권 안에는 누가 사는가

: 네트워킹

초심자들에게 관심도 없고 그들을 반기지도 않는 시장은 난장판이다. 어떤 활동이든 시장에서는 돈놀이로 바뀐다. 실제로 깡통차기나 숨바꼭질처럼 우리가 어렸을 때 즐겨 하던 놀이는 사회생활을 위한 좋은 훈련이 되기도 하고, 사회에서 벌어지는 각종 놀이에서 어떤 능력을 보여줄지 정확히 예견하기도 한다.

신뢰의 문제를 다룬 16강은 내가 접한 거의 모든 업무환경이나 사회환경 속에서 인간관계의 힘을 이해하는 데 도움이 되었다. 실로 신뢰, 믿음을 주는 것과 전반적인 사교 능력은 업무적인 만남이나 협상,

그리고 무엇보다도 네트워킹이라고 하는 극도로 요긴한 시장 놀이에서 빠져서는 안될 요소들이다. 어린 시절에 중요한 역할을 했던 사람들을 식별하는 데 충분한 시간을 들이면, 16강의 확장판인 '내 사무실과 세력권 안에는 누가 사는가?'에 답하는 것이 조금은 수월할 것이다.

판매와 구매와 관련된 일을 할 때에는 언제나 상대방의 위계질서를 조사하는 것이 도움이 된다. 누가 구매력이 있는지 확인하는 것이 중요하고, 누가 그 바로 밑에 있는지 역시 중요하다. 때로는 2인자를 내 편으로 만드는 것이 유리할 수 있다. 사무실의 업무환경 또한 그 안에서 일하는 사람들에 대해 많은 것을 알려준다. 누군가의 집으로 걸어 들어가는 순간, 그 집에 사는 가족이 단란한지 문제가정인지 알 수 있듯 회사도 마찬가지다. 때로는 직원들이 가족 구성원과 같은 역할을 맡기도 한다. 상사 노릇을 하기 위해서만 나타나는 아버지 역할이 있으며, 실권을 쥐고 중요한 결정을 내리는 어머니 역할도 있다. 물론 그 직원의 실제 성은 아무런 상관이 없다. 사무실에는 또한 과거 동네에서 보던 전형적인 인물들, 즉 힘세고 못된 아이, 날마다 당하는 아이, 잘난척하는 아이, 시끄러운 이웃, 악당, 그리고 현명한 조언자 등의 역할을 하는 사람들이 있을 수 있다.

현재 혹은 최근의 업무 환경을 따져보면 무슨 뜻인지 이해할 수 있을 것이다. 당신의 사적인 삶 속에 있는 사람들이 다 이유가 있어 거기 있듯, 주로 업무적인 일로만 만나는 공적인 삶 속의 사람들 또한 당신에게 의미 있는 교훈을 주기 위해 당신의 직업 생애 속에 있음을 생각해 봐도 좋겠다. 이것은 당신만의 인물사전을 만드는 단순한 방법에 속한다.

내게 처음으로 네트워킹의 중요성을 가르쳐준 사람은 미시시피에서 위스콘신까지 걸어간 조 쿡 삼촌으로, 자주 언급했듯이 그는 "친구가 필요하기 전에 친구를 만드는 것이 좋다"고 말하곤 했다. 어렸을 때 나는 그 말을 마음속 깊이 간직하고 일찍부터 실천에 옮겼다. 다행히도 어려운 일은 아니었다. 나는 사람이 좋았다. 특정한 사람만 좋은 게 아니라 그냥 사람이면 다 좋았다.

나를 아는 사람이라면 누구나 이를 인정할 것이다. 또한 내가 이름을 외우는 데 놀라운 소질이 있다고 말할 것이다. 타고난 재능은 아니다. 내가 길러온 특별한 취미라고 할 수 있다. 이름은 아름답고 독특하고 개인적이다. 따라서 이름을 기억한다는 것은 사람에 대한 존경심을 나타내는 방법임을 나는 일찍부터 깨달았다. 나는 할 수만 있다면 상대방의 어머니, 아이, 애완견의 이름까지 외운다! 물건을 사든 팔든 상대방의 이름을 부르는 것은 양자를 동등한 위치에 놓아준다. 때로는 서비스를 제공하는 위치에 있는 사람이 "제 이름을 어떻게 아셨어요?"라고 묻는 일도 벌어진다. 그런 뒤에야 자신이 이름표를 달고 있음을 깨닫는다! 없는 존재 취급을 받고 싶어하는 사람은 없으며, '행인 1', '경찰 2' 등을 연기하는 영화 세트장의 보조 연기자가 되고 싶어하는 사람도 없다. 누구에게나 이름이 있다.

사고 능력이 떨어진다고 생각하거나 어디서부터 네트워킹을 시작해야 할지 모르겠다면 이름 놀이부터 시작하라. 사람들의 이름을 묻고, 눈을 똑바로 쳐다본 다음 악수를 하라. 그리고 자신의 이름을 말하라. 이것은 시장의 원칙 중 가장 오래된 것 중 하나이다.

이름 놀이에 익숙한 사람일지라도 '누가 누구'인지 알아두는, 자신만의 인명사전 만들기 놀이를 통해 얻을 수 있는 또 다른 이득은, 귀를 열고 나의 직감에 충실하면 귀중한 무언가를 발견할 수도 있다는 사실이다. 나에게 친구가 되어줄 사람, 사업 동료가 되어줄 사람을 발견할 수 있으며 나의 관심을 끌 만한 일이나 사람, 동업자나 직원, 인턴을 소개해줄 사람을 만날 수도 있다. 혹은 그런 사람을 알고 있는 사람을 만날 수도 있다. 나의 스승 마샬 겔러가 '세력권'이라고 칭한 동네 전체의 터줏대감을 만날 수도 있다.

마샬이 '세력권'이라는 말을 처음 알려주었을 때는 네트워킹이라고 하는 마케팅 전략이 인기를 얻기 전이었고, 페이스북이나 마이스페이스와 같은 인터넷 네트워킹 사이트가 존재하기 훨씬 전이었다. 마샬은 우리 회사에 있는 사람들 중 다른 이의 세력권에 이미 들어가 있는 사람을 예로 들어주었다. 그들은 미국 부통령과, 국가연금금고의 장, 그밖에도 명망 있는 더 많은 세력권과 연결되어 있는 사람들의 세력권 안에 들어가 있었다. 나는 어떻게 하면 그렇게 될 수 있는지 궁금했다. 구체적인 방법은 없었다. 마샬 겔러는 단지 나에게 방향을 알려주었을 뿐이다.

시장의 기초를 배우는 과정에서 많은 사람들은 익숙한 관계 밖에 있는 사람들에게 먼저 다가가 그들을 만나고 난 다음 벽에 가로막힌다. 휴대전화에 수많은 이름과 번호가 있거나 신발상자 한 가득 명함이 있지만, 그 다음에 어떻게 해야 할지 알지 못한다.

그렇다면 어떻게 해야 한 번 만난 사람들과 더 가까워질 수 있을까? 포기하지 않는 것이다. 노력해야 한다는 교훈은 여기서도 유효하다. 모루를 두드려야 한다. 즉, 후속 연락을 하고, 감사 편지를 쓰고, 사소한 것을 기억하고, 이름을 기억해야 한다. 다시 한 번 말하지만 포기하지 말라. 무엇인가를 판매하려고 한다면, 경쟁자를 따돌리고 싶다면, 자기가 생각해도 굉장한 물건을 소개하고 싶다면 당신이 보여주는 약간의 친절과 관심과 상냥함이 다른 결과를 가져올 것이다.

캘리포니아에서 부동산 중개사를 하는 도널드에 대한 이야기를 들은 적이 있다. 부동산 시장이 위축되기 시작해 다른 모든 사람들이 도망친 와중에도 그는 살아남았다고 한다. 그가 고객을 확보한 방식은 이러했다. 먼저 친구가 되어 우정을 키우고, 때때로 연락을 잊지 않았으며, 그들 교회에서 열리는 만찬회에도 참석하고, 아이들의 야구경기에도 참석했으며, 그들이 갖고 있는 회사의 고객이 되어주었다. 그들은 집을 사거나 팔 때가 되면 무조건 도널드에게로 갔다. 도널드는 모두가 동일한 전문성을 보유한 상황에서는 친절과 관심을 더하는 것이 거래를 성사시킨다는 것을 알았다. 그리고 그 고객들이 친구들을 소개시켜주고, 친구들이 또 친구들을 소개시켜주는 식으로 계속된 것이다.

1980년대, 뉴욕에서 힘겨운 생활을 하고 있던 어느 회계사도 비슷한 과정을 거쳤다. 그는 코미디클럽을 돌아다니며 큰 인기를 얻을 것 같은 코미디언들을 골랐다. 그리고 그들과 거래를 했다. 그가 무료로 세금신고를 해줄 테니 성공한 코미디언이 되어 벌이가 괜찮아지면 회계사로 고용해달라고 한 것이다. 오늘날 그는 연예계에서 수요가 가장 많은 재무관리인이다.

'누가 누구'인지 알아둘 때 기억할 것은 언젠가 상호적으로 이로울 시장 내 인간관계를 맺는 데 그쳐서는 안 된다는 것이다. 물론 이것은 네트워킹과 사업행위 일반의 기초가 되는 것이지만, 그 다음 단계가 더 중요하다. 개인과 사업체에 대해 공부해야 한다. 구매자이든 판매자이든, 사업체를 대표하는 쪽이든 컨설팅을 해주는 전문가 쪽이든, 협력 관계든 경쟁 관계든, 거래 관계를 맺을 준비를 하고 있다면 잠재 고객의 실적이나 업적에 대해 많이 알수록 더 좋은 합의에 이를 수 있다. 신뢰하고 신뢰받을 수 있는 능력은 개인적인 인간관계에서와 마찬가지로 업무적인 거래에서도 매우 중요하다.

네트워킹은 단계마다 여러 교훈을 품고 있다. 나는 직관을 따르지 않거나, '누가 누구'인지 알아두는 것에 대해 너무 단순하게 생각하다가 여러 가지 실수를 저질렀으며, 그로부터 많은 것을 배웠다. 그 가운데 나에게 네트워킹과 시장 속 인간관계의 한 요소에 관해 가르쳐준 에피소드가 있는데, 이것은 놀이에서 이기고 싶은 사람이라면 반드시 고려해야 할 요소이다. 누군가가 당신의 등을 긁어주었다면, 그들도 당신이 그들의 등을 긁어줄 것이라는 기대를 갖는다는 점에 대해 말하려는 것이다.

좀 더 공손한 표현으로 말하자면, 상대방에게 어떤 부탁을 했을 때, 즉 누굴 소개해달라거나, 공짜로 무얼 달라거나, 연줄을 대달라거나 했을 때 당신 역시 상대방에게 부탁 한 가지를 빚지게 되며, 그 빚을 갚을 때나 장소는 당신이 선택할 수 없다. 이는 몇년 전 내게 실제로 일어난 일이다. 안정적으로 자리 잡힌 어느 금융 회사에서, 우리 회사에서 제공한 서비스와 그로 인한 이익금에 대한 대가를 치르려고 하지 않았을 때 나는 우리 회사보다 더 영향력 있고 힘 있는 지인을 동원하기로 결심했다.

금융 회사의 이사회 회장에게 우리 회사의 사정을 설명했는데도 먹히지 않았기 때문이다. 날 간단히 무시해버린 것이다. 그래서 나는 그에게 나도 힘 있는 사람들을 알고 있음을 보여주고 싶었고, 내가 '누가 누구'인지 알아둔 사람들에게 연줄을 대보기로 했다. 비록 직감적으로는 나의 싸움을 내 스스로 하는 게 옳은 듯했지만 말이다. 그래서 그 이사회 회장을 어느 회의석상에서 만났을 때 최대한 도전적인 자세로 말했다.

"자니 코크란을 만나본 적 있으세요?"

"아니요."

"만나보시겠어요?"

내가 눈을 부라리며 말했다.

덧붙이자면 나는 자니 코크란을 알지 못했고, 내가 아는 사람 중에 유명한 법률 전문가는 없었다. 그래서 다른 활동가들을 통해 알게 된 힘 있는 지역사회 지도자 한 사람에게 부탁해 부당한 처사를 바로잡고 당사자들과 결판을 내는 자리에 함께 가달라고 부탁했다. 자리에 도착한 나는 끝장을 보리라 벼르고 있었지만, 그가 분위기를 주도해 객관적인 입장에서 논의를 이끌었고 원만한 해결을 보았다. 내가 받아야 할 돈의 60퍼센트를 주겠다는 동의서를 받고 끝낸 것이다.

나는 그에게 빚을 진 것은 알았지만 내게 그걸 갚을 수 있는 역량이 있다고는 생각하지 않았다. 그러나 얼마 지나지 않아 일종의 청구서가 날아왔는데, 선봉에 선 어느 금융 사업에 대해 언론에 호의적인 평을 해주길 그가 부탁해왔다. 나는 기꺼이 그렇게 했지만, 우리 둘을 엮는 신문기사가 나가자 내 고객 중 일부는 내가 그와 협력하고 있다고 추측해 나와의 거래를 끊으려고 하는 황당한 일이 벌어졌다. 50퍼센트 이상의 고객이 날 떠나는 믿을 수 없는 일이 벌어진 것이다. 나는 이것이 도대체 무슨 변고인지, 그가 나의 부탁을 들어줌으로써 내가 얻은 이익이 그만한 손실의 가치가 있는지 따져보아야 했다. 그리고 그 깨달음의 순간을 다음과 같이 표현한다. "때로는 스스로에게 물어야 한다. 그 과즙, 과연 힘들여 짤 보람이 있는가?"

네트워킹을 오렌지 주스 만들기에 빗대어 이야기하고 있는 셈인데, 오렌지에서 달콤한 과즙이 나올 것만을 생각하지 말고 얼마나 큰 비용을 들여야, 그러니까 얼마나 힘들게 짜야 그런 과즙이 나올 것인지 염두에 두어야 한다는 의미다. 그러니까 누군가가 과즙을 의미한다면, 그러니까 당신이 이루려는 목적에 기대와 명성과 에너지를 더해줄 사람, 혹은 기회의 문을 열어주거나 연줄을 대주거나 지렛대 역할을 할 사람이라면, 그 과즙을 짜는 데 얼마나 많은 힘이 들어갈 것인지 반드시 자문해야 한다.

때로는 힘들여 짤 만한 가치가 충분한 과즙이 있다. 나는 운 좋게도 지혜로운 조언과 믿음직한 충고, 든든한 지원이라는 굉장한 선물을 안겨준 많은 사람들을 만났다. 그들이 철저히 상호주의적인 정신에 입각해 나에게 도움을 준 것은 아니지만, 그들에게 내가 필요하다면 나 또한 어떤 노력을 감수하든 일손을 놓고 달려갈 준비가 되어 있음을 그들도 알고 있다.

마지막으로 네트워킹과 업무적 인간관계에 대한 교훈에 덧붙일 주의사항은 '의리'에 관한 것이다. 매일 나와 함께 일하고, 의무를 넘치게 다하고자 애쓰는 나와 같은 편에 있는 팀원들에 대해 이야기하고자 한다. 시장을 운동 경기장에 빗대어 말한다면, 나와 같은 팀에 있는 이들은 '나의 사무실과 세력권'에 있는 사람들 가운데서도 MVP를 차지할 만한 선수들이다. 우리가 수년 간 서로에 대해 쌓아온 신뢰와 의리는 우리가 성장하는 데 없어서는 안될 요인이었다. 우리는 경제라는 바다가 요동칠 때에도 그것을 지켜왔다.

당신 역시 이와 같은 애정을 가진 팀이 있을지 모른다. 만약 없다면 이번 가르침을 기회로 삼아 당신을 지원해주는 사람들이 누구인지 알아보기 바란다. 그들을 당신의 주 투자자라고 생각해도 좋다. 그들이 사랑하는 사람들이든, 내 편을 들어주는 사람들이든, 사업 동료이든, 그들은 당신의 성공에 직·간접적으로 영향을 받는 사람들이다. 다른 사람들과 함께 기뻐할 수 없다면 성공이 무슨 소용이냐는 말은 다소 촌스럽게 느껴질 수 있다. 그러나 나는 이것이 행복의 공식의 일부라고 믿는다. '나'와 '내 것'을 말하고 생각하는 것에서 벗어나 '우리'와 '우리 것'을 강조한다면, 그 노력으로부터 얻는 과즙은 분명히 힘들여 짜낸 보람이 있을 것이다.

28
코끼리부터 가방에 넣으라

: 집중력

　이번 교훈의 요점은 아주 단순하다. 간단히 말해 사업가가 아니라도 사업가처럼 생각할 수 있다는 것이다. 강연을 시작한 지 얼마 되지 않아 구내식당 근로자들의 회의에 참석했는데, 그때 질의응답 시간에 받은 질문은 내가 이 교훈을 뼈저리게 깨닫는 계기가 되었다. 그날 내가 받은 많은 질문들은 대부분 내가 하고 있는 구체적인 업무에 관한 것이 아니라 나의 개인적인 삶의 여정과 관련되어 있었다. 그래서 60대 초반으로 보이는 여성이 마이크에 대고 다음과 같이 물었을 때 나는 놀라지 않을 수 없었다.

"자신의 경영 방식에 대해 설명하라면 어떻게 말씀하시겠습니까?"

내가 접해 보지 않은 주제는 아니었지만 그런 상황에서 그런 질문이 튀어나올 줄은 몰랐다. 나는 그 여성이 관리직에 있고 업무에 적용할 조언을 구하고 있다고 넘겨짚었다. 그러나 나중에 알고 보니 여성은 생산직 근로자로 평범한 사원이었다. 그럼에도 그는 나로부터 무엇을 배워 일과 그 밖의 삶의 분야에 적용시킬 수 있을까 궁금해하고 있었다. 사업 경영과 효과적인 리더십 전략에 관한 여러 책을 읽은 터였으므로 내가 직원들을 격려하고 자극하기 위해 사용하는 원칙이나 철학이 있는지 궁금했던 것이다. 이 놀라운 질문에 대답하는 와중에 나는 스스로 고무되고 자극받고 있는 자신을 발견했다.

팀을 이끄는 감독으로서의 내 역할은 팀원들의 집중력을 키우는 일이라고 나는 설명했다. 우리가 모르고 지나치기 가장 쉬운 기본 능력 가운데 하나가 집중력이라는 사실은 의심할 여지가 없다. *집중력을 발휘하기 시작하면 태산도 움직일 수 있다.* 따라서 감독으로서 나의 또 다른 역할은 팀원들로 하여금 자신의 강점을 발견하고 거기 집중할 수 있도록 돕는 것이다. 그리고 전반적으로는 우리 모두가 대체로 같은 것에 집중할 수 있도록 애쓴다. *무엇에 집중하느냐고? 난관보다는 기회에, 혜택보다는 목적에, 빠른 속도보다는 목적의 추구 자체에 집중할 수 있도록 한다.* 집중력을 유지하고 큰 시합에서 이기기 위해 가진 힘을 전부 끌어낼 수 있도록 만들어낸 방침이자 표어는 이것이다. "코끼리를 가방에 집어넣든 쥐를 집어넣든 소요되는 에너지는 동일하다."

시장에 적용시켜 본다면 이 말은 크기에 구애받지 말고 우선순위를 정하라는 의미다. 시간을 지혜롭게 활용할 수 있는 법을 알려주고 있는 것이다. 만약 큰 목표를 달성하는 데 작은 목표를 달성하는 것과 같은 시간이 든다면 큰 목표를 택하지 않을 이유가 없지 않은가? 집중력은 개인의 에너지, 혹은 여럿의 에너지를 한데 모으는 것을 의미하며, 무슨 일을 하든 존재감을 강화하는 것, 힘과 의욕을 과시하며 경기장으로 돌진하는 것을 의미한다. 나는 집중력의 이러한 다양한 측면 모두가 가드너 리치 앤 컴퍼니를 크게 키우는 데 결정적인 역할을 했다고 생각한다. 회사가 커지면서 여러 지점에서 다양한 활동이 진행되자, 집중을 강조하는 운영 방식으로 힘을 잃거나 여러 방향으로 빼앗기지 않고 통합할 수 있었다.

계속해서 성장하고 있는 우리에게 이 교훈은 늘 새로운 깨달음을 준다. 또한 우리가 매진하고 있는 일에 긍정적인 분위기와 에너지를 유지해주고, 덕분에 회사 분위기도 더욱 활기차다. 우리 회사의 표어를 좀 더 뚜렷하게 각인시키기 위해 나는 사무실에 코끼리를 떠올리게 할 만한 것들을 전략적으로 배치했다. 우아한 아프리카 코끼리의 거대한 사진을 벽에 붙이는가 하면 여기 저기 작은 코끼리상을 두었고, 컴퓨터의 화면보호기능이 활성화될 때에도 코끼리가 나타났다.

집중력의 힘은 회사의 경영 측면에서뿐만 아니라 행복을 향한 여정이라는 측면에서도 내 관심거리다. 나처럼 큰 시합에 임하는 사람들이 업무와 관련된 일을 하며 과한 집중력을 발휘하는 것에 부정적인 측면이 있다는 것도 안다. 제일 먼저 인정하겠다. 나는 부끄럽게도, 아이들에게 개인적인 관심을 쏟는 것 외에는 장기적인 이성관계를 유지하기 위해 쏟아야 할 시간과 에너지를 일을 위해 희생했다. 노력은 하고 있지만 집중력을 과다하게 발휘하는 것을 예쁘게 포장할 생각은 없으며, 일과 가정을 조화시키는 방법에 대해 내가 할 수 있는 조언은 많지 않다. 사실 출장이 잦은 나에게 집이 어디냐고 물으면 나는 종종 '유나이티드 항공'이라고 대답한다.

권력과 책임이 주어진 역할을 하고자 하는 사람이라면 큰 시합에 임하기에 앞서 다음과 같은 질문을 하게 될 때가 있을 것이다. "애정의 대상이 되는 것이 좋은가, 두려움의 대상이 되는 것이 좋은가?" 오랜 심사숙고 끝에 나만의 해답을 찾았다. 애정의 대상이 되는 것이 좋다. 두려움의 대상이 되면 사랑받을 수 없지만, 애정의 대상이 되면 두려워할 게 없게 되기 때문이다! 따라서 나는 사랑받는 데에 집중한다.

그러니 직장에서든 인간관계에서든, 육체적으로든 정신적으로든, 그리고 나의 최고의 모습을 보여주고 싶은 그 어떤 분야에서든, 자신에게 가장 의미 있는 것에(쥐보다 코끼리에) 에너지를 집중해야 한다. 그런데 그 방법이야 어떻든 한 가지 조언을 덧붙이지 않을 수 없다. 특정한 목적을 위해 내 몸의 모든 분자를 집중하기로 결심하면, 다른 데서 희생을 감수할 수밖에 없다는 것이다. 나는 이것을 많은 고통과 고민 끝에 깨달았다. 동일한 중요성을 가진 여러 가지 일 때문에 시간을 쪼개고 또 쪼개야 할 때, 가족만은 최우선순위에 두어야 한다. 다른 모든 것은 희생해도 좋지만 가족은 협상불가다. 아이들은 특히 더 그렇다. 내가 마지막까지 지켜야 할 원칙으로 삼은 것은, 다른 모든 것은 협상 가능하지만 내 아들과 딸은 그렇지 않다는 것이다. 나는 회사가 궤도에 안착하자마자 아들과 딸을 시카고로 불러들였다.

크리스 주니어와 자신타는 나로 하여금 내 인생의 우선순위에 있는 것들에 정신을 쏟도록 해주는 것 외에도, 내가 부모로서 일관되고 겸허할 수 있도록 해준다. 누가 우리 어머니 아들 아니랄까봐 나 또한 교육을 특히 중요시하고 아이들의 교내 활동에 가능한 한 많이 참여하기 위해 부단히 노력한다. "아이 하나 키우려면 온 동네가 나서야 한다"는 속담이 있듯 내 아이의 동네가 되어주는 아이들의 선생님, 학교 직원들과 소통하는 것은 물론이다. 그렇다, 생각이 깊고, 사업가 정신으로 충만하며, 마음씨 따뜻한 교내 식당 직원들도 여기 포함된다.

육아와 관련된 측면에서 이번 교훈에 대해 한 마디 덧붙이고자 한다. 내가 알기로 성공적인 부모가 되는 것만큼 사람을 겸허하게 만들고, 도전정신을 자극하며, 뿌듯함과 좌절감을 동시에 주는 것은 없다. 여러 해 전, 나는 청소년들의 반항에 대응하는 가장 좋은 방법을 제안하는 어느 교사로부터 유용한 조언을 얻었다. 그 교사는 짤막하게 말했다. "싸울 가치가 있는 싸움만 하세요."

이것은 코끼리부터 가방에 넣으라는 교훈의 살짝 변형된 형태이다. 나는 이 가르침을 통해 아이들에게 더 집중하고 아이들 곁에 있어줄 수 있게 되었다. 집중은 어려운 게 아니다.

29
나누지 않는 성공은 성공이 아니다

: 지역사회

　시카고에 회사를 차리고 사업을 시작한 지 얼마 되지 않아 가진 것을 남들과 나눠 갖고 지역사회 전반에 기여하는 방법에 대한 큰 깨달음을 얻었다. 그때까지만 해도 나는 굉장히 부유한 사람만이 진정한 자선사업가의 위치에 오를 수 있다고 생각했다.

　내가 깨달음을 얻은 것은, 시카고에서 가장 성공적인 사업가들과의 만남을 성사시키려다 연이어 실패한 이후였다. 이제 와서 생각해 보면 그들은 이미 일류 투자 전문가들과 만족스러운 거래를 하고 있을 터였으니 나 같은 신참을 만나줄 리 없었다. 그러나 당시 나는 그들과 거래를 하겠다기보다 그들의 막대한 전문지식으로부터 배우겠다는 목적을 갖고 있었다. 내 관심은 시카고의 기업 세계를 헤쳐 나가는 방법에 있기도 했지만, 가드너 리치 앤 컴퍼니가 어떻게 지역사회를 풍요롭게 할 수 있는지에 있기도 했다. <mark>내가 그 지역 땅에서 이익을 추수한다면, 성장을 가능케 한 땅을 다시 기름진 땅으로 회복시키는 것은 당연했다.</mark> 나는 시카고 지역의 사업가들이 대부분 자수성가한 사람들일 테고, 사업을 시작할 때 나와 같은 입장에 처해 있었으리라 추측하여 그들이 기꺼이 자신이 가진 지식의 부를 나누어주리라고 여겼다.

불행히도 그것은 순진한 생각이었다. 자수성가해 매우 바쁘고 힘 있는 사업가로 성장한 그들은 나를 거들떠보지도 않았고, 단 10분의 시간도 내주지 않았다. 그러나 거기 굴하지 않고 나는 그들의 사무실로 찾아가 직접 내 소개를 했다. 그리고 지금까지도 귀중하게 여기고 있는 풍부한 조언을 얻었다. 그런데 끝까지 나를 만나주지 않은 한 사람이 있었다. 그뿐 아니라 그를 철통같이 수비하던 비서와 안내원들은 나에게 '안 된다'고 말하는 것을 유일한 존재이유로 삼고 있는 듯했다.

나는 나의 전법책을 참고해 몇 주에 걸쳐 전화를 했고, 본사로 찾아가 직접 만나보려 했지만 1층에 있는 경비가 나를 막았다. 미리 알리지 않고는 회장실이 있는 층으로 가는 엘리베이터를 탈 수 없다는 것이었다. 물론 이해할 수 있었다. 그래서 나는 경비에게 부탁해 내가 왔다는 것을 알려달라고 했다. 회장이 직접 답변을 내려보냈다. 만날 수 없다고 했다.

실망스럽다는 말로는 부족했지만 머리를 식히기 위해, 권력과 성공을 상징하는 크고 번쩍이는 요새가 줄지어 서 있는 시카고의 금융

지구를 걷기로 했다. 나는 걷고 또 걸으며 어떻게 하면 방금 경험한 거절에 긍정적으로 반응할 수 있을까 생각했다. 상황을 곱씹으며 걸을수록 나는 주변 풍경이 바뀌는 것을 볼 수 있었다. 금융지구의 높은 탑이 드리우는 그림자에 파묻힌 가난한, 잊혀진 동네로 걸어 들어가고 있었던 것이다. 그 거리에서 나는 나의 예전 모습을 떠올리게 하는 사람들을 보았다. 홀로 아이를 데리고 있는 사람들 중에는 화이트칼라거나 블루칼라 노동자로, 일자리는 있는데 집이 없는 사람들도 있는 듯했다. 내가 처음 금융업계에 발을 들여놓았을 때의 모습과 별반 다르지 않은 젊은 남녀들이 업계의 기초를 닦는 동시에 열심히 일하고 모루를 두드릴 기회를 찾아다니고 있었다. 바로 그때 나는 성인이 되어 직업을 가진 이후 가장 중요한 결심을 했다.

순식간의 결정이었다. 회사가 자리를 잡고 안정적인 상황이 되면, 10분이라도 나와 이야기하고 싶은 사람들에게 문을 열어두기로 결심했다. 나에게 큰 실망을 안긴 경험은 나로 하여금 회사 본사의 궁극적인 위치를 금융지구 한복판 1층에 잡도록 했다. 벽도 전부 유리였다. 내가 만약 나를 성공으로 이끈 교훈을 남들과 나누지 못한다면 그것은 성공이 아니다.

부를 나누는 것이 돈을 나누는 것 이상을 의미한다는 깨달음은 내게 해방감을 주었다. 나는 기왕에 시간을 내어 조언을 해줌으로써 사회에 기여할 바에야 사람들이 나를 찾아오기를 기다릴 필요가 없다고 생각했다. 대신 회사에서 고등학생들을 위한 인턴십 프로그램을 실행하여 시카고 월스트리트와 금융에 대한 지식을 불어넣어주기로 했다. 회사 방침은, 2년간 성적을 유지하며 꾸준히 배우고 공부할 의지가 있는 인턴들에게 대학 등록금을 제공해주는 것이다. 성장배경도 다르고 살고 있는 동네도 다른 젊은 친구들의 잠재력에 투자함으로써 우리 회사는 우리가 땅으로부터 얻은 자원을 다시 땅으로 돌려보낼 수 있는 기회를 얻는다. 또한 우리가 주는 장학금을 받고 대학을 마친 뒤 기업 세계에 뛰어든 학생들은 우리의 고객이 되거나 협력 관계가 되기도 한다. 그리고 자신이 가르침을 받았듯 다른 이들에게 자신의 일에 대해 가르침을 전달하는 것을 당연히 여긴다.

만약 남에게 조언을 주는 즐거움에 대해 생각해본 적이 없는 사업가이거나 경영자라면 한 번 스승이 되어보라고 권하고 싶다. 한때 자신이 처해 있던 상황과 똑같은 처지에 처한 사람에게 시간을 할애해 격려의 말을 해준다면, 셀 수 없이 많은 선물로 되돌아올 것이다.

당신은 이미 자선사업가로서 지역사회의 사람들과 시간과 돈을 나누고 있을 수도 있다. 그렇다면 당신은 한때 자신에게 없었고 혼자 힘으로 찾아야 했던 무언가를 남에게 줄 기회가 생겼다는 것이 얼마나 보람 있는 일인지 알 것이다. 만약 자신에게 남과 나눌 만한 부가 있다는 생각을 한 번도 해보지 못한 사람이라면 이번 교훈을 당장 적용하는 방법이 있다. 자신이 기여할 수 있는, 돈이 아닌 그 밖의 것이 무엇이 있는지 살펴보는 것이다.

물론 돈이 많다면 어렵게 번 돈을 마음 가는 곳에 주는 것에 아무 문제가 없다. 내가 신입사원이던 시절, 모르는 사람들에게 전화를 돌리고, 경력 있는 중개인들이 거래를 성사시킬 수 있도록 초기 상담을 맡아 모루를 두드리고 있을 때, 전선에 나와 있는 우리들을 위해 주머니를 뒤져 점심을 사준 사람들을 나는 잊을 수 없다. 나는 돈을 벌기 시작한 뒤부터 남들에게 똑같은 선의를 베풀기로 했다. 그리고 몇년 후, 그리고 지금까지 나는 월스트리트 성공담을 일군 사람들로부터 내가 힘내라고 건네준 100달러를 잊지 못한다는 편지를 받는다. 그들은 이렇게 말하곤 한다. "그것이 제게 얼마나 요긴했는지, 선생님은 몰랐을 것입니다." 그러나 나는 알고 있다. 나도 그 자리에 있어봤으니까.

부를 나누는 또 한 가지 방법은, 큰 성공을 이루어내기 위해 극복해야 했던 고난에 대해 솔직하게 말하는 것이다. 힘겨운 싸움을 하고 있는 이들에게 이것은 가장 큰 격려가 되고 영감을 불어넣어준다.

내가 그러했듯, 자신에게 과연 기여할 수 있는 자원이 있는지 의심스러울 때마다 이것을 기억하기 바란다. 내가 단 한 사람에게 아무리 적은 시간, 배려, 친절, 조언, 혹은 방향을 제공할지라도 그 파급 효과는 전체 지역사회와 시장의 복리를 높일 수 있다. 믿기지 않을지 몰라도 이것은 우리 모두가 경제 일반을 개선할 수 있는 방법이다.

가진 것을 혼자만 누리고자 하는 사람이 있을 수 있다. 그들은 세상에 약육강식의 원리만 존재하는 듯 행동하고, 시장에서 성공하려면 경쟁자를 묻어버려야 한다고 믿고 있을 수 있다. 그러나 새로운 시장 경향에 따르면 그런 태도는 효과적이지 않다. 바뀌고 있다. 협력 관계에 있는 업체들이 중세의 길드, 즉 동업자 조합과 같은 역할을 할 조짐이 보이고 있다. 그렇게 되면 업체들은 협력해 새로운 기술을 공유하고, 이는 모두의 사업에 박차를 가할 것이다. 내 친구 조너던 티쉬는 이와 같은 새로운 패러다임을 '협쟁cooperatition'이라고 이름 지었는데, 협력cooperation과 경쟁competition을 섞은 말이다. 이것은 모두가 승리할 수 있는 길이다.

부를 나누고 내가 살고 있는 지역사회와 세계사회를 돌보는 일은 복잡한 일이 아니다. 어떤 방법으로든 실천에 옮길 수 있다. 가진 것을 나눠보라. 나중을 기약하지 말라. 지금 시작하라. 바로 그 자리에서.

Part 4

업무의 달인에서
인생의 달인으로

: 자신의 역량을 최대치로 끌어올리기

그 어떤 것을 지배하는 것보다 자신을 지배하는 것이 더 쉽고, 더 어렵다.
- 레오나르도 다빈치

Start Where You Are

　　　　　　　우리 모두 한 번은 짜릿한 순간을 맞는다. 어떤 이들은 이것을 깨달음의 순간이라고 하기도 하고 지고至高의 체험peak experience이라고 하기도 한다. 다른 이들은 생각과 삶을 바꾸는 중대한 통찰을 얻은 순간이라고 한다. 그들은 "유리를 통해 흐릿하게 보았던" 것을 새로운 눈으로 뚜렷이 보게 되는 유체이탈에 가까운 경험을 이야기한다. 한순간 불가능해 보였던 것들이 이내 가능해지는 것이다.

　우리는 모두 중요한 성장 단계마다 변화할 준비가 되었을 때 이러한 순간을 맞는다. 많은 사람들이 온 힘을 다해 모루를 두드려왔음에도 불구하고 벽에 가로막혀 있는 자신을 발견하고는, 언제 그 벽을 부수고 그 벽의 반대편으로 갈 수 있을지 궁금해한다. 이러한 벽을 여는 것은 곧 위에서 말한 짜릿한 순간이며, 이 순간은 우리의 인식이 고취되어 있을 때 종종 일어난다. 힘을 북돋아줄 줄 아는 스승이나 적당한 때 찾아오는 가르침이 발단이 되기도 한다.

　과거에 겪었던 위와 같은 인식 전환의 시기를 떠올려보면, 그것은 인생역전의 교훈에서 비롯된 비약적인 발전의 순간이었다. 그로써 나는 더 멀리, 더 빠르게, 더 높이 갈 수 있게 되었다. 당시 나는 분산되어 있는 정신이 번쩍하고 한 곳에 집중

되는 느낌을 받았는데, 마치 우주가 내 어깨를 건드리며 새로운 견지를 필요로 하는 다양한 기회를 드러내 보여주는 듯한 초월적인 경험이었다.

바로 이것이 4부에 담긴 교훈들이 다루고 있는 경험이다. 우리는 이 장에서 우리에게 이미 일어났거나 앞으로 일어날 수 있는 인생역전의 순간을 살펴보게 될 것이다. 그로써 우리는 부지런히 모루를 두드리고 밧줄 다루는 법을 배웠다면, 원하는 목표가 있는 그 어떤 분야에서든 다음 단계로 올라설 수 있게 될 것이다.

나는 한때 내가 택한 분야에서 세계적인 경지에 오르겠다는 대담한 꿈을 꾸면서 그런 꿈을 가진 것이 나 혼자인 줄만 알았다. 그러나 그건 착각이었다. 한 분야에 정통하기 위해 매진하는 것을 행복으로 여기는 수많은 남녀노소들의 놀라운 관심으로 미루어볼 때 나는 내가 혼자가 아님을 안다. 그렇기 때문에 전국 방방곡곡에서 코끼리를 가방에 집어넣든 쥐를 집어넣든 소요되는 에너지는 동일하다는 것을 아는 사람들을 만나는 일은 굉장히 고무적이다. 그들은 때로 불리한 상황을 무릅쓰고 대망을 이루기 위해 최대한의 실력을 발휘하는 사람들이다. 과거의 실적에 안주하거나 현상유지, 물질적 성공만으로 만족하지 않는다. 그들은 자신이 아는 능력의 한계를 넘어서서 노력한다. 세계적인 경지에 오르고 사회의 가치를 높이기 위해서다.

나는 한 분야에 정통한 달인이 된다는 것에 대한 다양한 의미를 안다. 어떤 이들은 특정한 주제나 업종, 사업, 예술 형식을 숙달하려고 하고, 어떤 이들은 세계 어디 내놓아도 부럽지 않을 부모나 친구가 되는 것에 집중하기도 한다. 대의를 위한 일에 세계적인 전문성을 취득하려는 사람도 있으며, 단지 세계 시민이 되는 것이 목적인 사람도 있다. 내가 만난 사람들 중에는 비상한 도전 과제를 정복하는 것이 목적인 사람도 있고, 자신의 삶의 특정한 분야, 즉 자기 재산이나 건강, 인간관계 같은 것을 관리하는 데 달인이 되고자 하는 사람도 있다. 한 분야에서 이미 위대한 성과를 이루었음에도 전혀 다른 분야에서 새로운 시도를 하는 거성들도 만나본 적이 있다. 자수성가한 달인임에도 아무도 알아주지 않는 사람도 있지만 정작 그들은 상관 않는다!

이들이 모두 공통점으로 갖고 있는 것은? 공통점보다는 차이점이 많기는 하지만 이러한 사람들은 모두 자신의 역량을 극대화할 수 있는 영역, 즉 임파워먼트 존을 찾을 수 있는 수준에 올라섰다는 것이 내 생각이다. 그들은 고양된 존재 상태에 이르는 법을 안다. 거기서 명작이 나오는 것이다. 바로 그 영역이 미켈란젤로로 하여금 시스티나 성당의 천장 그림을 구상하게 하고 완성하게 했던 것이다. 그 높은 링 안에서 무하마드 알리가 나비처럼 날아 벌처럼 쏜 것이다. 스포츠 스타의 이야기가 나온 김에 계속하자면, 모든 세계적인 운동선수들은 바로 이 영역에 이르러 몸 속 엔진을 풀가동하고 모든 에너지를 쏟아 부어 자신의 종목에서 최대의 신체적 능력을 발휘한다. 그것도 선수에게 필요한 정확하고 틀림없는 순간에 말이다.

당신은 아직 당신의 의식과 영감이 고취된 순간에만 임파워먼트 존에 찾아가는 수준일 수 있다. 그리고 언제나 그 영역 안에 머무는 것, 즉 당신의 모든 능력이 가장 효율적인 방법으로 조화되어 늘 최고의 실력을 발휘하는 것이 인생의 목표일 수도 있다. 나는 제 가락을 찾는 것, 혹은 생의 흐름을 타는 것에 대해 이야기하고 있는 것이다. 한 분야나 사업에서만이 아니라 인생 전반에 걸쳐 승승장구하는 것 말이다. 즉, 물살에 휩쓸려가는 것이 아니라 자신만의 물살 속에 있는 것 말이다. 아니, 물살 자체가 나인 경지 말이다. '실현'이라는 말이 여기 적합할지도 모르겠다. 곧, 나의 한계를 넘어 최고의 경지에 이르렀다는 뜻이며, 타고난 능력을 발휘해 잠재력을 '실현'했다는 뜻이다.

넘어지고 쓰러지고 다시 일어나 열망을 가질지언정 성장을 멈추기 거부하는 필멸의 존재인 우리 인간 중 대부분은 임파워먼트 존에 영구적으로 머물 수 없을 수도 있다. 살면서 만나본 사람들 가운데에서도 최고의 경지에 오른 달인으로서 늘 최고의 역량을 발휘하며 나를 끊임없이 놀라게 하는 사람은 많지 않았다. 또 그런 사람이라 할지라도 풀리지 않는 날이 있기 마련이다. 그러나 그들은 여전히 스스로 다시 전류를 흐르게 할 수 있으며, 전체적인 흐름과 방향을 되찾는 것이 가능하다.

자기 일을 뛰어나게 할 수 있게 된 많은 사람들이 훌륭한 사람이 된 자신의 모습을 상상해 본 어린 시절에 대해 이야기하곤 한다. 그것이 그들의 형편이나 처지로 보아 그다지 있을 법하지 않은 일이었다고 해도 말이다. 나와 편지를 주고받은 에이미 J. 체이니라고 하는 놀라운 여성은 어려운 가정 형편 속에서 자라나던 어린 시절 책에만 매달려 살았다. 어렸을 때 꿈은 자신이 가장 좋아하는 작가들이 그렇게 했듯 남들에게 깊은 감동을 주는 것이었다고 한다. 그러나 에이미는 작가가 되는 대신 도서관 사서가 되었다.

오늘날 에이미는 자신만의 분야에서 거성이 되었다. 에이미는 내가 살았던 샌프란시스코와 가까운 캘리포니아 주 오클랜드에 있는 소년원에서 자신만의 도서관 프로그램을 운영하며 청소년에게 읽기와 쓰기를 가르치고 있다. 에이미는 아이들로 하여금 열심히 책을 읽고, 자기 역량을 강화해 삶의 방향을 바꾸기를 유도할 뿐 아니라 전국에 있는 일류 작가들을 섭외해 아이들을 대상으로 강연을 하거나 책을 읽어주도록 하기도 한다. 에이미는 작가들이 거절해도 포기하지 않는다. 도서관의 달인이 아니었다면 월스트리트에서도 기가 막히게 잘했을 것이다. 보다 중요한 것은 에이미가 주도한 읽기 쓰기 프로그램과 책임강화 프로그램이 재범률을 놀라운 수준으로 낮추었다는 것이다. 아이들이 재수감되어 더 나쁜 길로 빠지는 대신 사회로 완전히 복귀한 것이다.

내가 편지를 통해 어떻게 그런 고매한 경지에 올랐으며 어떤 교훈이 그 경지를 찾는 데 도움이 되었냐고 묻자 에이미는 다음과 같은 사려 깊은 답장을 보내왔다.

전 아주 오랫동안 제가 하는 일을 싫어했지요. 그러나 지금은 정말 좋아하는 일을 할 수 있다는 것을 알게 됐어요. 무슨 일이 있었냐고요? 이전에 제가 다녔던 모든 직장은 나를 현재의 직장에 준비시켜주었던 거예요. 당시에는 꿈에도 몰랐죠. 그런데 이제 와서 돌이켜보니 그래요. 제가 농산물 직판장에서 일할 때에는 새벽 다섯 시에 일어나서 농산물을 진열해야 했는데, 그 경험 덕분에 황무지에 특별한 도서관을 만드는 고된 노동이 힘들게 느껴지지 않았어요. 이제는 손수레에 농산물이 아닌 책을 담아 옮기지만 말이죠. 구치소나 교도소에 있는 수감자들, 사형에 처해진 수감자들과 일한 경험으로부터는 책과 교정보호 시설에 대한 지식을 얻었고, 그로써 소년원에 있는 아이들의 신뢰도 얻었지요. 다 잘된 거예요. 늘 바른 길로 가고 있었던 거죠. 지금은 아이들에 대한 애정이 저절로 생기고 일은 언제나 즐겁고 창의적이고 또 수월해요.

에이미가 자신만의 분야에서 정통하기 위해 따른 교훈들은 자신만의 임파워먼트 존으로 들어가고 싶은 모든 이들에게 유용할 것이 틀림없다. 바로 여기에 필요한 교훈들이 30~37강에 걸쳐 담겨 있다.

제30강 에이미는 자신의 분야에서 세계적인 경지에 이르기 위해 위험부담을 감수하기로 택했고, 우리도 그렇게 할 수 있다.

제31강 에이미와 마찬가지로 우리도 목표나 사고방식을 재창조해야 할 때가 오면, 전환가능한 능력과 같은 자원을 활용할 수 있다.

제32강 에이미와 같은 달인들이 잘 알고 있듯 우리가 얼마나 크게 성공하는가 하는 것은 시기를, 즉 타이밍을 얼마나 절묘하게 맞추는가에 달려 있기도 하다. 이는 필히 갈고 닦아야 하는 능력이다.

제33강 정세나 경제 상황이 변화함에 따라 우리도 에이미처럼 우리의 목적을 변형함으로써 적응하는 법을 숙달해야 하며, 이것은 어느 분야에서든 적용되는 적자생존 법칙의 핵심이다.

제34강 누구라도 동의하겠지만, 현실적인 고민과 담대한 꿈 간의 균형감각을 지켜야 한다는 교훈은 매일 되새겨야 한다.

제35강 가치에 대한 세간의 견해에 도전할 만큼 담대한 사람들에게 찾아오는 깨달음이 여기 담겨 있다.

제36강 에이미의 사례가 가르쳐주듯 우리의 개인적인 성공이 대의에 기여할 때, 우리는 임파워먼트 존에 들어온 것이다.

제37강 달인이 되기 위한 마지막 가르침으로, 우리의 시야를 넓히는 일이 대의를 위해 어떤 도움이 될지에 대해 이야기한다.

앞으로 다루게 될 교훈들에 대해 한 가지 덧붙이고 싶은 말은, 당신도 곧 알게 되겠지만, 우리가 이미 배운 교훈과 색다른 방법으로 결합시켜야 하는 경우가 많다는 것이다. 우리는 이제 전술을 바꿈으로써 인생을 바꾸는 법을 배우게 될 것이다. 남들이 가는 길을 앞질러간다는 것에서 그치지 않고 색색의 크레파스를 전부 다 이용해 나만의 길을 그리는 것에 대해 이야기할 것이다. 걱정 마시라. 정해진 규칙은 없다. 용기가 있다면 만들어도 무방하지만.

30
가장 멀리 있는 별을 따라

: 위험부담

"왜 하필 월스트리트?"

이것은 내가 수시로 받는 질문일 뿐 아니라 오래전 이 분야의 달인이 되겠다고 처음 마음먹었을 당시 주변 사람들이 알고자 했던 것이다. 마일스 데이비스가 되고 싶어했다가, 한동안 배우가 되겠다고 하더니, 또 심장외과의가 될 수도 있는 길을 따라 몇 년을 지속한 이후 왜 갑자기 주식시장의 상층부에 내 자리를 만들겠다는 비약적인 발상을 했느냐는 것이다. 사람들이 말하고 싶었던 것은 실은 이것이다.

"가드너, 너 미친 거 아니야?"

단순히 주식거래소에 들어간 순간 느낀 짜릿함 때문이었을까? 나를 신나게 하는 단추를 찾았기 때문에, 종소리, 휘파람 소리, 폭죽 터지는 소리가 귀에 들리며 이곳이 내가 있어야 할 곳임을 뼈저리게 느끼게 해주었기 때문이었을까? 그런 것만은 아니다. 물론 정신이 번쩍 들기는 했다. 그러나 그 순간에서 비롯된 인생역전의 선택은 한 번 시도해 보자는 결심이었고, 그러려면 불확실한 목표를 향해 곧바로 미지의 영역으로 방향을 틀 수밖에 없었다. 나는 정신없는 객장에 서서 '나도 여기 뛰어들고 싶다, 뭔지 알겠어, 느낌이 와, 하지만 말도 안돼'라고 생각하고 있다가 어느 순간 다른 사람이 되어 '안될 것 없잖아?' 하고 있었다.

당시에는 몰랐지만 나는 가장 멀리 있는 별을 찾아 떠나기로 한 것이다. 주식중개인이 된다는 것은 실로 의외의 선택이었다. 성공하리라는 그 어떤 보장도 없었기 때문이다. 경력도 없었다. 주식중개소의 우편물실에조차 근무해 본 적 없었고, MBA는 커녕 대학도 졸업하지 않은 데다 돈 많은 연줄도 없었다. 그러나 내게는 가능성을 엿볼 능력, 즉 '안될 것 없잖아?'라고 말할 능력이 있었고, 그것은 달인이 되기 위한 첫 번째 필수조건이기도 하다. 바로 이익과 손실을 따질 줄 아는 능력과, 그럼에도 황금을 위해 위험을 무릅쓰는 자세이다.

당신이 현재 목적을 추구하는 과정에서 위험을 어떻게 관리하고 있는지 잠시 생각해 보기 바란다. 과거에 다양한 형태의 위험을 어떻게 관리했는지 또 생각해 보라. 그리고 당신이 가장 멀리 있는 별이라고 여기는 것을 얻기 위해 무엇을 걸 각오가 되어 있는지 자문해 보라. 내게 익숙한 영역에서 나의 임파워먼트 존을 향해 간다는 것은 어떤 위험부담을 의미하는가? 주기적인 급여가 끊길 위험? 생활의 안락함이 감소될 위험? 나를 향한 갈채가 끊길 위험? 어떤 위험이 도사리고 있는지 미리 따져보고, 그럼에도 도전하는 자신을 칭찬하는 일은 부끄러운 것이 아니다. 위험을 감수하겠다고 마음먹고 나면 자축할 일만 남은 것이다. 그리고 다음 단계로 올라서기 위한 절차를 밟을 준비가 끝난 것이다. 위험을 감수하는 일은 가장 멀리 있는 별을 좇는 과정의 핵심이다. 나에게 잘해낼 능력이 있는지 확신할 수 없다면, 괜한 몽상을 하고 있는 것은 아닌지 의심된다면, 그것은 지극히 인간적인 것이다.

그렇다면 우주로 날아가는 꿈을 꾸는 사람들과 실제로 달에 착륙하는 사람들 간에는 무슨 차이가 있을까? 거듭 강조했듯이 달인이 되는 데 한 가지 비법은 없지만 큰 위험을 감수해야 한다는 점은 빼놓을 수 없는 결정적 조각이다. 나는 프랑크 시나트라가 부른 〈플라이 미 투 더 문Fly Me to the Moon〉을 편곡한 퀸시 존스와, 그의 노래가 우주에서 처음으로 울려 퍼진 노래라는 것에 대해 이야기하다가 이를 깨달았다. 음악으로 성공할 확률은 희박하다. 그러나 얼마나 큰 보상이 기다리고 있는지 보라.

달인이 되는 데 필요한 또 하나의 결정적인 조각은, 최고의 수준에서 발생할 수 있는 위험 요소들을 다룰 수 있는 철저한 기초훈련이다. 시사 프로그램 〈식스티 미니츠60Minutes〉에 닐 암스트롱이 나와 달에 갈 수 있었던 것은 철저한 준비와 나사NASA에 있는 모든 사람들 덕분이었다고 말하는 것을 본 적이 있다. 그는 1961년 존 F. 케네디가 한 말에 대해서도 이야기했다. 당시 케네디는 10년 안에 우주인을 달에 보내

달의 표면에 발을 딛게 한 다음, 다시 안전하게 지구로 돌아오게 함으로써 소련과의 우주진출 경쟁에서 이기겠노라고 선언했다.

당시와 같은 시대 상황에서 그런 선언을 하는 것 자체가 어마어마한 위험부담이었다. 안타깝게도 케네디 대통령은 1963년 암살당했고, 그의 격려로 인해 쟁취할 수 있었던 승리를 보지 못하고 죽었다. 그러나 그의 지휘가 없다고 해서 그만둘 수 있는 사업이 아니었다. 240억 달러의 투자금, 그리고 40만 명의 열정과 집중력, 추진력, 의지, 그리고 숙련된 기술 덕분에 나사는 예정보다 2년 빠른 8년 만에 준비를 마쳤다. 모든 단계가, 특히 실패한 단계일수록 달에 착륙하는 것을 가능케 하는 데 필수적이었다. 암스트롱은 시운전 단계에서 죽을 뻔한 적도 여러 번 있었는데, 뛰어난 실력과 센 담력으로 매번 올바른 결정을 내린 덕분에 살 수 있었다.

〈식스티 미니츠〉에서 사회자 에드 브래들리는, 그 잊혀지지 않는 1969년 7월의 아침 닐 암스트롱이 버즈 앤드린, 마이클 콜린스와 함께 우주선에 오르며 관중을 향해 엄지손가락을 들어 보인 일을 언급했다. 브래들리는 그렇게 자신감 넘치는 사람은 본 적이 없다고 했다. 그러자 닐 암스트롱은 기대 밖의 대답을 했다.

"그래요, 하지만 약간의 허세가 있었던 것도 사실입니다. 실제로는 우주선에 올라 운전석에 탄다고 해도 어딘가에 문제가 생겨 다시 내려오기 일쑤입니다. 그래서 실제로 우주선이 발사되면 조종사도 놀라기 마련입니다."

이것은 내게 작은 깨달음의 순간이었으며, 가장 멀리 있는 별을 좇는 것에 대해 내가 갖고 있던 생각을 확인시켜주었다. 암스트롱이 말한 것과 마찬가지로 어떤 위험을 감수하든 나만의 우주선의 조종석에 올라앉았을 때 실패할 가능성은 언제나 존재한다. 영영 발사되지 못할 수도 있는 것이다.

물론 달에 착륙한 순간 암스트롱이 한 말을 모르는 사람은 없을 것이다. "나 한 사람에게는 작은 발걸음일지 몰라도 인류에게는 커다란 도약입니다."

그것은 삶을 뒤흔드는 압도적인 경험이었다. 그러나 암스트롱은 에드 브래들리와의 인터뷰에서 그 누구도 걸어본 적 없는 곳을 걸으면서 본 것들에 대해 더 많은 이야기를 했다. 37년 전의 일을 회상하며 그는 달의 표면에 대해 이렇게 이야기했다.

"햇볕을 받으면 정말 눈부시게 빛납니다. 표면의 곡률이 지구보다 크기 때문에 지평선이 굉장히 가까워 보입니다. 재미있는 곳입니다. 꼭 한 번 가보세요."

당신이 마음속으로 바라고만 있는 당신의 꿈을 실현하고 싶다면 닐 암스트롱의 말을 꼭 기억하라. 그리고 "안될 게 뭐 있어?" 하고 자문하라. 가장 멀리 있는 별을 찾아 떠나라. 그 별을 찾아 빛나는 별 표면에 발을 내딛고는, 돌아와 무얼 보았는지 이야기해달라.

31
유령 보기, 징조 읽기

: 재창조

요즘에는 어딜 가든 자기 분야에서 최고의 경지에 올랐지만 경기 규칙이 바뀌었거나 경기 자체가 더 이상 만족스럽지 않은 현실과 맞닥뜨린 사람들을 만나게 된다. 선택, 혹은 필요에 의해 자신과 자신의 삶을 재창조해야 하는 사람들이다. 어떤 이들은 이것을 짜릿하다고 하고, 다른 이들은 안전망 없이 줄타기를 하는 것처럼 끔찍하다고 말한다. 달인이 되기 위해 스스로를 재창조하는 일은 실로 아슬아슬하고 무모한 일로, 자신이 좇는 기회와 거기 수반된 위험에 대한 날카로운 인지능력이 요구된다. '유령 보기, 징조 읽기'는 그 인지능력을 연마하는 데 관한 것이다.

나는 어머니 덕분에 기회와 위험에 대한 내 인지능력을 처음 발견했다. 어머니는 내가 공상에 빠져 있는 것을 볼 때마다 '유령을 보았느냐'고 묻곤 했다. 뿐만 아니라 늘 일상생활 밖의 것에 대해 상상하도록 부추겼다. 어머니는 내가 영혼의 눈으로 나의 꿈을 볼 수 있는 한, 남들이 그 꿈을 볼 수 있건 없건 상관없다고 했다. 동시에 그러한 가능성들을 추구하는 과정에 수반되는 현실적인 함정에 주의를 기울이기를, 즉 징조를 읽을 수 있기를 바랐다.

당신이 과거에 자신을 재창조하기로 택했던 순간을 떠올려본다면, 그 과정에서 유발되는 흥분과 불안감 역시 떠오를 것이다. 그게 지금일 수도 있다. 지금 자신을 재창조하는 중이 아니라고 해도 다양한 재창조의 방법에 관심을 갖고 있을 수도 있다. 실행할 용기만 있다면 그 가운데 하나는 지금 당신이 절실히 필요로 하고 있는 것일 수도 있다.

재창조의 무서운 면을 잘 말해주는 집시 민족의 오래된 저주가 있다. 나는 아버지가 되기까지 이 저주를 이해할 수 없었다. 집시 민족이 자신에게 잘못을 저지른 사람에게 할 수 있는 가장 끔찍한 악담은 이것이었다.

"네 자식이 서커스단이나 따라나섰으면 좋겠다!"

부모로서 우리는 도처에 널린 위험으로부터 우리 아이들을 최대한 보호하고 싶어한다. 서커스 하면 연상되는 불쾌한 인물들 때문만이 아니다. 언제 돌변할지 모르는 환호하는 관중들 앞에서 아이가 외줄타기를 하거나 궁중그네를 타거나 무모한 차력 시범이나 마술, 사자 조련을 하거나 신체 기형이 있는 사람들과 전시될지 모른다는 상상은 무엇보다 두려운 일이다. 아이가 넘어지거나 다치거나 뱀에 먹히거나 추락해 죽으면 환호하던 관중은 숨을 멈추고 몸서리치겠지만, 그때뿐이고 대체할 사람이 나타나면 다 잊을 것이다. 더 끔찍한 것은 외줄타기로 더 이상 흥미를 끌지 못하면 노래를 불러주는 대가로 저녁을 얻어먹거나 구걸을 해야 한다는 상상이다.

물론 이 집시의 저주는 서커스에 입단하는 것, 다시 말해 꿈꾸는 사람 외에는 그 어느 누구의 상상력도 미치지 못하는 영역에 있는 꿈을 따르는 것의 부정적인 측면만을 강조한다. '서커스나 따라가라'는 말은 평범하고 예측 가능한 삶을 특별한 삶으로 재창조할 수 있는 힘을 주는 의외의 선물이 될 수도 있다.

재창조를 한다고 해서 다른 사람이 되어야 한다거나 완전히 새로운 직업이나 직책을 찾아야 한다는 것은 아니다. 가던 길을 가며 예전과 동일한 꿈을 추구하되 새롭고 향상된 방법을 찾는 것도 재창조다. 새로운 목적지를 택하는 것도 재창조다. 늘 앉아 있던 곳에서 떨어지는 바람에 다시 올라갈 새로운 이유를 찾는 것도 그렇다. 자신이 갖고 있는 실용적인 지식을 여러 가지 방법으로 활용하는 동시에 상상력을 발휘해 새로운 가능성을 모색함으로써 자신의 문제해결 능력을 재창조할 수도 있다.

재창조의 과정에 대해 조언해달라는 부탁을 받을 때마다, 특히 최근 해고되거나 정리당하는 충격을 받은 사람이라거나 스스로 긍정적인 가능성을 보는 데 어려움을 느끼는 사람들과 대화할 때, 나는 1980년대 내게 일어난 경험을 이야기하곤 한다. 회사 상품을 팔지 않았다고 해서 베어 스턴스에서 해고당했던 일과 연관이 있다. 당시 나는 또 다른 대형 투자 중개회사에 들어갈 것인지 내 회사를 차릴 것인지의 기로에 놓여 있었다. 결국 회사를 차리는 것을 선택하기까지 나는 한 분야에 정통한다는 것의 의미를 재정의해야 했다. 그런데 기존의 인식은 잘 없어지지 않았다. 나는 5년도 채 안 되는 시간 동안 어느새 많은 것을 이루었다. 집도 없이 떠돌던 신세에서 락앤롤 스타가 부럽지 않게 된 것이다. 나는 가진 모든 것을 걸고, 그것도 거의 빈손으로 밑바닥부터 다시 시작할 수 있을지 확신이 서지 않았다.

그러나 나는 무법천지가 다가올 조짐이 만연했던 당시의 상황에 대해 생각해 보았다. 거대 기업들이 합병하고 있었고, 어마어마한 돈이 돌고 있었으며, 사람들은 더 크고 더 좋은 것, 최고의 것만 고집하는 값비싼 생활방식을 고집했다. <mark>나를 재창조하기에 적당한 시기인 것 같기도 했다. 안전망이 없다고 해도 말이다.</mark>

그렇게 확신이 없는 상태로 어느 날 자정 무렵 할렘에 있는 아파트에 홀로 앉아 천둥과 번개, 총소리, 그리고 우울한 기운이 모두 배경으로 깔린 가운데 인식 전환의 경험을 했다. 전처럼 모루를 두드려야 할까, 전혀 다른 무언가를 해야 할까 고민하던 중 갑자기 어디선가 목소리가 들려오는 것이었다. 그 목소리는 단 한 마디만 남겨놓았다.

"변화하라."

나는 그것을 신의 목소리라고 바로 단정하지는 않았지만, 어디서 들려온 목소리인지 달리 설명할 길도 없었다. 나의 신은 내가 유령 보기를 멈추었으며 내게 변화가 필요하다는 것을, 그 능력을 되찾고 추구할 목적을 재창조해야 한다는 것을 분명히 알고 있었던 것이다. 나는 마음속으로 말했다. '좋아.' 변화할 때였다. 그러나 그러려면 생각부터 바꿔야 했다.

과거에는 새로운 일을 택할 때마다 그 일을 해본 사람, 그리고 그 분야에서 세계적인 경지에 오른다는 것이 무얼 의미하는지 보여주는 사람을 찾을 수 있었다. 그러나 내가 당시 마음속에 두고 있던 것을 해 낸 사람, 즉 내 회사를 차려 혼자서 거대 중개회사를 상대하고 입지가 탄탄한 자산관리인들을 건너뛰어 기관 고객을 확보함으로써 업계의 규칙을 재창조하려고 한 사람은 없었다. 성공이나 실패의 확실한 사례 도 없고, 떨어져도 잡아줄 안전망이 없는 상태에서 그것은 외줄타기와 다름없었다.

내게 주저하지 말고 도전해 보라는 격려를 보내준 사람은 나의 가 장 중요한 스승 가운데 한 사람인 바바라 스캇 프라이스클이었다. 프 라이스클 씨는 나의 결심이 나 자신뿐만 아니라 내가 일하는 업계를 변화시킬 수도 있다는 가능성에 주목할 용기를 주었다. 그것은 나로 하여금 한 분야에 정통한다는 것의 새로운 의미, 즉 하나의 세력이 되 어 변화를 가져오는 사람이 된다는 의미를 찾게 해주었다. 나는 비로 소 유령을 볼 수 있게 되었고, 비슷한 시기에 도전해 보라는 징조도 보 게 되었다. 프라이스클 씨의 유일한 주의사항은 사업 초기에 겪게 되 는 작은 실패나 성공에 큰 의미를 두지 말고 상황이 진척되게 놔두라 는 것이었다. 내게 무엇보다 큰 확신을 준 충고였다.

프라이스클 씨는 존재 자체로 주변 사람의 의식을 고양시킬 수 있 는 능력이 있는 사람이었다. 처음 뉴욕에 도착해 다양한 분야의 최고 를 만나 배움을 얻고자 하던 시절 나는 프라이스클 씨에게 인사를 하 려고 전화를 걸었다. 1년쯤 지났을 때 프라이스클 씨는 마침내 나를 만나주었고, 우리는 만나자마자 좋은 친구가 되었다.

프라이스클 씨는 예일 법대를 졸업한 두 번째 흑인 여성으로, 졸업 후 미국의 가장 훌륭한 법조인 가운데 한 사람이 되었다. 또한 77년의 생애에 걸쳐 여성과 소수민족을 가로막는 여러 장벽을 부순 것으로도 유명하다. 미국영화협회 Motion Picture Association of America, MPAA 에서 25년 간 일하고 궁극적으로 법률고문의 자리에 올랐던 프라이스클 씨는 영화에서 소수민족과 여성의 등장 비율을 높이고, 인종차별적인 묘사에 저항하는 움직임의 원동력이 되었다.

프라이스클 씨는 나에게 어머니상 이상이었고, 우리 어머니와는 매우 다른 성향을 갖고 있었다. 그러나 스승으로서 프라이스클 씨는 어머니만큼 나를 강하게 밀어붙였고 법학 학위와 맞먹을 만한 가르침을 주었다. 프라이스클 씨의 도움으로 키울 수 있게 된 협상능력 가운데 하나는 상대방이 나보다 더 힘이 있다고 생각될 때 위축되지 않는 방법이다. 프라이스클 씨는 협상에 임하기 전 내 주장을 뒷받침할 충분한 탄약을 준비하면 된다고 간단하게 설명했다. 그리고 이러한 주의 사항을 덧붙였다.

"기억해요, 벽돌을 던질 필요는 없어요. 하지만 때로는 벽돌이 있음을 보여줘야 할 수도 있죠."

이러한 조언 덕분에 나는 협상하는 자리에서 좋은 기회를 놓치지 않고 잠재적인 불화를 뿌리 뽑을 수 있었다.

오랜 세월에 걸쳐 프라이스클 씨로부터 얼마나 많은 것을 배웠던지 나는 여러 면에서 프라이스클 씨를 닮게 되었다. 명확하고, 은근한 설득력이 있으며 확고했던 프라이스클 씨는 무슨 일을 하든 그 과정을 중요하게 여기고 끝까지 진척시켜 내가 원하는 결말을 쓸 준비를 하라고 가르쳤다.

세상을 떠나기 직전에도(프라이스클 씨는 2002년 77세로 너무 일찍 세상을 떠났다.) 백혈병으로 병원에 누워 있던 바바라 스캇 프라이스클 씨는 맑은 정신으로 나의 안부를 물었고, 나를 위해 해줄 수 있는 게 무엇인지, 내가 앞으로 어디로 향할 것인지 물었다. 아름다운 식구들과 애정 가득한 친구들이 찾아와도 한 명 한 명을 위로해주었고 내가 아는 한 어떤 불평도 하지 않았다.

누구나 언젠가는 사랑하는 사람을 잃는다. 그때 우리는 우리 자신의 죽음에 대해 생각해 보게 된다. 나에게 주어진 귀중한 시간을 최대한 활용하고 있는지 자문해 볼 수 있는 좋은 기회이다. 영혼의 눈으로 유령을 보고 우리에게 의미 있는 길잡이가 되어주는 징조에 주의를 기울이면서 우리의 잠재력을 발휘했는지? 언젠가 때는 올 것이고, 내가 없으면 다른 이들은 나를 그리워하겠지만, 내가 이 땅에 살아 있었다는 사실이 의미 있도록 할 수 있는 모든 것을 했는지?

재창조에 관한 이번 교훈을 실제에 적용하려면 위의 질문들을 먼저 자문해 보라. 공중그네에 올라 집시 민족의 저주를 직접 반증할 때인지? 당신의 세상에서 하나의 세력이 되어 변화를 일으킬 용기를 내어보라. 판돈을 올리고 한 분야에 정통한다는 것에 대한 나만의 정의를 내려보라. 일단 해보라. 프라이스클 씨의 조언에 따라 과정을 중시하라. 끝까지 진척시켜 보고 스스로 원하는 결말을 쓸 준비를 하라.

32
기회는
팬케이크와 같다
: 타이밍

　당신이 이미 나에 대해 알고 있다시피 나는 낯선 이들이 깜짝 선물을 들고 내 문을 두드리기를 기다리는 사람이 아니다. 목적을 추구하는 불을 지피는 데에는 우리에게 주도권을 주고 문을 두드리게 하는 행동동사가 제격이다. 그러나 가끔 예측하지 못한 기회가 생기는 경우가 있고, 여기에 어떻게 반응해야 할지 결정하는 것은 삶을 뒤바꾸는 기회가 될 수도 있다. 기다려야 할까? 달려들어야 할까? 이 기회를 이용해 비슷한 기회를 좀 더 많이 모으고 만들 수 있을까?

　타이밍에 관한 극적인 이야기 하나로 대답해야겠다. 나의 흥미를 끄는 잠재적 가치가 있는 무언가가 나에게 주어졌을 때 적용 가능한 이야기이다. 먼저 말해두자면, 이야기 속에서 나에게 찾아온 것과 같은 기회는 극히 드물었고 전혀 예상 밖이었다.

2003년, 린 레드먼드라는 제작자가 바바라 월터스와 TV 프로그램 〈20/20〉을 대표해서 나를 찾아왔다. 내 인생 이야기를 다루고 싶다는 것이었다. 나는 홀로 아이를 키우며 집 없이 거리를 전전한 1년이 나라는 사람을 정의 내릴 수 있다고 생각하지 않았지만, 이미 노숙하는 근로자에서 성공적인 사업가로 가기까지의 내 여정에 대해 공개적으로 이야기하리라 결심한 뒤였다. 내가 솔직할수록 노숙자 문제와 그 원인에 대해 더 큰 사회적 관심을 불러일으킬 수 있을 터였다. 그럼에도 나는 그 어려웠던 시절을 황금 시간대에 방영하는 시사 프로그램에서 이야기한다는 사실이 썩 내키지 않았다. 그러나 린은 나를 매우 존중하는 태도로 촬영하는 방법을 제안했고, 나 또한 적절한 방법으로 더 넓은 관객층을 확보하고 싶었기에 이런 옛말을 상기해야 했다. "선물로 받은 말의 입을 들여다보지 마라." 우연히 얻은 기회를 이리 재고 저리 재지 말라는 뜻으로, 나는 이렇게 표현하기도 한다. "기회는 팬케이크와 같아 뜨거워야 맛있다." 시기가 적절했다. 나는 프로그램을 하기로 동의했고 결과에 매우 만족했다.

내가 바른 길로 가고 있다는 것을 확인시켜준 첫 번째 신호는 어느 날 내 사무실로 누군가 직접 전달한 쪽지 하나였다. 그 쪽지는 세 아이의 어머니이자 가정폭력의 피해자인 어느 여성으로부터 온 것이었는데, 그 여성은 혹한의 겨울에 아이들과 함께 차 안에 살고 있었다. 아이들이 학교를 간 낮에는 종일 근무를 하고 밤에는 아이들과 함께 옷을 껴입은 채 담요를 덮고 차에서 잠을 청한다고 했다. 그런데 어쩌다가 〈20/20〉를 보고는 용기를 내어 자리를 잡을 때까지 머물 수 있는 보호소를 찾아가기로 했다고 한다. 이것만으로도 내 이야기가 남들에게 힘을 줄 수 있다는 사실을 알기에 충분했다.

그러나 그밖에도 프로그램이 방영되자마자 나에게 쏟아진 관심과 온갖 제안들은 기대 이상이었다. 프로그램이 방영된 다음 날 매우 이른 시각, 한 남자가 휴대전화로 전화를 걸어 이렇게 말했다.

"안녕하세요, 크리스 가드너 씨입니까?"

남자는 경계심을 일으킬 정도로 유창한 말솜씨를 자랑했다. 연예계에서 잔뼈가 굵은 할리우드의 유명 연예기획사의 공동 경영자다웠다. 그가 그 방면의 전문가라는 것을 단번에 알 수 있었다. 그의 기획사가 연예계의 '거물'들을 대표하고 있다는 것 또한 인상적이었다. 그는 거물급 영화배우와 감독, 작가와 함께 일하고 있으며 그들과 영화 제작회사 간의 계약을 관리하고 있다고 설명하면서 "우리 손이 닿지 않는 곳이 없다"고 말했다. 그는 내 사연에 잠재적인 사업가치가 있다고 판단하고 나에게 이득이 될 만한 출판, 영화, TV, 강연, 관련 상품 판매까지 처음부터 끝까지 관리해주겠노라고 했다. 믿기 어려웠다.

이 기회를 당장 잡아야 하나? 나는 결정을 내릴 수가 없었다. 그래서 제안했다. 나는 당시 마우이로 여행을 떠날 계획이었기에 비행기를 갈아타는 로스앤젤레스 공항 내 보안검색대를 지나야 들어올 수 있는 레드 카펫 룸에 정해진 시각에 올 수 있다면 거기서 계약을 하겠다고 했다. "좋습니다. 거기서 뵙겠습니다."

나는 머릿속으로 이런 생각을 하고 있었다.

'믿기 힘든 사실이지만 계약부터 하고 하와이로 날아가 여자친구와 함께 기다려온 휴가를 만끽하자. 그 다음 일은 돌아와서 생각해도 안될 것 없지 않은가?'

그 기획자의 첫 인상은 전화에서 받은 인상과 다르지 않았다. 그는 마치 유명 영화 제작사의 유력한 캐스팅 담당자 같았다. 막힘없고 세련되고 말쑥하고 빈틈없었다. 우리는 만나자마자 악수를 했고 애초부터 그러했듯 군더더기 말 없이 계약서를 보여주었다. 휴가를 보내러 가는 길이기도 했거니와 괜찮은 기회까지 굴러들어온 턱에 나는 들뜬 기분으로 그에게 펜을 달라고 했다. 그는 주머니를 더듬더니 펜이 없는 것을 알고 큰 일은 아니라는 듯 수줍은 미소를 지었다.

이런, 펜이 없다고? 이런! @+% 경우가? "우리 손이 닿지 않는 곳이 없다"던 "연예계의 거물급만 대표한다"던 번지르르한 기획자가 펜이 없다고? 내 반응을 보더니 남자는 허겁지겁 펜을 찾기 위해 주위에 있는 모든 사람들에게 펜이 있는지 묻기 시작했다. 아무도 펜을 갖고 있지 않았다. 로스앤젤레스에 펜을 먹어 치우는 메뚜기 떼라도 출현한 듯했다! 그러나 때는 이미 늦었다. 불길한 징조임이 분명했다. 운명의 교통경찰이 호루라기를 불며 끼어든 것이다. 거래를 성사시키는 데 가장 기초적이고 필수불가결한 물건도 없이 어떻게 나를 대표할 수 있겠는가? 말할 것도 없이 나는 서명하지 않았다.

나는 이후 한 번도 나의 판단을 후회하지 않았다. 내가 나의 이야기를 들려주기에 적합하다고 판단한 제작회사 에스케이프 아티스츠와 계약을 했으며 윌 스미스가 내 역할을 한다는 것이 알려진 뒤, 그는 이솝 우화에 나온 포도를 따지 못한 여우 꼴을 하고 내게 전화했다. 그는 냉담한 자세를 유지하며 말했다.

"제작 예산의 일부는 선금으로 받으셨겠죠?"

나는 기죽지 않고 걱정해줘서 고맙다는 말과 함께 시사회장에서 보겠노라고 했다. 불가능하고 어려울 듯 보였지만 영화는 만들어졌고, 모두 내가 말한 대로 이루어졌다.

이 이야기에는 두 가지 교훈이 있다. 하나는 내가 이미 알고 있던 교훈이다. 나는 무인도에 벌거벗고 있는 한이 있어도 어딘가에는 명함과 펜을 지니고 있다! 다시 말해 최고의 경지에서 노닐려면 가장 기본적인 원칙, 사업에 필요한 기본 도구를 허투루 다루어서는 안 된다. 허투루 했다가는 팬케이크는 먹을 수조차 없게 된다.

또 다른 교훈은 타이밍에 관한 것이다. 사실 내 이야기를 대중에게 공개할 기회가 생겼을 때, 그 기회를 바르게 인식하고 제대로 활용하기 위해서는 더 많은 연구조사를 했어야 했다. 이것은 질문을 던지고, 구할 수 있는 모든 정보를 읽고, 직감을 따르고, 내가 전혀 문외한인 여러 새로운 분야의 관련 인물에 대해 공부하는 것을 의미했다.

실제로 연구조사를 하지 않은 탓에 에스케이프 아티스츠의 유력한 인사들과의 만남에서 좋은 기회를 놓칠 뻔했었다. 그들이 영화에 대한 자신들의 구상을 이야기하고, 이 영웅적인 이야기가 가지는 영향력 대해 말하는 도중 나는 이 영화가 보통 사람의 이야기라는 인상을 주어야 한다고 강조했다. 내가 예로 든 영화는 〈포레스트 검프〉였다. 그것은 영웅이 되려고 영웅이 된 사람이 아니라 극한 상황에 처한 보통 사람의 이야기였다. 모두가 고개를 끄덕였다. 아무 말도 않고 날 이상한 눈으로 바라본 제작자 한 사람을 제외하고는. 회의가 끝나자 그는 나를 따라와 이렇게 말했다.

"그나저나 제 이름은 스티브 티쉬입니다. 제가 포레스트 검프의 제작자입니다."

나는 어쩔 줄을 몰랐다. 다만 다음부터 좀 더 연구개발에 임해야겠다고 다짐했을 뿐!

다행스럽게도 에스케이프 아티스츠와 손잡은 덕에 누구도 상상하지 못했던 영화가 태어났다. 소요된 시간과 에너지, 협력, 그리고 제작 과정에서 깨달은 여러 교훈은 나로 하여금 내가 지금 하고 있는 이 일을 할 수 있도록 식탁을 차려주었다. 지난 세월 나를 이끌고 나의 인생이라는 만찬을 즐길 수 있게 허락한 가르침을 남에게 전달하는 일 말이다.

어디서 강연을 하든, 내가 여러 해 동안 말하기조차 꺼려했던 이야기가 어떻게 해서 영화로 만들어지게 되었냐는 질문을 던지는 사람들이 있다. 그러면 나는 방금 한 이야기를 들려주지만, 그러한 일이 누구에게나 일어날 수 있다고 강조하지는 않는다. 사실 할리우드 사람들 대부분이 거듭 이야기했듯 나에게 일어난 일은 극히 드문 경우다. 어떻게 그렇게 되었는지는 몰라도 타이밍이 모든 상황에서 적절히 맞아떨어졌다.

그러나 당신이 어떤 노력을 하고 있든 당신의 문 앞에 나타날 수 있고 실제로 나타나기도 하는 기회들에 열려 있을 때, 모든 상황에서 타이밍이 적절히 맞아 떨어지는 경우가 당신에게 없으라는 법은 없다. 나의 평범하지 않은 이야기 속 사건들이 당신의 삶 속에서 벌어졌다면 어떻게 되었을지 상상해 보기 바란다. 당신에게도 뜨끈뜨끈한 기회를 쟁취한 기억이 있는가? 먹기 전에는 식탁을 차려야 한다는 사실을 어쩔 수 없이 받아들여야 한 적은? 만약 두 가지 모두를 해본 기억이 있다면, 바로 이 순간에도 당신은 타이밍의 기술을 이용하고 있는 것이다.

만약 선물로 받은 말의 입을 들여다보는 경향이 있거나 빠르게 식어가는 기회를 놓고 너무 오래 고심하는 성격이라면, 언제든 찾아올 수 있는 기분 좋은 만남이나 조언, 관심을 끌 만한 제안에 대비해 늘 준비 태세에 있어야 한다. 만약 너무 서두르는 성격이거나 중요한 문제에 관해 더 깊이 고민할 수 있도록 도와줄 운명의 교통경찰도 없다면 막무가내로 뛰어들기 전에 상황이 진척되도록 내버려둠으로써 적절한 시기를 모색해야 한다.

나는 내가 운이 좋다는 말은 인정하지 않는다. 나는 타이밍의 기술에 정통했을 뿐이다. 당신도 그렇게 될 수 있다.

33
나만의 '모조mojo'를 찾아라
: 적자생존과 적응력

재미있는 영화를 좋아하는 사람이라면, 총 세 편으로 제작된 영화 〈오스틴 파워〉에서 배우 마이크 마이어스가 능란하게 연기하는 엉뚱한 등장인물들을 기억할 것이다. 2편 〈나를 쫓아온 스파이〉에서 악역을 맡은 닥터 이블이 부하를 보내 오스틴의 '모조mojo(오스틴의 힘의 원천. 사전적 의미로는 마법, 액막이 등의 뜻이 있다.)'를 훔치도록 한 것도 기억할 것이다. 배꼽 빠지게 우스운 상황이 뒤따르고 오스틴이 결국 모조를 되찾으며 영화는 아무 일도 없었던 듯 마무리된다.

그러나 안타깝게도 현실에서는 한 번 잃어버린, 혹은 도둑맞은 모조는 되찾을 수 없는 경우가 많다. 동료들 중에는 절정의 성공을 맛보고도 아침이 간절히 기다려지는 일이 없는 지점에 다다른 경우가 있다. 모조도 없고, 아무것도 없는 것이다. 그러면 끝장이다.

당신 또한 그런 느낌을 가져보았거나 예전과 같은 열정을 불러일으키기 어렵다고 털어놓는 친구나 동료가 있을 수 있다. 여기서 말하는 열정은 물론 꿈에 대한 열정이다. 언젠가는 나에게 추진력을 주는 진정한 모조를 재발견해야 하는 때가 온다. 어떤 도전에도 굴하지 않는 끈질긴 투사라고 할지라도, 희망을 놓을 줄 모르고 넘어져도 다시 일어나는 오뚝이 같은 사람이라도 때로는 틀에 박힌 일상에 빠진 자신을 발견하게 된다. 그것은 자연스러운 일이다. 아무 이유 없이 제자리걸음을 하고 있거나 시들해지거나 모든 것이 의미 없어진 것 같은 느낌이 드는 경우도 있다. 그럴 때는 행복과 성공에 대한 기존의 생각을 모조리 버려야 할 수도 있다. 과거의 업적을 깡그리 지워야 한다는 것은 아니지만 앞으로의 인생을 설계부터 다시 해야 할 수도 있는 것이다.

잃어버린 모조를 찾아 떠나는 모험이라니 우습게 들릴 수도 있겠지만 전혀 웃을 일이 아니다. 이것은 적자생존에 있어 필수적인 단계이며, 적응력에 좌우된다. 최고의 설계도였다고 해도 수정해야 할 수 있으며, 낡은 생각은 버려야 한다는 것을 의미할 수도 있다. 그러나 포부를 줄여야 할 필요는 없다. 오히려 하고 있는 일의 규모를 축소시키기보다 시야를 넓히고 성장해야 한다. 열려 있으되 닥치는 대로 하지는 말아야 한다.

2000년대 초, 우리 회사의 초기 목표가 거의 달성된 시점이 왔다.

내 앞에는 여러 선택지가 놓여 있었다. 내 힘으로 찾은 수익성 좋은 틈새시장에 머물며 계속해서 최고의 기량을 발휘할 수도 있었고, 전혀 새로운 목적을 추구할 수도 있었다. 아니면 이미 다져진 기초를 바탕으로 개인적으로 업무적으로 적응하고 진화하고 성장할 수도 있었다.

내가 스스로에 대한 기대치를 높여 또 다른 별을 향해 손을 뻗어야겠다는 결심을 했을 때, 나의 열정에 불을 붙인 것은 내가 이후 '깨어 있는 자본주의Conscious Capitalism'라고 알게 된 개념이었다. 깨어 있는 자본주의는 신흥 개발국과 첨단 기술에 투자함으로써 우리를 위해, 우리 지역 사회를 위해, 그리고 세계를 위해 개인적·지구적 부를 창출한다는 원리를 바탕으로 하고 있다. 자선사업의 일환으로서가 아니라 이익 창출을 위해. 사람들에게 힘을 실어주고, 경제에 힘을 실어주면 모두가 득을 본다. 오랜 시간 동안 이 개념은 지나치게 폭넓고 막연해 구체적인 계획이 없는 큰 꿈에 불과했다.

그러나 남아프리카의 인종분리정책인 아파르트헤이트에 반대하는 운동에 참여했던 식견 있는 인물들과의 대화는 변화를 가져오기 시작했다. 아파르트헤이트에 관한 이야기가 나올 때마다 나는 마음이 설레면서 관심이 고조되었다. 그러다가 합리적인 제안 하나가 떠올랐다. 미국 내 반아파르트헤이트 운동은 노조와 인권 단체들의 연기금 등을 이용한 압박으로부터 시작했다. 그렇다면 그 반대가 가능하지 않으리란 법도 없었다. 아파르트헤이트를 옹호하는 체제에 자본을 쏟아 붓고 있던 대기업들은 남아프리카와 거래를 하는 한 연기금 투자를 받지 못하리라는 것을 알고 있었다. 대기업들은 남아프리카에서 철수했고, 아파르트헤이트라는 벽은 그렇게 무너졌다. 그러나 남아프리카인들에게 정치적 자유가 주어졌다고 해도 투자자들이 외부 자본을 들여와 경제적 자유와 기회의 엔진에 시동을 걸지 않는다면 무슨 소용인가 싶었다. 나는 지극히 상식적으로 생각한 결과, 남아프리카에서 철수했던 바로 그 기업들을 아파르트헤이트가 끝난 뒤의 남아프리카로 불러들여야 한다는 결론에 이르렀다. 또한 그 대기업을 철수시키기 위해 압박을 넣은 동일한 단체들이 재투자 과정에도 참여해야 한다고 생각했다. 남아프리카는 아프리카의 홍콩처럼 될 수 있는 가능성이 있었고, 이 일이 제대로만 된다면 꼭 그렇게 될 터였다.

머릿속에서 그 가능성을 본 순간 나는 이 일을 할 수 있으며 하지 않으면 안 된다는 것을 알았다. 삶이 뒤바뀌는 깨달음의 순간이었다. 이 일이 나만의 시스티나 성당이 될 터였다. 그러자 곧바로 반대의 목소리가 들려왔다. 내가 정신이 나간 게 아닐까 의심했던 사람들은 그 의심을 확신으로 바꾸었다.

첫 번째 사모펀드였던 '가드너 리치 파모지 남아프리카 펀드 I' 앞에는 엄청난 장애물들이 도사리고 있었다. 신흥 경제시장 내에서 운용하고 있는 투자상품이라는 것이 그중 하나였다. 대부분의 투자자들에게 남아프리카라는 시장은 든든한 수익이 보장되는 곳이 아니었다. 따라서 처음에는 대부분의 시간을 잠재적 투자자들을 설득하는 데 할애해야 했다. 수익을 얻을 수 있을 뿐만 아니라 세상에 긍정적인 영향을 끼치는 일이라고 말이다. 쉽지는 않았으나 4년이 지난 지금 투자금은 10억 달러에 달하고 있다. 이제 비계를 세우고 페인트를 막 칠하려는 참이다.

내가 사업 초기 잠시 샛길로 빠진 것은 남아프리카로 첫 출장을 갔을 때였는데 '열려 있으되 닥치는 대로 하지 말라'는 교훈을 뼈저리게 느끼게 된 사건이었다. 내가 남아프리카로 간 것은 주거 시설이 턱없이 부족한 상황을 해결하는 데 도움이 될 만한 독특한 제품이 있어 그 상품성을 평가해 보기 위함이었다. 우리 회사가 마침 저렴한 조립식 주택용 패널을 시장에 내놓게 되었는데, 이 패널로 집을 지으면 여름에는 시원하고 겨울에는 따뜻하다는 장점이 있었다. 가장 귀중한 사실은 그 조립식 패널을 남아프리카에 있는 9개 주에 지어질 공장에서 생산해낼 수 있다는 점이었다. 일자리도 만들고 지역사회에 부를 축적할 수 있는 방법이었다. 좋은 기회를 만난 나는 신이 나 일을 했고, 나와 함께 일하는 남아프리카 사람들의 반응도 당연히 좋으리라고 생각했다.

그러나 내가 그곳에 도착하기도 전에 일이 성사되지 않으리라는 말이 오갔다. 이유는 명확하지 않았다. 평소 같았다면 계획을 엄수하여 조립식 패널 사업을 성사시켰을 것이다. 그러나 일단 정부 인사들과 노조 지도자들과 만나본 뒤 반대 의견에 귀를 기울이고 거기에 맞춰 계획을 수정해야겠다는 생각이 들었다. 전체적인 판도를 볼 수 있다면 또 다른 유망한 기회가 눈에 들어올지도 모른다고 생각했다.

남아프리카에 도착해 회의장에서 나의 계획을 선보이자 모두가 입을 모아 안 된다고 했다. 이유는 이러했다.

"백인들은 벽돌집에 살았어요. 우리도 벽돌집을 원합니다."

일자리를 창출할 수 있는 조립식 패널에 대한 반대는 문화적인 것이었고, 더 이상 논의할 필요가 없는 것이었다. 이야기는 거기서 끝났다.

내가 어떻게 오랜 세월 지속된 생각을 뒤엎을 수 있겠는가? 더 중요한 것은 그럴 이유가 없다는 것이었다. 그래서 열려 있으되 닥치는 대로 하지 않으면서, 여러 번 설계도면을 다시 그렸다. 그 과정에서 내가 발견한 것은, 큰 그림에서 작은 부분을 하나 포기하면(이유야 어떻든 큰 그림에 잘 들어맞지 않았던 조립식 패널을 포기했듯), 그때까지 가려져 있었던 더 나은 과감한 가능성이 보인다는 것이다. 4년이 지난 지금, 우리는 성과 발표를 목전에 두고 있다.

이 사업이 아무리 어처구니없어 보여도 '열려 있으되 닥치는 대로 하지 말라'는 교훈이 없었다면 가능하지 못했을 것이다. 당신도 이 교훈을 시험해 보기를 바란다. 당신의 모조를 살펴보라. 만족스러운가? 그렇다면 됐다. 그러나 만족스럽지 않다면 기대치를 높이고 평생을 바칠 일을 찾아라. 필요할 때는 즉흥적으로 계획을 수정할 준비가 되어 있어야 한다는 것도 잊지 말라.

이 교훈을 적용할 수 있는 또 하나의 방법을 언급하겠다. 이 방법은 목표를 추구하는 방식 전체를 재점검하는 것에 비해 훨씬 간단하다. 헤어스타일을 바꿔보는 것도 좋다. 평소와 다른 길로 출·퇴근하는 것도 좋다. 분자 구조를 재구성하고 싶다면 평소와 다른 음악을 들어보는 것도 좋다. 열려 있다는 것은 이처럼 간단할 수도 있으며, 당신의 모조를 되찾는 데 가장 적절한 방법일 수 있다.

한 분야에 정통하고자 할 때, 도로 사정에 따라 기어를 바꿔야 할 수는 있지만 굳이 다른 길로 들어서야 할 필요는 없다는 것을 이번 교훈은 일깨워주고 있다. 예를 들면, 우리 회사가 문을 연 지 얼마 지나지 않았을 때 나는 꼭 만나고 싶은 사람이 둘 있었다. 한 사람은 기업 매수를 통해 억만장자가 된 헨리 크래비스로 그가 경영하는 사모펀드 회사 KKR_{Kohlberg, Kravis, Roberts}은 월스트리트에서 일하는 사람이라면 누구든 연을 대고 싶어 안달인 곳이었다. 또 다른 사람은 TLC 비어트리스를 매수한 장본인으로, TLC 비어트리스의 매수는 1980년대 가장 거대한 규모의 기업 매수 건이었다. 그는 다름 아닌 레지날드 루이스로, 이 월스트리트의 천재는 미국에서 10억 달러 상당의 회사를 매수한 첫 번째 흑인이기도 했다. 나는 물론 나에게 귀감이 되고 스스로에 대한 기대치를 높이도록 만들어준 레지 루이스를 우선적으로 만나는 데 힘을 쏟았다. 그가 헨리 크래비스를 소개시켜 줄지도 모른다는 이유도 있었다. 두 사람은 뉴욕의 웨스트 57번 스트리트의 동일한 건물에 사무실을 두고 있었다.

나는 몇 달에 걸쳐 레지 루이스의 사무실로 전화를 했지만 그와 통화할 수는 없었다. 그래서 결국 직접 찾아가 문을 두드리고 내 소개를 한 다음 관계를 맺어보려고 했다. 그러나 그의 문지기, 그러니까 접수대에 있는 안내원은 군인정신으로 무장한 괴물이었고, 입은 훈련 담당 교관처럼 거칠었다. 약속도 없이 찾아온 나를 호되게 꾸짖은 것은 물론 나를 문밖으로 끌고가더니 로비를 지나 엘리베이터에 태웠다. 두 층을 내려가 문이 열린 엘리베이터에 올라 탄 것은 다름 아닌 헨리 크래비스였다. 벼락이 내리친 듯했다. 때가 온 것이다. 나는 이 새로운 기회에 재빨리 반응하기 위해 기어를 바꾸었다. 경기가 시작된 것이다.

엘리베이터 안에서 3분에서 5분 정도의 시간이 주어졌고, 나는 자기소개를 하고 우리 회사에 크래비스 씨가 흥미를 가질 만한 것이 있음을 알렸다. 적자생존이란 이와 같은 순간에 얼마나 잘 적응하느냐에 달려 있었다. 엘리베이터에서 내리기 전에 그는 언제든 전화를 달라고 했다. 난 적응한 것이다!

내 말만 들을 것이 아니다. 개인적으로 아는 사람들이건 멀리서 동경하는 사람들이건 지속적인 행복과 영구적인 열정을 성취한 사람들의 사례를 볼 때마다 그들이 어떻게 목적에 이르는 다양한 단계에서 변화에 적응했는지 살펴보라. 늘 열려 있고, 호기심에 차 있으며, 탐구하는 자세로 새로운 제안을 받아들일 준비가 되어 있는 사람을 보게 될 것이다. 그들은 이 꼭대기에서 저 꼭대기로 막무가내로 가는 것이 아니다. 그들은 자기 자신의 존재와 존재 이유에 단단히 닻을 내리고 있다. 그들의 모조는 강제적이거나 과하지 않지만, 그럼에도 전염성 있고 상대방을 무장해제시키는 경향이 있다. 그것이 적자생존이다.

만약 당신의 열정이 그와 같지 않다면, 당신의 모조를 도둑질한 닥터 이블을 찾아 모조를 돌려받고, 필요하다면 손을 보라. 그러지 않고 옛말대로 퍼레이드를 구경도 못하고 놓치면, 누구의 잘못이겠는가? 마지막으로, 세상이 변화함에 따라 개인과 사회의 생존은 우리가 적응을 하느냐 마느냐에 달려 있다는 사실을 기억하라. 잘 선택하기 바란다.

34
돈에 대한
지배권 획득하기

: 균형감각

나를 가장 황송하게 만드는 편지는 흔히 말해 "누더기 차림이 부자가 되는rags-to-riches" 성공담(가방 하나에 의지해 노숙생활을 한 나는 "가방 든 남자가 부자가 되는bags-to-riches" 성공담이라고 우스갯소리를 하곤 한다.)의 주인공이 되기 위해 평생 모은 돈을 투자해달라고 진지하게 부탁해오는 사람들의 편지다.

한 번은 네 아이를 홀로 키우는 여성이 편지를 보냈는데, 간호사로 종일 근무하면서 두 개의 사업(청소서비스 사업과 자신이 제작한 제품의 인터넷 판매업)을 운영하고 있다고 했다. 여성의 바람은 일에 드는 시간을 줄임으로써 아이들과 더 많은 시간을 함께 보내는 것이었는데, 그러기 위해서는 이론상 저축을 주식시장에 재투자해야만 했다. 그토록 다양한 분야에 정통할 수 있다니 놀라웠다! 대기업에서 관리직에 채용해야 할 사람들은 바로 이런 사업가 정신을 가진 이들이다! 게다가 내 사전에 따르면 이 여성의 투자에 대한 욕구는 칭찬받을 만하다. 나는 이 여성에게 말했다. 만약 투자를 하고 싶은 마음이 있다면 조금씩 점진적으로 주식시장과 친해지기 바란다고.

회사 방침이 있어 여성의 부탁은 들어줄 수 없었다. 우리는 기관 투자를 전문으로 하고 있어 개인 투자자들을 위한 프로그램이 준비되어 있지 않기 때문이다. 현명한 투자를 하고 싶은 개인에게 우리가 해주는 말은 뮤추얼펀드를 알아보거나 전문 자산관리의 다양한 형태에 대해 공부해 보라는 것이다. 그러나 그보다 중요한 것은 돈을 투자하기 전에 시간을 들여 금융언어에 익숙해지라는 것이다. 당신의 필요와 목적에 따라 금융 공구통에 있는 모든 공구를 사용하는 법을 배움으로써 힘을 얻을 수 있다. 주식시장을 연구조사하는 데 특별한 열정이 있지 않다면, 당신이 알고 또 믿는 누군가가 직접 추천해준 인가받은 주식중개인을 찾아보라. 그 중개인에게 얼마의 수수료를 주어야 하겠지만 아깝지 않은 비용일 것이다. 그리고 중개인과 함께 어떤 주식을 살펴보아야 할지에 대한 조언을 원한다면 적어도 다음 20년간은 두 마디만 명심하면 된다. 바로 '첨단기술'이다.

신용카드 정리를 비롯한 여러 종류의 채무정리 제안에 관한 질문도 많이 받는다. 마찬가지로 아는 사람과 신뢰를 쌓은 전문가를 이용하라. 그리고 가까운 지역 도서관에 가서 어떠한 자산관리 서적이 연구조사에 도움이 될지 알아보라. 안내 데스크에 있는 사람들은 도움이 될 만한 책을 찾아줄 수 있을 뿐만 아니라 지역사회에서 열리는 무료 자산관리 수업이나 강의에 대해 알고 있을지도 모른다.

이번 교훈은 주식시장에서 돈을 벌거나, 예산을 짜는 법, 어깨에 짊어진 빚더미를 털어버리는 법에 대한 구체적인 방법을 다루고 있지는 않지만 연령, 배경, 경제적 지위에 상관없이 모두가 고민하고 있는 것, 즉 돈에 대한 지배권을 쥐는 법을 다루고 있다.

돈을 위해 돈을 좇는 것과 인생에서 돈이 차지하는 역할에 대한 통제권을 행사하는 것을 구분해야 한다. 돈과의 관계를 현실적으로 유지하기 위해서는 다음 세 가지 질문이 도움이 될 것이다. (1)돈이 나를 지배하는가, 내가 돈을 지배하는가? (2)(도나 서머의 노래에서처럼) 돈을 벌기 위해 뼈 빠지게 고생하는가? 아니면 돈이 당신을 대신해 일하게 하는가? (3)기병대를 기다리듯 돈을 기다리고 있지는 않은가? 아니면 행복을 찾기 위한 한 가지 자원에 불과할 뿐인가?

물론 이상적인 세계에서는 돈이 내 인생에서 차지하는 역할에 대해 지배권을 행사하는 것이 좋으며, 돈에 노예처럼 매여 있는 것보다 돈이 당신의 일을 대신하도록 만들어야 한다고 결론만 콕 집어 말할 수도 있다. 또한 무엇보다도 돈을 최후의 구세주라고 생각하거나, 모든 문제들이 돈 때문이라고 느껴진다고 해서 돈이 모든 병을 치유해 주리라고 생각해서도 안 된다. 물론 우리의 경제적 현 지위가 어떻든 이 모든 것이 행동보다 말이 쉽다는 것은 말할 것도 없다. 무엇보다도 가장 필수적인 것은 균형감각을 찾는 것이다. 나에게 이번 교훈이 삶을 뒤바꾸는 계기가 된 것도 그런 이유에서다.

내가 이 교훈을 깨닫기까지 일어난 여러 연쇄적인 사건 가운데 첫 번째 사건은 아들과 함께 거리에 나앉은 지 반년, 주식중개인으로 활동하기 시작한 것 역시 반년 정도가 지난 시점에 벌어졌다. 그 무렵 날씨가 갑자기 바뀐 것이 기억난다. 아름답던 가을 밤낮이 끝나고 몇 주간 쌀쌀한 비가 내려 공원에서 잠을 자거나 크리스토퍼를 데리고 해변에 산책을 가는 것은 꿈도 꾸지 못했다. 여러 번 말했듯이 세실 윌리엄스 목사와 글라이드 메모리얼 교회, 그리고 교회 지하에 자리한 모스 키친을 발견하지 못했다면, 또한 교회에서 운영하는 노숙자를 위한 숙소에서 밤을 보낼 수 없었다면 오늘날 나의 모습은 상상할 수도 없다. 아들과 함께 밥을 먹기 위해 모스 키친 앞에 줄을 서거나 그날 밤 숙소에 잠자리가 있을지 알아보기 위해 줄을 설 때마다 나는 살기 위해 잡을 손길이 있다는 것을 축복으로 여겼다.

언젠가는 상황이 달라져 풍요로운 생활을 할 충분한 돈이 생기리라는 생각을 한 기억도 마치 어제의 기억처럼 생생하다. 나를 지탱해준 것은 '언젠가 멀지 않은 미래에 지금과 같은 문제들이 사라질 것'이라는 믿음이었고, 나는 이 믿음을 가능한 자주 소리 내어 외곤 했다.

그런데 정말 내 말이 맞았다. 내가 가장 좋아하는 래퍼, 지금은 고인이 된 위대한 노토리어스 B.I.G.의 말도 맞았다. 그의 때 이른 죽음 뒤에 음반과 뮤직 비디오가 출시된 곡 〈돈은 많을수록 골칫거리Mo Money Mo Problems〉에서 그는 경제적인 균형에 대한 신성한 진리를 말하고 있다. 그는 이렇게 썼다. "그들이 내게 원하는 게 뭔지 모른다. 돈은 많이 벌면 벌수록 더 많은 골칫거리가 생긴다."

그러니 묻겠다. 돈이 모든 문제를 해결해줄 거라고 상상해 본 적 있는가? 만약 있다면 결국 나와 같은 결론에 이르렀을 것이다. 나는 오랜 세월에 걸쳐, 그리고 시행착오를 통해 돈이 여러 필요를 해결해주고 예전에 없었던 선택의 자유를 주기는 해도 예전에는 상상도 할 수 없었던 온갖 골칫거리를 만들어낸다는 사실을 깨달았다. 돈이 모든 꿈을 이루어주고 슬픔을 사라지게 만들 수 있다는 환상을 갖고 있었다면, 혹은 당신의 행복의 정의가 돈에 매여 있다면, 이것은 듣기 바라던 소리가 아닐 것이다. 그러나 돈을 지배할 수 있는 균형감각을 찾는 데에는 매우 중요한 디딤돌을 제공한다.

돈이 늘어나면 선택의 자유도 늘어나지만 골칫거리도 늘어난다는 현실에 누구도 예외는 없다. 밥을 얻어먹기 위해 줄을 서 있는 동안 돈만 있으면 모든 것이 해결되리라고 생각했을 때만 해도 내가 아이를 등에 업고 밑바닥에서 기어나와 자수성가한 기업인이자 사회에 기여하는 세계 시민이 될 줄 누가 상상이라도 했겠는가? 한술 더 떠 친척으로부터 인종차별 소송을 당한 미국 역사상 최초의 사람이 되리라고 생각이나 했겠는가? 사실이다. 먼 친척을 우리 회사에 취직시켜주었다가 일을 제대로 하지 않아 해고했는데, 그 친척이 인종차별을 당했다고 주장하며 나를 고소했다! 기가 막히는 일이며 아무 근거도 없는 주장이었다. 그럼에도 고통스러웠던 것은 말할 것도 없다. 치러야 할 대가도 엄청났다.

물에 빠진 사람 건져놓으니 보따리 내놓으라는 말도 있지만, '돈은 벌수록 골칫거리'라는 말을 이해하는 데는 더 이상의 설명이 필요 없었다.

양면을 잘 따져보았더니 무언가를 깨달을 수 있었다. 내가 앞서 물었던 세 가지 질문에 대해 답할 수 있었던 것이다. 나는 내 경제적 자원을 지배하고 싶고, 돈이 나를 위해 일해주기를 바라며, 돈이 문제도 해결책도 아니라고 말할 수 있었다.

이 깨달음을 현실에 적용시키는 방법으로서, 나는 원하는 경제적 성장과 사업에 드는 비용 간의 균형을 유지하려고 애썼다. 이는 눈앞의 일에 집중하고, 수익의 가장 알찬 부분을 사업에 재투자하며, 모든 면에서 절제하고, 교육과 일자리 창출을 중요시하는 사회적으로 깨어 있는 단체에 투자함으로써 부를 나눠야 함을 다시 한 번 일깨워주었다.

강조하건대, 빨간색 페라리나 당신의 노력의 열매가 가져다준 무언가를 성공의 상징으로서 가지는 것은 부끄러운 일이 아니다. 그리고 당신이 스스로의 가능성에 대한 믿음을 확장할수록 당신의 수입도 증가할 수 있다. 나는 우리 모두가 자라면서 배웠을 오래된 가르침 또한 중요하게 여긴다. 버는 것보다 적게 쓰고 빚을 지지 말라는 것이다. 스스로 규칙을 정하고 그 규칙을 따르는 것도 돈에 대한 지배권을 갖는 방법이다. 개인 돈 관리에 대한 방침을 명시해두는 것도 도움이 되는데, 이것은 C-5 공식을 이용해 만들어도 좋다. 명확하고, 간결하고, 절실한 규칙을 세우고, 일관된 자세로 그 규칙에 충실하면 되는 것이다. 또한 그러한 방침이 종이에 명시되어 있다면 배우자나 가족의 생각이 서로 엇갈렸을 때 오해의 소지를 줄일 수 있다.

균형감각을 찾아 돈에 대한 지배권을 획득하는 것과 관련해 내가 마지막으로 제안하는 것은 이미 배웠듯 밧줄 다루는 법부터 알고 로마를 정복하는 것이다. 이것이 진정 누더기에서 부자로 가는 전략이다.

35
돈은 측정단위일 뿐이다
: 삶의 가치

프리랜서 예술가와 사업가들이 포함된 중소 상인들의 협회 회의에서 나는 데이브라는 남자와 인상적인 대화를 나누었다. 그는 자리에서 일어나 자신을 "회복 중인, 오십 살 먹은 파도타기족"이라고 했다. 그는 이어서 말하기를, 3년 전까지만 해도 그 어떤 의미에서도 자신을 성공한 사람이라고 여겨본 적이 없다고 이야기했다. 그러다 "그럭저럭 먹고 살 만한 돈을 벌어다주던" 일자리를 잃고 가족들의 보험 혜택도 끊겼는데 때마침 아내마저 건강에 문제가 생겨 일을 할 수 없게 된 것이다. 데이브는 그때까지만 해도 자신이 모든 걸 책임지고 타석에 나가야 할 필요가 없었다. 그런데 그래야 할 때가 온 것이다. 데이브는 무얼 할 수 있을지는 몰랐지만 어린 아들들에게 노력하는 모습을 보여주겠다는 마음이 동기부여가 되었다고 한다.

데이브는 적당한 목표를 잡기보다 제2의 인생을 위한 과감한 계획을 세우는 데 도전했다. 그는 자신만의 카펫 청소 회사를 차리기 위해 장비를 구매했고, 일을 시작하자마자 타고난 영업감각을 발견했다. 일이 바빠질수록 힘이 생기고 더욱 몰입할 수 있었다. 그는 사업이 이토록 즐겁다면 전망이 괜찮다고 들어온 방문 판매업 분야에서 두 번째 사업을 시작하지 못할 것이 없겠다는 생각을 했다. 3년 뒤, 두 사업 모두 성장하고 있었고, 데이브는 최고의 순간을 누리고 있었다. 어떻게 가능했느냐고? 데이브는 이렇게 설명했다.

"책을 읽기 시작했어요. 닥치는 대로 읽었지요. 하루에 10분, 20분 읽는 것부터 시작했어요. 이전에는 책을 단 한 권도 읽지 않았죠."

그 결과 데이브는 자신의 읽기능력을 향상시킬 수 있다면, 자신을 성공하지 못한 사람에서 성장할 자격이 있고 성공할 자격이 있는 사람으로 변화시킬 수 있으며, 그렇게 하겠노라고 결심했다. *성공은 성공하지 못한 사람들이 실천하지 않는 작은 것들을 실천하는 것에서 온다*는 인식이 그만의 달인이 되는 비법이었다. 그가 나열한 여러 사례들은 모루를 두드리는 데 필요한 기초와 동일했다. 남보다 조금 더 신경 쓰는 것, 후속 연락을 취하는 것, 필요보다 다섯 번 이상 전화하고 세세한 사항까지 철저히 파악하는 것.

그런데 이제 제법 큰 돈을 만지게 된 지금, 그의 질문은 이것이었다.

"돈이 없는 사람들이 알지 못하는 것 가운데 이제 제가 알아야 할 것은 무엇입니까?"

내가 대답 대신 내놓은 교훈은 깨닫기까지 꽤 오랜 시간이 걸린 것이며 나의 모든 스승들이 내게 강조한 것이었다. "돈은 부의 가장 하찮은 구성요소다."

데이브는 곧바로 내 말 뜻을 이해했다. 그의 얼굴에 퍼진 미소로 알 수 있듯, 그는 자신의 가치가 은행잔고나 연매출과 아무 관계가 없다는 것을 알고 있었다.

재빨리 덧붙이자면, 이 말 뜻을 이해하지 못하는 사람들은 그 방에도 있었고 어디에든 있다. 흥미로운 것은 이 가르침이 유용했다는 사람들로부터 편지를 받아보면, 그 사람은 종종 지역사회에서 중요한 역할을 맡고 있거나 돈보다 중요한 부의 구성요소를 획득한 사람이라는 것이다.

젊은 관객들은 이 가르침을 그다지 좋아하지 않으며, 나도 그들을 탓하지는 않는다. 그들은 재빨리 부자가 되지 못하면 평생 부자가 되지 못한다는 인식을 갖게끔 교육받았고, 그런 인식은 가난한 동네만이 아니라 어디든 있다. 돈으로 사람의 가치를 따질 수 있다고 주장하는 아이가 있으면 나는 방에 있는 아이들을 쓱 둘러본 뒤 이렇게 묻는다.

"은퇴한 마약상 본 적 있는 사람?"

물론 없다. 은퇴한 마약상이라는 말은 성립할 수 없다. 마약상은 은퇴하지 않기 때문이다. 죽거나 감옥에 갈 뿐이다.

나 역시 이것을 깨닫기까지 상당한 시간이 걸렸다. 깨닫게 도와준 것은 크리스토퍼 주니어와 자신타였다. 아들은 가끔 가다 꽤나 눈부신 지혜의 진주를 가져다주곤 하지만, 아들이 내게 가장 값비싸고 잊혀지지 않는 선물을 준 것은 아들이 두 살 때였던 어느 날 밤이었다. 오클랜드에 살 때였는데, 전기가 끊긴 탓에 촛불을 켜놓고 아들을 목욕시키고 있었다. 현금도 간당간당했고 공과금은 연체되어 있는 상황이었다. 그럼에도 그날 나는 우주에서 가장 부유한 사람이었다. 크리스토퍼 주니어가 뜬금없이 이렇게 말한 것이다. "아빠, 아빠는 좋은 아빠야."

내 딸은 할머니, 그러니까 우리 어머니와 섬뜩할 정도로 닮았다. 때로는 우리 어머니와 거의 똑같은 억양으로 말할 때도 있다. 나에게 가장 중요한 부의 구성요소는 자신타와 크리스토퍼 주니어라는 것을 두 사람은 매일 내게 일깨워주고 있다. 이미 언급했듯이 시간 역시 내가 매우 귀중하게 여기는 부로써 지혜롭게 쓰고 소중히 여겨야 한다. 내가 귀중하게 여기고 나를 가치 있는 사람으로 만들어주는 또 다른 나의 자원에는 열정, 집중력, '대양과 같은 끈기', 또 수없이 많은 삶의 교훈들을 통해 드러난 나만의 자산들이 있다. 당신도 이미 깨달았겠지만 목적을 추구하는 것은 우리로 하여금 그 자산들을 보다 귀중히 여길 수 있도록 해준다.

그렇다고 해서 돈이 아무 의미가 없다는 순진한 소리를 하는 것은 아니다. 오히려 그 반대다. 돈은 이 세상의 가장 주된 교환수단이며 유용한 잣대이자 표준이고 앞서 말한 선택의 자유를 누리는 가장 흔한 방법이기도 하다. 돈이 아무 의미 없다고 말하는 사람은 굶어본 적이 없거나 그날 밤 어디에서 잘지, 약값이며 교통비, 몸을 따뜻하게 해줄 옷값은 어디서 마련할지 고민해 본 적 없는 사람일 것이다.

우리는 우리의 노력과 기여도에 대해 적절한 보상을 받을 자격이 있다. 그러나 돈이 부와 가치를 따지는 유일한 잣대가 된다면, 우리가 가진 다른 귀중한 자산을 고맙게 여기는 법도, 다루는 법도 배우지 못할 것이다. 부의 가장 하찮은 구성요소로서 돈은 과거에도 그러했고, 지금도 측정단위일뿐 삶의 가치를 판단하는 잣대가 되어서는 안 된다.

이 교훈을 실생활에 적용시키는 방법으로써 내게 도움이 되었던 방법은 부자라는 말 대신 '자원이 풍부한 사람'이라고 하는 것이다. 그렇게 하면 돈이 여러 가지 자원의 하나일 뿐이며, 다른 자원들과 비교했을 때 잃어버려도 쉽게 대체할 수 있는 유일한 것임을 알게 되는 괄목할 만한 경험을 하게 된다. 더 나아가 언제나 유용한 PBS라는 도구를 쓰는 방법을 탐구해두어도 좋다.

공영방송 PBS를 더 많이 보라는 말이 아니다. PBS는 개인 대차대조표personal balance sheet의 약자로, 두 단으로 이루어진 장부로서 먼저 나의 총 수입과 저축액, 투자액, 그리고 그 밖의 물질적 자산을 기록하고 거기에서 생활비와 장기, 단기 대출을 빼 나의 총 가치를 산출한 것이다. 부채를 제외한 자산을 계산하는 방법인데, 물론 자산이 부채보다 많아야 이상적이다.

돈이 부의 가장 하찮은 구성요소라는 교훈을 실생활에 적용하기 위해 나만의 PBS를 만들어 나의 가장 귀중한 자산과 자원이 무엇인지 생각해 본다면 실로 놀라운 것들을 발견하게 될 것이다. 나의 업적을 적어도 좋고, 성공을 했든 안 했든 용기를 내어 시도해 본 일을 적어도 좋다. 극복해낸 난관과 장애물, 그리고 거기서 얻어 나의 가치를 키워준 삶의 교훈들을 적어도 좋다.

직업정신이 자산일 수도 있다. 부모로서 금메달감일 수도 있겠다. 내가 정통한 분야이지만 충분한 가치를 부여하지 않았던 분야에 대해 다시 생각해 보는 기회가 될 수도 있다. 스스로 자랑스럽게 여기는 바른 품성이나 자제력, 탄력성, 열의 등과 같은 자원들은 또 어떤가? C-5나 3A 가운데 갖고 있는 자질을 적어도 좋다. 상냥하고 재미있고 융통성 있다고, 혹은 생각이 독특하다고 소문났다면 그걸 적어도 좋다. 100만 달러짜리 미소를 가졌거나 100만 달러짜리 패션감각을 가졌을 수도 있다. 시력이나 관찰력은 어떤가? 남의 이야기를 잘 들어주는가? 내가 여기 있는 이유는 내가 여기로 운전해왔기 때문임을 아는 사람이라면, 돈보다 1000배는 값진 힘을 가진 것이다.

이 모든 무형의 자원은 당신을 풍요롭게 하고 지속적인 성장으로 이끌 수 있다. 만약 당신이 나와 같이 가르치고, 삶의 교훈을 전하고, 자신의 사연을 남과 나누고, 남들로 하여금 용기를 갖고 꿈을 꾸고 행동을 하게 격려하는 축복받은 일을 하고 있다면, 이것 역시 당신의 PBS에 크고 진한 글씨로 적기 바란다.

금융업자들은 이러한 계산법을 탐탁지 않아 할 수도 있을 것이다. 그러나 요즘 금융업자들의 권위는 그다지 높지 않으니 신경 쓸 일 아니다. 나와 데이브를 믿어보기 바란다. 나의 가치는 나의 행동이 증명하고, 나의 선택의 합에 달려 있으며, 아직 달성하기 전일지라도 내가 가능하다고 믿는 성공에 달려 있다.

금융업자라면 내가 PBS에 기록한 모든 자산을 인정해주지는 않을 것이다. 그러나 그 금융업자가 나 자신이라면 다르다. 그러니까 나의 진정한 가치를 결정할 수 있는 사람은 나밖에 없다는 것이다.

36
자신을 위한 가치창출에서 세계를 위한 가치창출로

: 기여

    행복을 찾는 데 달인이 되는 것은 신비롭고 힘겨운 과제이다. 이 과제를 해결하기 위해 나는 오랜 세월에 걸쳐 수많은 질문을 해야 했다. 이것은 놀라운 일이 아니다. 질문 목록의 가장 위에 있는 질문은 아마 동굴에 살던 인류의 조상이 누가 더 좋은 동굴을 갖느냐를 두고 싸울 때부터 물었을 만큼 아주 오래된 것이다. 왜 더 많은 것을, 더 좋은 것을 가진 동굴 주인이 더 행복하지 않은가의 문제다. 오늘날로 치면 이렇다. 가장 많은 돈을 가진 남녀가 가장 행복한 것은 아니다.

    그렇다면 누구보다 행복한 이들은 어떤 특징을 갖고 있을까? 내 생각에, 그리고 이것은 행복에 통달한 다른 전문가들의 생각이기도 한데, 그 가장 행복한 사람이 얻은 것은 '기여'에서 오는 보람이다.

이것이 깨어 있는 자본주의의 전제다. 우리 하나하나가 (1)우리 자신을 위한 가치창출을 할 기회를 가져야 하며, (2)세계에 가치를 더할 기회를 가져야 한다는 믿음에 기초하고 있는 것이 깨어 있는 자본주의다.

내가 이러한 인생역전의 인식을 처음 갖게 된 계기는, 각자의 분야에 정통하고 그 분야를 혁신한 이 시대를 움직이는 위대한 나의 스승들 덕분이다. 그들은 각각 다양한 방법으로 나에게 사회적으로 깨어 있는 자본 활용이, 그것을 좌절시키려는 다른 모든 세력보다 강력할 수 있다는 것을 가르쳐주었다. 그들은 또한 서로 다른 시점에서 집중력을 잃지 않으려면 핵심 가치를 놓지 말라는 사려 깊은 조언도 해주었다. 내가 배운 가장 중요한 것은 진정한 기여는 언제나 곱절의 가치가 있다는 것이다.

이것을 내게 누구보다도 확실히 가르쳐준 사람은 윌리엄 루시, 즉 빌 루시였다. 나는 그로부터 공학을 공부한 사람이라고 해서 나의 세계적 시야와 전략을 확장하는 데 도움을 주지 못할 것이라고 생각하지 말아야 한다는 것도 배웠다. 물론 빌은, 남는 시간에 남아도는 부속을 모아 원자로를 만들 것 같은, 우리 편견 속의 고지식한 공학도들과는 거리가 멀다. 그러나 그의 분석적인 재능에 놀라지 않는 사람은 없다. 그는 흑인 노동조합원연대의 설립자로서, 그가 1972년 맨손으로 일구어낸 이 단체는 현재 전국에서 가장 강력한 노동자 단체 가운데 하나이며, 지부가 50개를 넘어서고 있다. 그는 기관투자협의회의 전

협의회장이기도 하며, 35년간 회원이 1300만 명인 전미지방공무원연맹의 사무총장 겸 회계로 일했다. 내 눈에 그는 마법사가 된 대장장이의 전형이다. 빌 루시를 알고 그로부터 가르침을 받을 수 있었던 것은 여러 가지 이유에서 축복이었다.

나는 멤피스에서 마틴 루터 킹 박사의 연설을 직접 들은 빌 루시로부터 킹 박사가 언급한 노동자의 적정임금 문제에 대해 들을 수 있었다. 모든 인종이 존엄하게 살아갈 수 있는 약속의 땅을 언급한 바로 그 연설이었다. 또한 그를 통해, 그와 다른 노조 단체장들이 구체적으로 어떻게 기업의 돈과 투자금을 아파르트헤이트 제도가 있던 남아프리카로부터 철수시키는 운동을 시작했는지 이해할 수 있게 되었다. 모두 매우 흥미롭고 고무적인 이야기였다.

이 문제뿐만 아니라 노숙자 문제나 빈곤 문제에 대해서도 빌의 조언은 언제나 새로운 관점에서 바라보라는 것이었다. 그는 종종 이렇게 말했다. "크리스, 물건을 고치려면 그 물건이 어떻게 만들어졌는지 알아야 해."

그는 또한 현재 상태는 논리적으로 귀결된 상태가 아님을 일깨워주었다. 따라서 현재 상태를 뒤엎고 싶다면, 논리를 따지는 것은 그다지 성공적인 전략이 아니다. 인력자원을 적절히 배치할 수 있는 능력, 독창적인 생각, 열정, 타이밍, 적응력 등을 개별적으로 또는 집합적으로 사용하는 것이 중요하다.

자신과 남을 동시에 향상시킬 힘이 우리 모두에게 있다는 사실을 가르쳐주는 것으로 모자라 빌 루시는 이를 몸소 보여주었다. 그를 필요로 하는 자리가 나타났을 때, 그는 어려운 상황에 뛰어 들어가기에 앞서 단 한 번도 "도와야 할까?" 묻지 않았다. 의미 있는 역할을 할 수 있는 자리라면 성공확률을 따지지 않고 언제나 "어떻게 도울 수 있을까?" 물었다.

여기서 한 발짝 더 나아갈 수도 있다. 내가 그랬듯이 당신 역시 당신이 추구하는 행복이 어떤 것이든, 깨어 있는 자본주의의 두 단계를 개인적인 수준에서 또 세계적인 수준에서 실천할 수 있다. 굳이 사업이나 세계 문제와 관련이 있는 목적이어야 할 필요는 없다. 개인으로서, 부모로서, 직업인으로서, 혹은 그냥 시민으로서 역량을 강화하겠다는 목적이라도 좋다. 목적이 어떻든 그에 따라 다음 두 단계를 알맞게 변형하면 되는 것이다. 두 단계란 간단하게 정리하면, (1)투자자(자기 자신을 포함하여 가족, 직장동료, 동지, 사업동료, 협력업체, 혹은 이득을 얻게 될 사람 누구나)를 위한 가치창출을 하는 것, 그리고 (2)세상에 가치를 더하는 방법을 찾는 것이다.

우리가 아무리 자율적으로 행동한다고 해도 결국 우리는 한 배에 타고 있는 것이다. 우리는 모두 현재의 시공간 속의 미생물로 철저히 연결되어 있고 연관되어 있으며 전체에 의존적이다. 혼자서 불을 차지하는 것, 혹은 진공상태의 성공이나 행복이 무어란 말인가? 헛된 것일 뿐이다.

자신과 자신의 투자자(그게 누구든)를 위해 가치를 창출하고 세상에 가치를 더하는 데서 만족감과 삶의 의미가 온다는 전제에 동의하지 않는 사람도 있으리라 생각한다. 남이든 자기 자신에게든 그 어떤 기여도 하기 싫다고 할 수도 있겠다. 좋다. 대신 모든 게 다 끝나고 나면 이렇게 자문해 보라. "내가 이 세상에 살았다는 흔적이 남게 될까?"

반대로 무조건적으로 자신을 헌신하고 사회운동을 그 어떤 형태의 자본주의와도 섞어서는 안 된다고 생각하는 사람도 있을 것이다. 그런 사람 또한 자신만의 행복을 추구할 권리가 있다.

이번 교훈을 어떻게 실생활에 적용시키기로 결심하든(혹은 적용시키지 않든) 내가 덧붙일 주의사항은 불의 힘을 깨달은 동굴 속 원시인을 기억하라는 것이다. 그는 "불을 나눠야 할까?" 묻지 않고 "어떻게 나눌 수 있을까?" 물었다. 게다가 그것은 본인에게도, 그리고 우리 모두에게도 이익이 되었다. 어쨌든 동굴에 사는 원시인이 한 일을 당신이라고 못할 것 있겠는가?

37

꿈 키우기

: 시야 확보

　이번 교훈은 어렸을 때부터 내 속에 자리잡고 있었던 것으로 나라는 사람의 일부로 녹아든 것이다. 그러나 이 교훈을 얼마나 다양한 방법으로 활용할 수 있을지 안 것은 최근 5년 동안이었다. 어딜 가든 있는 평범한 사람들과의 만남, 그리고 편지를 통해 알게 된 그들의 매우 감동적인 사연들 덕분이다. 그들은 '나보다 큰 꿈'을 키우기 위해 시야를 넓히는 것이 어떤 것인지 몸소 보여주는 산 증인이다.

　이메일을 보내온, 아리조나 주의 피닉스에 사는 열여섯 살 스캇은 2년 전 친구들과 함께 노숙자 보호소에 일주일에 한 번씩 아침식사를 배식하는 봉사를 하기로 결심했다고 한다. 그는 이렇게 썼다.

"아침식사를 받는 사람들의 얼굴이 기쁨으로 가득 차는 것을 보는 것은 어린 저에게 놀라운 경험이었습니다."

그 과정에서 스캇은 일자리를 잃은 지 꽤 오랜 시간이 지난 중년의 노숙자 신사와 친해지게 되었다고 한다. 처음에는 친구들과 돈을 모아 세면도구를 사준다든가, 옷을 몇 가지 사준다든가 하는 작은 호의에서 시작되었다고 한다. 더 필요한 게 있냐고 물어보면 그는 "나 때문에 거덜 나면 안 되잖아"라고 대답했다고 한다. 그 신사는 청소년들이 무리하다가 빈털터리가 될까봐 진심으로 걱정하고 있었던 것이다. 또 다른 노숙자 보호소에서 봉사를 하던 스캇은 어느 날 더 많은 도움을 줄 수 있을 거라는 생각이 들었다.

> 노숙자들이 쉼 없이 줄지어 들어왔어요. 젊은 사람들, 나이 든 사람들, 아이를 데리고 있는 여자들, 모두가 먹을 것이 필요했어요. 그 사람들이 갇힌 현실은 배식을 하고 있던 우리들과 동떨어져 있었죠. (…) 우리는 그들이 죽지 않도록 도와주고 있을 뿐이라는 생각이 들었어요. (…) 그들이 노숙 생활로부터 벗어나도록 도와주려면 무얼 해야 할지 궁금했어요.

스캇과 친구들은 가까워졌던 노숙자 신사를 떠올렸다. 그리고 그가 "일자리를 구하고, 생활비를 관리할 수 있도록 돕고, 그를 지원하고 사랑하는 사람들로 에워싸이게" 해준다면 그의 도움을 수락할지 궁금했다.

2년 뒤 노숙자 신사는 일자리가 생겼고, 자신의 돈과 시간을 잘 관리하게 되었으며, 자신의 집에서 행복해 하며 "한 번도 꿈꾸지 못했던 삶"을 살게 되었다고 한다. 이에 고무된 스캇과 친구들은 '열린 식탁 Open Table'이라고 하는 프로젝트를 꾸리게 되었다. 그들의 첫 시도를 성공으로 이끌었던 지원과 지도라는 자원을 이용해 그들은 그들보다 큰 무언가에 모든 힘을 쏟은 것이다. 세 사람은 계속해서 꿈을 키워나갔고, 노숙자들에게 새로운 인생을 시작할 수 있는 힘을 부여한다는 공동의 목적 아래 지역에 있는 다른 단체들과 협력했다.

스캇의 이메일은 두 가지 면에서 인상 깊었다. 첫째, 누구도 스캇에게 "변화를 보고 싶다면 직접 그 변화가 되어라"거나 "변화는 나로부터 시작한다"는 말을 해줄 필요가 없었다. 열정과 집중력, 의지를 갖고 시작했고, 변화 그 자체가 되었다! 둘째, 자신의 꿈을 이루는 것에 관한 한 아직도 감자를 캐고 있는 사람들이 끊임없이 하는 질문이 하나 있는데, 스캇은 이 질문에 대한 대답을 제공했다. 사람들은 어디서 어떻게 스승을 구할 수 있는지 묻는다. 그리고 내게 스승이 되어줄 수 있는지 묻는다. 스캇은 멀리서 찾지 않았다. 자기 자신의 스승이 되기로 택한 것이다. 물론 지역사회에 본받을 만한 사람이나 다른 사람들이 있었겠지만 스캇은 직접 소매를 걷어붙이고 친구들을 격려한 다음 "하자, 한 번 해보자" 하고 말했던 것이다.

때로는 어렵고 심지어 충격적인 난관이 우리를 일생일대의 목적과 연결해주기도 한다. 난관을 통해 비로소 우리가 할 수 있는 역할에 대한 시각이 확보되기도 하는 것이다. 내가 만나본 상상할 수조차 없는 고통에도 살아남은 이들 역시 같은 말을 했다. 칠흑 같이 어두운 시간에 그들이 찾을 수 있는 유일한 빛은, 남들이 그들처럼 고통받지 않도록 하기 위해 끝까지 견디어내겠다는 결심이었다고 했다. 그런 의미에서 그들의 꿈은 그들보다 훨씬 큰 것이 되었다.

이 글을 읽는 당신이 혹 사랑하는 사람을 잃는 것과 같은 심한 타격을 경험해 본 적이 있다면, 홀로 아이를 키우는 한 여성이 "나의 바위이자 격려자"였던 어머니를 잃고 그 다음 "삶의 빛"이었던 어린 딸을 잃은 사연에 공감할 수도 있을 것이다. 어머니와 외동딸을 둘 다 잃은 사람에게 어떤 위로의 말이 소용 있겠는가? 부모가 없으면 고아라고 하고, 배우자를 잃으면 미망인 혹은 홀아비라고 한다. 그러나 아이를 잃은 사람을 칭하는 말은 없다. 여성은 자신을 기운 차리게 해준 유일한 것은 딸을 앗아간 희귀병에 대한 의학연구자금을 마련하는 운동이었다고 한다. 그러면 다른 가족은 자신과 같은 고통을 겪지 않을 터였다. 딸을 추모하며 연구자금을 마련하는 활동에 참여할 수 있다는 생각은 이 여성으로 하여금 시야를 넓히고 "터널의 끝에 빛이 있다는 사실"을 믿을 수 있게 도와주었다.

내가 받은 고통, 그리고 내 꿈을 나보다 더 큰 것으로 만들기 위한 시야를 확보하는 능력 사이의 관계는 우연적인 것이 아니다.

꿈을 키울 수 있다면 당신의 목적은 돈이나 성공, 자기 분야에 정통하는 것보다 더 커질 수 있다. 시야를 넓히면 그 모든 것을 초월해 더 높은 경지에 오를 수 있다. 돈 문제나 경제난, 업계의 거품 같은 것들은 당신이 그것들을 넘어서서 작은 꿈들을 아우르는 큰 꿈을 키우고자 택할 때 당신을 좌절시킬 수 없다.

Part 5

내면의 가장 좋은 부름에 답하라

: 어둠 몰아내기

사람들은 매일 신을 만납니다, 알아보지 못할 뿐이지요.
— 펄 베일리(가수, 배우, 작곡가)

Start Where You Are

　　5부에서는 실용적인 목적에서 벗어나 이 책에 담긴 그 무엇보다 나의 삶에서 나에게 큰 힘을 주고 나를 변화시킨 몇 가지 영적 교훈을 살펴보기로 하겠다.

　　앞에서도 믿음에 대해 잠깐 이야기했지만, 본격적으로 들어가기에 앞서, 나의 종교가 무엇이며 어떤 종파를 따르냐는 무수한 질문에 대한 대답부터 해야겠다. 나는 여전히 샌프란시스코의 글라이드 메모리얼 감리교회의 신자이며 예수님을 따르는 주류 기독교인이지만, 천주교나 유대교, 이슬람교, 불교, 그리고 그외 다른 믿음을 가진 친구나 동료들, 종교가 없다는 이들의 믿음까지 모두 존중한다. 따라서 어느 신을 믿느냐고 물으면 "위에 계신 모든 분들"이라고 말하곤 한다.

　　종교의 교리나 종파와 달리 영성의 본질은 나를 타인과 연결시켜주는 나의 내부에 있는 고차원적 존재를 강조한다. 그 존재에게 예배를 드리는 방식으로서 무엇을 선호하든, 그 존재를 부르는 이름이 어떻든 그것은 우리의 영적 행로를 막아서는 안 된다. 영적인 사람이 되기 위해 특정 종교를 믿어야 할 필요도 없다.

　　내가 '영적 유전자'라는 말을 쓰게 된 바탕에 대해 간략하게 말해야 할 필요가 있겠다. 많은 사람들이 더 자세한 설명을 바란다고 편지에 쓰곤 했으니 말이다. 어느 신문기자와 인터뷰하던 도중 질문에 대답하는 과정에서 '영적 유전자'라는 말이 내 입에서 튀어나오기까지 나는 이 말을 단 한 번도 들어본 적이 없었다. 내가 한 번도 설명해 보지 않았고 정의를 고심해 본 적 없는 개념이 머릿속에 떠올랐을 때, 그리고 입에서 튀어나왔을 때, 솔직히 말해 번개를 맞은 듯했다. 신문기자는, 아버지가 아이를 버리는 행위가 대물림되는 악순환을 깨는 것이 어떻게 가능했는지 물었을 뿐이다.

나는 그 순간 어머니를 닮았다고 말하려고 했다. 그러다가 그 말을 수정하여 어머니로부터 물려받은 능력이라고 말하려고 했다. 그러나 좀 더 생각해 보니 그것은 물려받은 것이 아니라 의식적인 선택이었다. 나는 아주 어린 시절 어느 한 순간, 어머니에게 보았으며 내게도 있는 어떤 정신을 의식적으로 선택한 것이다. 나는 생부로부터 물려받은 영적 유전자를 선택할 수도 있었다. 비록 내가 스물여덟이 되어 그를 만나기까지 그는 나에게 텅 빈 자리에 불과했지만 말이다. 그렇게 보면 양아버지에게서 본 대로 될 수도 있었다. 그러나 그 대신 어머니가 자신의 어둠이 아닌 빛을 품에 안기로 결정한 것과 같이 나 또한 그렇게 했다.

그 인터뷰가 끝난 뒤, 영적 유전자의 성질에 대해 탐구할수록 나는 우리 자신 안에, 그리고 인류 안에 있는 최고의 것을 끌어안음으로써 배울 것이 많다고 믿게 되었다. 앞으로 배우게 될 교훈들을 통해 알게 되겠지만 좋은 소식은, 어머니의 코를 닮는 것은 내가 어쩔 수 없는 일이지만 우리가 우리 내부에 있는 어떤 영적 유전자를 활성화시키는가 하는 것은 우리의 선택에 달려 있다는 것이다. 38~42강에는 다음과 같은 가르침이 담겨 있다.

제38강 깨우침으로 향하는 길 위에서는 모두가 동등하다.
제39강 치유로 가는 영적 행로는 누구에게나 열려 있다.
제40강 우리는 모두 우리 내부의 고차원적 존재가 주는 풍요라는 선물을 받을 권리가 있다.
제41강 가장 불가능할 것 같은 상황에서도 경외심을 느낄 기회는 솟아난다.
제42강 과거와 현재로부터 얻을 수 있는, 성장에 대한 가르침을 어떻게 받아들이느냐 하는 것이 우리의 미래와 후손의 미래로 가는 길을 닦는다.

영적 가르침은 궁극적으로 행복의 추구에 필요한 모든 길잡이를 제공할 수 있다. 그러나 우리에게 축복을 가져오고 진정한 영광의 왕관을 씌워줄 수 있는 것은 우리가 찾는 영적 지혜다.

38
최고의 영적 유전자 받아들이기

: 깨우침

방향을 가르쳐줄 지도조차 없는 문제의 답을 구하기 위해 골똘히 생각하던 중 뜬금없이 해답이 내 앞에 도달한 경우가 있는가? 아니면 마치 신의 계시라도 받은 양 누군가 나타나 내 마음과 내가 얻은 해답을 읽다시피 하는 바람에 섬뜩했던 적이 있는가? 내 경험에 따르면, 이러한 우연의 일치의 순간들을 가장 잘 활용하는 방법은 어떻게 그렇게 되었는지 고민하기보다 그 놀라움을 즐기는 것이다. 그뿐 아니다. 나는 그 우연으로 보이는 순간들이 우리가 가장 필요로 하는 귀중한 지식을 전달하는 전령처럼 다가올 수 있음을 깨달았다.

예를 들면, 나의 회고록《행복을 찾아서》에서도 언급했듯 우리 어머니는 나에게 내가 하고 싶은 것이 있다면 무엇이든 할 수 있다고 가르쳤다. 그것은 전령처럼 찾아온 순간이었다. 샌프란시스코에서 생판 모르는 남이, 내 상황에 대해 그 어떤 구체적인 지식도 있을 리 없는 사람이 나에게 다가와 글라이드 메모리얼 교회의 무료 급식소와 노숙자 보호소에 대해 알려주었을 때, 마침 나에게는 그러한 도움이 절실했었기에 그 순간 역시 내게 전령이었다.

같은 맥락에서 내가 영적 유전자라는 개념에 대해 생각하기 시작한 지 얼마 되지 않아, 마야 안젤루 박사로부터 중요한 정보를 얻었다. 허리케인 카트리나가 뉴올리언스를 강타한 이후 그 참상에 대해 대화를 나누던 우리는 카트리나가 불러일으킨 재난이 인간생존 능력의 양극을 나타냈다는 점, 즉 선한 모습과 악한 모습, 추한 모습을 모두 드러냈다는 것에 동의할 수 있었다. 한편에서는 시민들이 목숨을 걸고 도움의 손길을 건네는가 하면 다른 한편에서는 도시 전체가 물에 잠기도록 내버려둔 것이다.

"그렇지만 이건 알아두어야 해요."

안젤루 박사는 말했다.

"우리는 선하든 악하든 인간을 인간으로 만드는 것으로부터 자신을 분리할 수 없어요."

안젤루 박사는 이어서 말하기를, 누군가 입에 담지 못할 참혹한 범죄를 저지르거나 누군가 숭고하고 영웅적인 행위를 했을 때, 한쪽은 우리다운 모습이고 한쪽은 그렇지 않다고 말할 수는 없다는 것이다. <mark>인간은 누구나 죄인 혹은 성인이 될 가능성을 갖고 있다는 것이다.</mark> 특정한 상황에서 우리는 우리 안에 있는 죄인이 아닌 성인만을 보듬어 안기로 결심할 수 있다. 우리 모두 빛과 어둠을 갖고 있다. 인간에게 주어진 과제는 우리 안에 있는 가장 좋은 것들을 상징하는 빛, 즉 최고의 영적 유전자만을 끊임없이 내 것으로 취하는 일일 터이다.

어둠의 힘에 굴복하지 않겠다는 결심을 할 때 우리는 자연스럽게 대안을 찾게 된다. 나 같은 경우 어머니 내부의 빛과 영적 교감을 나눌 수 있었다. 비록 어머니의 꿈은 거절당하고 미루어졌어도 어머니의 정신이 내 안에 있음을 아는 것만으로도 나는 어머니가 심어준 꿈을 지키는 것뿐 아니라 그 꿈을 실현할 책임과 능력을 행사할 힘을 얻었다. 정신을 단순히 물려받는 것이 아니라 그 정신을 선택해 취하는 것은 능동적이고 살아 있는 행위이다. 따라서 빛을 택하는 의식적인 행위만으로 그 빛은 당신 내부에서 빛난다.

우리 모두가 우리 안에 있는 최고의 영적 유전자를 거두기를 열망해야겠지만, 안젤루 박사의 충고 또한 잊을 수 없다. 우리는 어둠에 굴복하기로 택한 이들을 비난하거나 그들로부터 우리를 분리해서는 안 된다는 것이다. 그들은 때로는 어쩔 수 없이, 때로는 무지로 인해, 혹은 영적으로 진화하려는 의향이 부족해서 그렇게 된다. 그렇다면 그러한 사람들과 마주섰을 때, 우리의 역할은 무엇일까?

이것은 쉬운 문제가 아니다. 우리는 어깨를 으쓱한 뒤 이렇게 말하고는 하던 일을 계속할 수도 있다. "난 내 아우를 지키는 사람이 아니라고요." 그런데 과연 그럴 수 있을까? 내가 나의 고차원적 존재로부터 배운 방법은 단순하다. 내 빛을 보여주는 것이다. 그리고 우리가 서로 연결되어 있음을 일깨워주는 것이다.

39
대를 이은
악순환 끊기

: 치유

극작가 테렌티우스가 적었듯, 우리가 인간이기 때문에 인간에 관한 것이라면 그 무엇도 낯설지 않다면, 이와 같은 인식을 대를 이은 악순환을 깨는 데 활용하는 방법이 있지 않을까? 질문이 너무 복잡하다면, 내가 종종 받곤 하는 질문으로 단순화시켜 보자.

"우리는 내부의 어둠에 어떻게 맞서야 할까?"

이처럼 우리 모두의 마음에 무겁게 자리한 질문은 없을 것이다. 내가 받는 편지 가운데 가장 가슴 아픈 사연들을 꼽으라면, 그것은 자신의 부모도 끊지 못하고 자식들도 끊고 있지 못한 동일한 악순환의 고리로부터 벗어나기를 절실히 기도하는 사람들의 이야기이다. 나는 아버지가 아이를 버리는 일이 대물림되는 것에 대해서만 이야기하고 있는 것이 아니다. 점점 더 많은 어린이들을 위탁 가정과 소년원에 몰아넣고 있는 멈추지 않는 경향에 대해 이야기하고 있는 것이다. 대를 이어 반복되는 가난과 가정폭력, 약물중독, 범죄, 성폭력, 노숙, 문맹, 감옥살이에 대해 말하고 있는 것이다. 또한 편협한 사고, 정신질환, 비만, 의존적 태도, 그리고 청소년들이 자신을 돌보는 법을 배우기도 전에 부모가 되는 일이 대물림되는 것에 대해 이야기하고 있는 것이다. 또한 대를 이은 타인에 대한 무례함, 지구에 대한 무관심, 그리고 무너지지 않으려면 우리 모두가 힘을 합쳐 일어서야 할 의무가 있음에도 이 의무를 방기하는 것 또한 무시할 수 없다.

샅샅이 살펴본다면 당신의 집안에도 위와 같은 파괴적인 행태가 반복된 경우를 찾아볼 수 있을 것이다. 이런 추측은 너무 과한 것이 아니다. 당신은 그 행태에 영향을 받지 않는 길을 택했을 수 있다. 무의식적 혹은 전의식적 수준에서 그런 선택을 했을 가능성도 있다. 아예 선택을 하지 않았을 수도 있다. 그리고 그 결과 당신도 알지 못하는 방법으로 당신을 휘두르는 악순환 속에 내맡겨져 있을 수도 있다.

우리는 물론 약물중독이나 정신질환, 비만과 같은 문제의 경우, 유전적 요인에 따라 발생 가능성이 증가한다는 것을 의학, 과학 전문가들을 통해 잘 알고 있다. 우리는 또한 특정한 악순환의 원인이 유전인지, 가정교육인지, 사회환경인지에 대한 '본성 대 양육'의 논란에 대해 들어본 적도 있다. 전문가들과 논쟁하자는 것은 아니지만, 이와 같은 문제들을 일종의 질병으로 보고 '무엇이 잘못되었나' 묻는 대신 악순환의 고리가 끊어진 사례에 대해 '무엇이 잘 되었나' 물음으로써 치유의 가능성을 모색해야 한다는 것이 내 생각이다.

나는 우리가 살아가며 내리는 선택들이 우리의 존재 방식과 존재 이유를 결정한다고 믿게 되었다. 이것은 주어진 패를 때로는 받은 그대로 이용해 카드게임에서 이겨야 한다는 옛말과도 연결된다. 다시 말해 언젠가 당신이 카드를 낸 기억조차 없는 시점에서 게임의 작전계획이 세워졌으며, 행태의 반복과 순환이 이미 자리 잡았다는 의미이다. 내 영혼의 형태와 모습, 깊이가 완성되기 전에 말이다. 내가 나의 최고의 가능성을 실현할지에 대한 판단은, 그것이 옳은 판단이건 잘못된 판단이건 이미 내려졌다. 외부 요인들에 직면한 상황에서도 여러 선택이 내려졌다. 이 결과 영혼은 세 가지 결심을 할 수 있다. (1)빛으로 나와 솟아오르거나, (2)어둠 속으로 쫓겨 들어가거나, (3)현 상태를 유지할 수 있다. 영혼이 당면한 '이기거나 지거나 비기거나 게임이다.

이상하게 들릴지도 모르겠지만, 나는 양아버지 프레디 트리플렛이 상징하는 암흑에 대해 열변을 토하기는 했어도 나에게 그의 존재라는 카드가 주어진 것에 대해 지금은 감사한다. 대를 잇는 악순환을 어떻게 끊을 수 있는지에 대한 교훈을 이해하는 데 도움이 되었기 때문이다. 그가 그러한 존재였던 까닭에 나는 최악의 인간 행태를 코앞에서 목격할 수 있었고, 그 광경은 나로 하여금 지금의 내가 되기로, 즉 모든 면에서 그와 반대가 되기로 결심하게 했다.

나는 생부로부터 이어진 악순환도 끊기로 했다. 나의 Y염색체를 여러 다른 여자에게서 태어난 여러 아이들에게 제공하지 않기로 한 것이다. 나의 목적은 사슬에서 가장 약한 고리가 되는 것, 핏줄을 따라 반복되어온 악순환을 끊는 것이었다. 솔직히 그 집안 남자들 가운데 자기가 얼마나 많은 아이를 만들었는지 아는 남자는 없을 터였다. 아이를 만들기만 했지 아버지 노릇은 하지 않은 것이다. 스물여덟 살이 되어 마침내 처음으로 생부를 만나기 위해 루이지애나 주로 갔을 때, 나는 내가 노 대디 블루스라고 이름 붙인, 아버지 없는 서러움을 치유하는 중요한 발걸음을 내디딘 것이다. 게다가 난 혼자가 아니었다. 처음 만난 이복형제들은 이런 농담을 했다. 이건 뭐, 올림픽 경기도 아니고 4년마다 한 번씩, 누군가 한 번도 본 적 없는 아버지를 찾아온다는 거였다. 게다가 얼굴은 어떻게 그렇게 닮았는지 보기만 해도 "어서 들어와"라는 말이 절로 나온다고 했다. 내 아이들의 인생에 적극 참여하는 확고하고 관심 많은 아버지가 되겠다는 의지를 더욱 견고하게 해준 경험이었다.

성인이 된 이후 돌이켜보니, 씨앗만 뿌려놓고 새싹이 자라는 것을 돕는 데 시간을 할애하지 않는 사람이 되지 않겠다는 어린 시절 나의 결심에는 영적인 측면이 있었다. 겨우 대여섯 살에도 나는 그 결심을 하는 과정에서 나를 치유하는 법을 터득했다. 무력함을 느끼는 대신 양아버지가 했던 것처럼 내 아이들을 위협하거나 공포로 몰아넣지 않겠다고 선언한 것이다. 겨우 다섯 살이었던 나는 책임감이나 부모의 의무, 자식을 버리고 떠나는 행위가 가져올 수 있는 마음의 상처에 대해 전혀 알지 못했다. 그러나 약속이 무엇인지는 알았고, 내 자신과 한 약속은 내 영적 유전자 속으로 얽혀 들어가 영혼의 일부, 존재의 일부가 되었다.

당신이 부정적인 영향을 입은 삶의 측면들을 돌이켜볼 때 기억할 것은, 대를 이은 악순환과 집안 특유의 행동양식으로부터의 치유는 하루아침에 기적적으로 이루어지지 않는다는 것이다. 로스앤젤레스에서 열린 어느 교원 회의에서 나는 어느 교사 한 사람과 흥미로운 대화를 가졌다. 그 교사의 집안 역시 내가 '침묵의 순환'이라고 부르는 방침을 지켰다는 점에서 우리 집안과 크게 다르지 않았다. 우리 집안 사람들은 하나 같이 심각하게 중요하고, 유쾌하지 않은 개인사에 대해서는 "묻지도 말고 말하지도 말라"고 강요했고, 내가 이를 설명하자 그 교사는 단번에 내 말을 알아들었다. 그 교사는 자신이 엄마라고 생각했던, 자신을 길러준 사람이 실은 이모였다는 사실을 미처 모르고 있었다고 했다. 그런데 이모가 죽고 나서 누군가 지나가는 말로 아무 상관없다는 듯 이 사실을 말했다고 한다. 교사가 되기로 결심하게 만든 것은 아이들에게 질문할 권리와 대답을 들을 권리를 심어주고 싶다는 생각 때문이었다.

침묵의 순환을 깨는 것은 나에게 쉬운 일이 아니었다. 거의 모든 방면에서 지혜로웠던 내 어머니마저도 고통스러운 주제에 대한 내 질문을 피했고, 이미 흘러간 일이니 이야기해봤자 소용없다고 말했다. 그리고 부모로서 나 또한 아들 딸이 관련된 심각한 주제에 대해서는 입을 닫는 내 자신을 발견했다. 그러나 내가 침묵의 순환을 깨기 위해 무어라도 하지 않으면 내 아이들도, 내 아이들의 아이들도 이를 반복하리라는 것을 문득 깨달았다. 내가 아이들의 엄마와 함께 살고 있지 않은 이유를 설명하는 것이 아무리 어렵다고 해도 아무 말도 하지 않는 것은 아이들에게 불공평한 일이었다. 마침내 내가 크리스토퍼 주니어와 자신타에게 솔직하게, 그 누구도 탓하지 않고 털어놓은 것은, 아이들의 엄마와의 사이를 좁히기 어려웠다는 점이었다. 우리는 크리스토퍼를 낳고 함께 살다가 헤어졌으며, 잠시 재결합하려고 노력했고, 그 결과 자신타가 생겼지만 노력은 길게 가지 못했다. 우리가 노력했다는 것은 우리 아이들도 안다. 그러나 나는 아이들이 우리 두 사람의 문제에 말려들거나 적어도 나로부터는 상대방을 헐뜯는 소리를 듣게 하고 싶지 않았다. 그래서 내가 선택한 것은 아이들에게 모든 것을 이야기해주되, 아이들과 엄마와의 관계를 보장해주고, 엄마에 대해 좋든 나쁘든 토를 달지 않는 것이었다. 그것이 나의 새로운 정책이었다. 아이들은 묻고 나는 말해주었다. 아이들에게 짐이 되지 않는 한에서.

우리 셋 중 누구도 싸움을 좋아하지 않지만, 내 아이들은 감정을 안에 담아둠으로써 말없이 고통받지 않는다. 그래서 나는 매일 하나님께 감사드린다. 침묵의 순환은 끊긴 것이다.

대를 이은 악순환이 끊어질 수 있음을 인정한다면, 그리고 힘들기는 하겠지만 다른 사람들도 해냈다는 것을 기억한다면, 그 악순환이 애초에 어떻게 당신 안에 깃들게 되었는지 자세히 살펴볼 준비가 된 것이다. 이제 당신은 그것을 당신 안에서 추출하겠다는 의식적인 결정을 내리는 큰 일만을 남겨둔 것이다. 당신 안에 있는 고차원적 존재가 도움이 될 수 있다.

1931년, 현대 분석심리학의 아버지 칼 융은, 가장 치유가 어려웠던 환자 롤랜드에 대해 비슷한 결론에 다다른다. 나에게 칼 융의 이야기를 해준 것은 책 사인회에 왔던 어느 한 남자였는데, 그는 이런 말을 했다.

"선생님이 말하는 영적 유전자와 반복되는 파괴적인 행태의 단절은 매우 융 학파적입니다!"

나는 그의 말이 무슨 뜻인지 잘 알 수 없었으므로 자세히 조사하기로 마음먹었고, 윌리엄 윌슨이라는 남자가 1961년 칼 융에게 보낸 편지에 담긴 롤랜드에 관한 흥미진진한 이야기를 접하게 되었다. 그 편지에서 윌슨은 칼 융에게 롤랜드라는 환자의 사례를 상기시키는데, 롤랜드는 얼마나 지독한 알코올중독자였는지 1년 간의 상담 끝에 융 박사가 환자에게 직설을 퍼부었다고 한다. 그는 롤랜드가 가망이 없으며 스스로를 구하지 않으면 누구도 그를 구할 수 없다고 했다. 융 박사는 그의 '집단적 무의식' 속에 그에게 필요한 도구가 있다고 믿었는데, 집단적 무의식이란 모든 인류가 접근할 수 있는 의식의 저장소로, 롤랜드는 여기 있는 도구들에 접근할 능력을 잃어버렸다고 했다. 융 박사는 환자에게 이렇게 말했다.

"내가 당신에게 권할 수 있는 것은, 어디라도 좋으니 종교적 경건함이 있는 곳에 가서 자신의 절망적인 상태를 인식하고, 어느 신을 믿든 그 신에게 자신을 내던지는 것입니다. 그러면 변화의 경험이라는 번개가 당신을 때릴 것입니다."

윌슨은 롤랜드가 이후 영적인 장소를 찾아 다녔으며 일시적으로 음주를 멈추기는 했지만 언제나 다시 마시곤 했다고 적고 있었다. 그러다 뉴욕에 가서 마침내 적당한 영적 장소를 찾았고 든든한 지원군이 되어줄 친구와 동지들을 만났다고 한다. 그 결과 크나큰 변화를 가져올 번개가 그를 내리쳤다. 롤랜드는 우리가 죽 알고 지냈던 마음 든든한 사실, 즉 혼자가 아니라는 사실을 발견했다. 그는 대를 이어 계속된, 또한 문화적 환경에서 비롯되기도 한 알코올중독의 악순환을 깨는

데 성공했을 뿐만 아니라 친구와 심리치료사들에게 자신이 알코올중독을 극복한 대체적인 과정을 이야기하기까지 이르렀다고 한다.

우리 모두에게 있는, 파멸보다는 좌절을 택할 수 있는 힘을 가장 폭넓게 활용하는 방법은 융 박사가 환자에게 한 통찰력 있는 말에 담겨 있다. 중독을 치료할 도구는 내 안에, 내 영혼의 동굴 속에 고대의 모습 그대로 있다는 것이다. 환자는 그 도구를 이용하기 위해 같은 문제로 힘겨워하고 고통받고 있는 다른 사람들의 본보기가 필요했다. 따라서 이것만은 인정해야 한다. 때로는 내가 경험한 것과 동일한 것을 겪어보지 못한 사람이 아무리 "방법은 네 안에 있는데 왜 악순환을 깨지 못하는가?" 하고 물어도 소용없다. 때로는 있어본 사람, 겪어본 사람, 그러나 치유된 사람의 극복 과정과 증언을 듣는 것이 중요하다.

나로 하여금 내 안의 빛을 택하는 것을 저지하는 행동양식을 깨기 위해 내가 제안하는 또 하나의 방법은 C-5 공식을 이용해 치유의 체계를 갖추는 것이다. 파괴적인 행동양식이나 대를 이은 악순환을 깨고자 하는 나의 욕망을 명확하고 간결하게 표현할 수 있는지? 난관을 헤쳐 나가기 위해서 없어서는 안될 절실한 동기가 있는지? '대양과 같은 끈기'로 목적에 충실하고 일관된 방법으로 걸음마를 옮길 수 있는지? 그로써 전면적인 변화를 일으킬 번개가 내리치게 할 수 있는지 자문하라. 이것은 엄청난 주문이기도 하기 때문에 치유가 하루아침에 이루어지지 않음을 기억하는 것도 도움이 된다. 목적이 무엇이든 하루에 조금씩 꾸준히 해내면 못할 것이 없다는 진리를 빌려오는 것도 물론 도움이 될 것이다.

40
신이 내린
유산 받기

: 풍요

　최근 들어 가장 든든해 보였던 조언자나 친구, 가족이, 사랑하는 사람이 평생 모은 재산을 거덜 냈다는 이야기가 들려오곤 한다. 이런 일이 처음은 아니다. 책임감 있고 합리적인 사고방식을 가진 사람들이 타인을 지나치게 믿은 탓에 종종 발생하는 일이다.

　나는 이와 같은 상황에 처한 밀러라는 남자로부터 편지를 받은 적이 있다. 결혼해서 두 아이가 있는 밀러는 돈을 벌고 또 잃은 것이 한두 번이 아니었다. 1년 안에 매출이 50만 달러에 달하는 회사의 소유주가 되었다가 파산하기도 했다. 동업자가 남자 몰래 돈을 갖고 달아난 것이다. 다음 해 그는 또 다른 회사를 시작했는데 처음에는 서서히, 그러다 마치 산불이 퍼지듯 빠른 속도로 번창해 그를 정상에 앉혀놓았다. 그러나 곧 침체기가 왔고, 잇따른 문제로 인해 그는 또 다시 출발점으로 되돌아왔다. 다만 해결해야 할 빚과 비용, 세금, 직원이 있다는 사실만 달랐다.

서른네 살인 지금, 밀러는 새로운 시작을 했고 장래성이 있어 보이는 사업을 네 가지나 진행 중이었다. 그러나 그는 이렇게 적고 있다.

"매번 잘될 듯하다가도 한계에 부딪치곤 합니다. 스스로 내 앞길에 둔 한계 말입니다. 선생님에게 아직 늦지 않았다고 말해준 것은 무엇입니까? 저는 지금 신용도도 매우 낮고, 불안감과 건강문제에 시달리고 있으며, 남을 신뢰하는 데도 어려움을 느낍니다. 다음 단계로 올라서기 위한 도구는 과연 어디서 찾을 수 있을까요?"

밀러의 이메일을 받고 가장 인상 깊었던 점은 그가 자신의 주된 장애물을 스스로 부여한 한계라고 인식하고 있었다는 점이다. 아마도 그는 그것을 인정하는 일이 얼마나 큰 의미를 가지는지 모르고 있었을 것이다. 그럼에도 그는 자신이 얻지 못한 것, 혹은 빼앗긴 것에 주로 집중하고 있었다. 그의 "신이 내린 유산", 즉 이미 그의 내부에 있는, 신이 내린 능력으로서 마음껏 활용할 수 있는 그의 자질에 초점을 맞추고 있지 않았던 것이다.

그가 이 유산에 집중하고 있지 않은 이유는 아마도 자신의 영적 도구함이 아닌 다른 곳에서 자원을 찾고 있었기 때문일 것이다. 우리 대부분은 밀러와 같이 우리의 영적 도구함을 필요한 만큼 자주 들여다보지 않는다. 행복을 찾아 가는 우리들 모두에게 주어진 풍요로운 자원을 받을 자격이 없다고 느끼기 때문이다. 이것은 수학이 아니므로 x를 하면 y를 얻는다는 공식은 성립하지 않는다. 적어도 내 생각은 그렇다. 내 경험에 따르면, 우리는 열망을 달성할 때만 축복을 받은 것은 아니다. 축복은 우리 내부의 고차원적 힘이, 의미 있고 가치 있는 목적 추구를 선택한 우리들을 고양시킬 때 주어지는 것이다. 따라서 우리는 결승점에서만이 아니라 시작점부터, 그리고 내딛는 발걸음마다 축복을 받을 자격이 있다. 하지만 그 축복은 물질적이거나 금전적인 것이 아닐 수도 있다.

당신은 아마도 앞서 나온 여러 교훈들이 밀러를, 자신은 가치 있고 세상에 기여할 것이 있는 사람이라고 여기는 방향으로 이끌어줄 수 있다고 생각할 것이다. 바로 그 교훈들을 바탕으로, 이번 교훈은 한 걸음 더 나아가 *우리 각자에게는 신이 내린 막대한 유산에 대한 소유권이 있으며, 이것은 은행 잔고처럼 줄어드는 것이 아님을 가르쳐준다.*

우리는 자신에게 좀 더 특별한 목적이 있음을 믿기로 함으로써 다함이 없는 참된 유산이, 상상도 못한 방법으로 드러나게 허락할 수 있다. 우리가 원하는 것보다 더 큰 꿈과 계획을 하나님이 우리를 위해 준비해놓았다는 가정을 우리는 받아들일 수도 있고, 그러지 않을 수도 있다. 예라고 하든 아니오라고 하든 그것은 우리에게 달려 있으며, 우리는 그 결과에 대한 준비가 되어 있어야 한다.

밀러의 이메일을 읽은 직후, 나는 나에게 귀감이 된 '신이 내린 유산'의 교훈이 그에게도 도움이 될지 궁금했다. 먼저 답장을 보내 안부를 묻자 그의 답변이 놀라웠다. 경기는 매우 안 좋았고 그의 상황 또한 극적으로 나아진 것은 아니었다. 그러나 달라진 게 있었다. 그는 식구들에게 기본적인 생활의 편의를 제공하는 데 집중하기로 결심한 것이다. 지난 세월 그는 돈이 많은 것과 세상에서 의미 있는 사람이 되는 것을 연결시켜 생각했다. 그는 이제 자신의 존재 의미와 연결시킬 다른 자원의 풍부함을 추구하고 있었다. 밀러는 언제나 '잘되는 것,' '성공하는 것'에 초점을 맞추었지만, 이제 한 번도 해보지 않은 것을 시도 중이었다. 그는 이렇게 적었다.

"전 가만히 지금 이 자리에 서서 하나님께서 방법을 일러주시기를 기다리고 있습니다."

이것은 우리가 하고 싶은 것을 하고, 되고 싶은 것이 되고, 갖고 싶은 것을 갖도록 해주는 '신이 내린 유산'에 대한 마지막 주의사항과도 연결된다. '신이 내린 유산'은 신이 정한 시각에 찾아온다. 특급우편처럼 하룻밤 사이에 배달되거나 우리가 택한 일정에 맞추어주지 않는다. 그러나 밀러가 한 것과 같이 방법을 들을 준비를 마침으로써 유산에 대비할 수는 있다.

신이 정한 시각은 우리가 우리 몫을 다했을 때, 모든 단계를 섭렵했을 때, 모든 필요조건을 충족했을 때, 모루를 두드렸을 때, 그리고 가장 멀리 있는 별로 가는 길을 계획했을 때 온다. 당신의 유산을 기쁘게 맞을 준비를 하라. 그런 뒤 가지고 있는 형광펜 가운데 가장 두꺼운 것을 꺼내 다음 문장에 강조 표시를 하고, 용기가 있다면 어디에서든 큰 소리로 말하라. "나는 준비됐습니다."

41
일상의 사소함에서
신의 모습 발견하기

: 경외심

    나는 시각적인 정보를 잘 기억하고 기억력도 또렷하다. 아름답고 감동적인 광경을 볼 때마다 사진을 찍기 위해 카메라나 휴대폰을 꺼내야 한다면, 분명 그 경험의 가치가 떨어질 것이라고 나는 생각한다.

    물론 내 기억을 보존하는 방법이 없다는 것이 나중에야 후회스럽게 느껴질 때도 있다. 그럼에도 특별한 렌즈 없이도 내 삶의 순간들 속에서 경외심을 느낄 만한 것들을 발견하는 것은 매우 기본적이지만 강력한 교훈이 된다. 진실한 것, 순수한 것, 감동적인 것, 재미있는 것들이 다 그러하다. 나는 단지 신의 작품을 감상하는 것만으로 신에게 경외심을 표하는 것이다. 그것이 눈부신 일몰이든 완벽한 난초이든, 그랜드 캐년의 끝에 서서 보는 풍경이든 말이다.

나도 불타는 떨기나무와 마주친 적이 한두 번은 있다고 농담 삼아 말하기는 하지만, 내가 하늘로부터 어떤 징조를 받은 일이 있다면 그것은 오클랜드의 빈민가에서 장미가 자라고 있는 것을 본 일일 것이다. 나는 그 장미를 보고 노숙자 생활을 시작한 이후 첫 번째 집을 구했다. 신이 내린 징조는 아니었을지라도 장미가 있을 법하지 않은 동네에서 장미가 무성하게 자라는 모습은 기적적으로 보였다. 사소하지만 신의 손길이 닿은 것이 분명해 보였다.

가까운 친구이자 동료는, 차를 몰고 아버지를 은행에 모시고 간 이야기를 해준 적이 있다. 아버지는 생애 최악의 하루를 보내고 있었다고 한다. 결혼생활에 문제가 있는 것으로도 모자라 수술로 제거할 수 없는 뇌종양이 생겼다는 소식을 들은 것이다. 당시 친구의 아버지는 겨우 46세였다. 그런데 은행에서 나온 아버지는 입이 귀에 걸린 채 깡충깡충 뛰다시피 걸어왔다고 한다. 무슨 일이 있었던 것일까? 예쁜 은행원이 아버지에게 관심을 보였던 것이다. 그뿐이냐고? 사소하지만 그 안에 신이 계셨던 것이다.

사소한 일에 대해 경외심을 보이는 것은 특별한 노력을 필요로 하지 않는다. '멋지다'는 한 마디면 족하다. 박수를 치면 더 좋을 것이다. 나는 악어춤을 추며 색종이 조각을 던지는 것을 좋아한다.

이 교훈을 좀 더 발전시켜, 나는 기도하는 법이 어려운 것이 아니라는 사실을 일깨우는 데 활용하곤 한다. 어머니는 영어에서 가장 좋은 말이 부탁합니다please와 감사합니다thank you라고 했다. 안젤루 박사는 여기에 도움이 되는 두 단어를 더했다. 죄송합니다.I'm sorry 이 낱말들은 기도를 시작하기에 매우 유용한 낱말들이다.

우리가 신을 무엇이라고 부르든, 신은 우리에게 귀를 기울이고 있다. 특히 우리가 좋은 영적 유전자를 받아들이고 우리 내부에서 들리는 고요한 목소리에 귀를 기울인다면, 신도 우리에게 귀를 기울인다. 내가 가장 좋아하는 기도는 단순한 감사기도다. 또 다음에 무얼 해야 할지 모르겠다는 생각이 들 때, 내 안의 고차원적 존재에게 도움을 청하며 이렇게 말해도 괜찮다. "나의 의지가 아닌 당신의 의지를 따르겠습니다."

경외심을 느끼고 싶다면 사소한 것에 주의를 기울이기로 마음만 먹으면 된다. 거리에서 구걸하는 사람을 보면 동전을 주지 않아도 되고 아무것도 하지 않아도 된다. 그들을 봐주기만 하면 된다. 제발 봐주기를 바란다. 그들의 영혼에도 신이 깃들어 있다. 그렇다고 해서 신을 자청해 그 사람을 구원할 필요는 없다. 다만 돕고 싶다면 식당에서 음식을 남겼을 때 포장해달라고 해서 길거리에서 만나는 배고픈 사람에게 건네주면 어떨까? 아니면 노숙자 문제가 반복되는 원인을 뿌리 뽑는 활동에 적극적인 단체에 기부하는 방법도 있다. 이것이 경외심이다.

세상 모든 것이 나의 통제력 밖에 있는 것 같고, 너무 많은 사람들이 이 시대의 심각한 문제들을 무시하고 있는 듯 보일 때, 나의 영혼과 교감할 수 없을 때, 우리 모두는 사소한 것에서 신을 찾음으로써 궤도로 복귀해야 한다.

42
기대치
높이기

: 성장

당신도 아마 경험해 보았겠지만 결혼식이나 장례식, 탄생, 졸업, 생일, 그리고 여타 행사나 의식과 같은 통과의례에서 서로 간의 영적 교감뿐만 아니라 우리를 앞선 모든 사람들, 그리고 우리를 뒤이을 모든 사람들과의 영적 교감이 절정에 달하는 경우가 있다. 이러한 행사는 종종 우리에게 가장 귀중한 추억이 되고, 그때까지 우리가 얻은 모든 삶의 교훈의 정수를 보여주는 역할도 한다.

이제 내가 겪은 그런 경험에 대해 이야기하려고 한다. 나의 이야기가 당신으로 하여금, 당신 삶에 의미 있었던 통과의례의 기억을 불러일으킬 수 있음을 알기 때문이다. 때는 2008년 어머니날이었다. 내 생애 가장 자랑스러운 날이었다. 그 날을 앞두고 몇 개월 전부터, 여러 가지 사건이 진행 중에 있었다. 성실한 태도와 계획성, 열정, 그리고 레이저 빔 뺨치는 집중력 덕분에 나의 딸 제이(자신타의 애칭)는 꿈에 그리던 학교, 버지니아 주 햄튼에 있는 햄튼 대학에서 조기 졸업을 앞두고 있었다.

그림 같은 바닷가 마을에 자리 잡은, 흑인을 위해 설립된 그 존경할 만한 고등교육 기관에 여러 번 방문하면서 나는 제이의 여정이 베티 진 가드너의 꿈을 대신 이루어주고 있다는 생각을 했다. 졸업식이 다가옴에 따라 어머니의 꿈도 마침내 열매를 맺으리라 생각하니 애틋한 마음을 주체할 수 없었다.

또 다른 중대한 사건은, 졸업식 날 아침, 나의 손녀를 처음으로 만난 일이다. 그렇다. 나와 함께 황무지에서의 시절을 함께 보낸 아기 크리스토퍼 주니어가 누구보다 아름답고 소중한 여자아이의 아버지가 된 것이다. 그날 아침 아이를 품에 안은 나는 경이로움을 금치 못했다. 그 아이는 언젠가 아버지를 보고 "아빠, 아빠는 좋은 아빠야"라고 말할 것이 분명했다. 물론 그것은 두 살 반이던 크리스토퍼 주니어가, 노숙자 생활을 청산하고 집을 얻었지만 살기는 여전히 힘들었던 당시 나에게 해준 말이다. 내가 다시 전진하는 데는 그 말 외에는 아무것도 필요 없었다.

당신에게 아이가 있거나 손자 손녀가 있다면 그날 내가 경험하고 있던 감정의 소용돌이가 어떤 것인지 아마 잘 알 것이다. 마찬가지로, 누군가의 선생님이나, 스승, 혹은 지지자로서 아이가 시간이 흐름에 따라 모든 면에서 성장하는 것을 지켜본 사람이라면 그것이 얼마나 큰 축복인지 알 것이다. 그리고 아직 부모가 될 생각이 없다면, 내가 보장하건대 당신이 배울 수 있는 가장 귀중한 교훈은, 그것이 영적이든 아니든, 당신이 생애를 책임지는 아이에게서 올 것이다.

그러니 그날 내 속을 휘저은 감정을 상상할 수 있을 것이다. 게다가 졸업식 연설을 부탁받았다는 사실 때문에 감정은 한층 더 격해진 터였다. 연단으로 나가 2008년 오닉스 졸업생들을 축하해주러 온 1만 명은 넘는 사람들을 바라본 순간이 바로 나의 통과의례였다. 이것은 내가 대여섯 살 때 스스로에게 한 약속을 마침내 지켜냈다는 증거였다. 나는 한 번도 가져보지 못한 좋은 아버지가 되기로 한 약속 말이다. 좋은 영적 유전자만을 받아들임으로써 성장의 길을 가겠다는 선택이 나를 이 순간까지 데려온 것이다. 이제 다음 세대에게 횃불을 넘겨줄 때였을 뿐만 아니라 새로운 가능성과 더 멀리 있는 별을 좇아 지금 이 자리에서 다시 시작할 때였다. 그러나 그보다 먼저 그날의 주인공인 졸업생들의 통과의례를 축하해주는 것이 순서였다.

나의 연설은 고백으로 시작했다.

"저는 유엔을 비롯해 포춘지가 선정한 기업들, 그리고 세계 전역의 사회단체들을 포함한 폭넓고 다양한 단체들을 상대로 연설을 하는 영광을 가져보았습니다. 그러나 이 순간, 이 날, 이 행사에 참여할 수 있다는 것은 단연코 가장 큰 영광입니다."

나는 졸업모를 쓰고 가운을 입고 있을 내 딸을 찾으려는 마음으로 관중을 훑어보며 말을 이었다.

"여기에는 매우 이기적인 이유가 있습니다. 오늘 제 아이가 이 무대를 가로지르면 제 가족과 가까운 친척들 가운데 역사상 처음으로, 노예선에서 내려 이 땅에 발 디딘 지 400년 만에 대학을 졸업하는 사람이 됩니다. 그러니 우리 집안 사람들은 햄튼에 오기까지 400년이 걸린 것입니다."

관중들 사이에서 들려오는 중얼거림으로 미루어 보건대 집안 최초로 대학을 졸업하는 아이나 손자 손녀가 있는 사람은 나뿐만이 아닌 듯 했다. 나는 영적 유전자가 다시금 힘을 발휘하고 있음을 실감했다. 다양한 배경을 지녔지만 똑같이 가족과 후손들을 위해 자유와 기회, 교육을 추구한 우리 조상들의 꿈과 기도가 대물림된 것이다.

졸업생들을 향한 나의 메시지는, 졸업생들에 대한 고마움의 표시로 역사상 가장 짧은 연설을 하겠다는 약속과 함께 시작했다. 나는 나를 지탱해주었던 삶의 교훈 몇 가지를 이야기한 뒤에, 마침내 자신타를 찾아 자신타에게 직접 말을 건넸다. 물론 다른 모든 사람들에게 하는 말이기도 했다.

"네가 나에게, 그리고 우리 조상들과 먼 친척들을 포함한 집안 전체에 가져다준 기쁨은 말로 표현할 수 없단다. 그 중에는 네가 알고 지낸 친척도 있고, 안타깝게도 더 잘 알고 지내지 못한 친척도 있을 것이며, 이름만 들어본 사람들도 있을 것이다. 모두가 말할 수 없이 기뻐하고 있단다. 왜냐하면 오늘 네가 이 무대 위를 가로지르는 순간 너는 우리 집안의 역사상, 400년 전 노예선에서 내린 이후 처음으로 대학을 졸업하는 사람이 되기 때문이다."

또 다시 박수와 환호가 터져 나왔다. 나는 딸에게 이야기하고 있었지만 실은 모두에게, 우리 집안이 햄튼에 오기까지 걸린 400년은 우리 모두의 여정, 즉 400년 간의 피와 땀과 눈물, 그리고 '대양과 같은 끈기'에 대한 비유임을 말하고 있었다.

"네가 오늘 이 무대를 가로지를 때, 오늘을 가능케 한, 너보다 앞서 살았던 모든 사람들을 기억하기 바란다. 지난 4년 간 열심히 공부하고 방심하지 않고 할 일을 한 것은 다름 아닌 네 자신이다. 그럼에도 너보다 앞서 살았던 사람들을 결코 잊지 말아라."

마지막으로 나는 아이들의 꿈에 투자하는 부모들을 대표하여, 아버지로서의 나의 삶을 요약하며 이제 대학 졸업생이 된 나의 딸이 나에게 얼마나 많은 가르침을 주었는지 자랑했다. 또 햄튼 대학의 졸업생들에게 감사하는 것도 잊지 않았다. 그리고 그들이 영영 잊지 않길 바라는 나의 신조 또한 반복해 말했다. "언제나 행복을 추구하십시오."

아무리 불러도 지나치지 않을 나의 주제가인 이 신조에 쏟아진 온갖 환호는 전성기의 마일스 데이비스나 무하마드 알리가 부럽지 않을 정도였다. 그러나 마지막으로 덧붙이지 않을 수 없었다.

"이제 정말로 마지막으로, 제가 제 아이들에게 하고 싶은 말은, 우리 집안 사람이 햄튼까지 오는데 400년이나 걸리는 일은 앞으로 절대로 없으리라는 것입니다."

그렇게 나는 한 여정의 끝에 도달했고 몇 시간을 두고 악어 춤을 추고 색종이 조각을 던진 뒤에, 목적지가 아직 명시되지 않은 또 다른 여정을 앞두고 있음을 지각하고 그곳을 떠났다. 나는 가장 중요한 가르침은 여전히 내 앞길 저 굴곡 너머에 있는, 앞으로 배워야 할 가르침이라는 사실을 제법 명확히 이해하고 있었다.